市場経済と共同体

ポスト資本主義をめぐって

ポスト資本主義研究会
降旗節雄【編著】
Furihata Setsuo

社会評論社

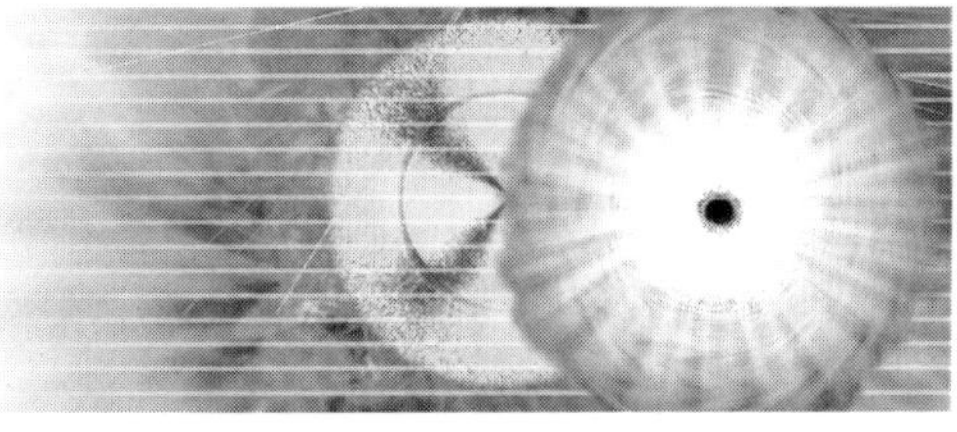

はじめに――方法的前置き――

（1）

われわれは一六世紀から始まった人類の最新の発展段階の中にある。科学と産業の時代といってよい。

自然科学に始まり、社会科学へとひろがったこの新しい知的領域を切り開いた最初の天才は、ニュートンであった。$E=mc^2$も、ＤＮＡの組み換えも、このニュートン力学の証明の範囲内に収まる。

社会科学では、アダム・スミスがこの役割を果たした。『国富論』は、近代社会の歴史的構造を、その基底において明らかにした。マルクスも、ワルラスも、シュンペーターも、そしてケインズも、スミス経済学の照射領域の中に現れた一群の研究者の中の一人に過ぎない。

（２）

科学とはなにか？

「現実の世界――自然と歴史――を先入見的・観念論的妄想にとらわれず、誰の目にも映ずるままに把握する」ことである、とエンゲルスは定義した（『フォイエルバッハ論』四）。それが唯物論であり、科学の本質である、というのである。私も、これ以外の科学ないし唯物論の定義を知らない。

今日でも、俗人、これを評して鏡的反映論とか素朴実在論と非難する。しかし、「先入見的妄想を排した、誰の目にも映ずるありのままの現実」とは、肉眼で見たその時々の現象という意味ではない。そんなものが当てにならないことは、通俗的推理小説を読んでも了解できる。

透明な物体をありのままに見ようとすると、位相差顕微鏡を使わなければならない。位相差顕微鏡で見た透明物体の構造こそが、ありのままの現実なのである。恒星の成分を見ようとすれば、スペクトル分析をする以外にない。それが不可能だったら、われわれは恒星の成分をありのままに見ることはできない。そしてまた、生物の進化をありのままに見るためには、ガラパゴス諸島へ行って、ゾウガメやイグアナを観察する必要があった。

このような意味で、現実をありのままに捉えて、その論理構造を一貫したシステムとして把握するのが科学であるとすれば、これはニュートンにとってもアインシュタインにとっても全く変わりはない。

（3）

さて話は社会科学である。

社会をどうして「先入見的・観念論的妄想」つまりイデオロギーにとらわれずに、ありのままに見ることができるだろうか。

スミスはまだ自覚的ではなかったが、マルクスはその方法を明確に意識していた。「物理学者が自然過程を観察するさいは……過程の純粋な進行を保証する条件のもとで実験を行う」ように、資本主義を研究する場合は、その「典型的な場所」である一九世紀のイギリス経済を対象とする以外にないというのである（『資本論』第一版序文）。

一九世紀イギリス資本主義の純化過程を対象として、その論理を体系的に把握するという、このマルクスの方法をさらに徹底して、完全な純粋資本主義の論理を完結させたのが、宇野弘蔵の『経済原論』であった。

自然科学では、法則は体系的に完結しない。法則の探求は無限に続く。対象が無限だからである。しかし、社会科学、とくに経済学では、資本主義を対象とするから、その原理は体系的に完結する。対象が人間によってつくられた機構であり、したがって初めがあり、終わりがある（はずだ）からである。

資本主義の原理が認識できれば、この原理を基準にして、資本主義の発展段階を確定し、さらにこの資本主義自身の歴史的限界を把握し、そうすることによって自分自身のつくった社会体制の歴史的意義を確定することができる。これが社会科学の方法である。

（4）

ここで問題となるのは、近代国民国家をどう扱うか、である。マルクスは、資本主義経済の諸範疇の間に「国家」概念を入れるという方法的混乱を示したまま、この「国家」概念の科学的追究は放棄してしまった。

そこでエンゲルスは、国家は支配階級による被支配階級抑圧の道具であるという規定で、これを補い、レーニンがそれを踏襲して、これがマルクス＝レーニン主義の公式となった。

この公式にしたがえば、社会主義社会の国家権力は、これまでのどの体制よりも弱体化し、急速に消滅するはずである。しかし、ロシア革命後の社会主義国家は、社会主義社会の確立を宣言しながら、国家権力を未曾有に強化するという矛盾した事実によって、この公式の誤りを自ら実証してしまった。マルクス＝レーニン主義の破産である。九〇年、この体制は崩壊したが、それは歴史的現実が理論的破綻の確認にやや手間取ったというに過ぎない。

われわれは本書で、国家概念の再構築をめざして、唯物史観から『資本論』にいたるマルクスの方法と論理を徹底的に吟味することにした。近代世界は、資本に支配されながら、かならず一国資本主義としてしか体制的に確立しえない。世界資本主義とはならないのである。それはなぜか、という問いに答えることでもある。

（5）

唯物史観と国家との論理的関連の追究については、詳しくは本書Ⅲの1、降旗稿を参照されたい。そこでの結論は、唯物史観はこれまで階級史観としてのみ了解されてきたが、むしろ共同体的唯物史観として理解されるべきではないか。したがって、近代的国民国家は、経済過程が全面的に市場経済に吸収された場合の特殊な共同体の在り方（幻想の共同体ないし共同幻想）に他ならないのである。

絶対主義国家という共同体的枠組みに保護されつつ、市場経済が生産過程を包摂すると、資本主義体制が確立するが、このシステムの基軸は労働力の商品化である。

したがって、この労働力商品の形成過程、その順調な再生産持続過程、およびその慢性的過剰過程が、この体制の歴史的形成、発展、爛熟過程を規定することになる。宇野・段階論である。

しかし、第一次世界大戦後、この体制は、経済的自立性を喪失し、国家権力の経済過程への積極的関与（共同体的体制維持機能の経済過程への拡大、最近のわかりやすい経済用語を使えば、強固なセイフティ・ネットの構築ないし福祉国家の形成）によってしか存立できない過渡期ないし移行期へと踏み込んだ。

深刻な世界大不況の長期化とともに、先進資本主義国は、ニューディール型、ファシズム型の差異はあっても、完全雇用と景気対策を軸として体制維持をすすめざるをえなくなったが、その際の政策は金本位制を停止して通貨を国家管理に移すことによって強行された。労働力の商品化と金本位制による通貨価値の維持という二つの体制の中枢機構が、国家権力の介入によって実現されることになったのである。資本主義が資本による経済過程の全面的包摂を意味するとすれば、これは言葉の純粋な意味で資本主義とは言えない。資本と国家の共同管理体制と見るべきだろう。

この国家管理型資本主義は、自動車を中心とする耐久消費財量産を生産力的基礎とする現代アメリカ資本主義として典型的に実現され、第二次世界大戦後、ＩＭＦ体制と連携されつつ世界的展開を遂げた。

しかし、戦後資本主義世界を支えたアメリカ経済の衰退によって、ＩＭＦ体制の中枢・ドル＝金本位制が崩壊するとともに、資本主義は国家管理を超えてグローバリゼィションの展開の中でしか生き延びられなくなった。

このグローバリゼィションの進行とともに、資本はモノ・ヒト・カネの価格差を狙って、国境を超えて、世界のどんな辺境にまでも氾濫してゆく。スミスにあっては、市民社会のシンパシーの倫理によって支えられていた市場原理が、現代ではフリードマン流の経済効率万能の市場原理主義と化して非情、冷酷に世界を支配することになる。

その結果、富と貧困の格差は天文学的に拡大し、市場経済は限度なしに残されたあらゆる共同体を破壊し、侵食してゆく。途上国では、生存の基盤である宗教ないし地域共同体が破壊され、先進国では国家も家庭も市場原理によって解体されてゆく。冷戦終結後、民族、宗教、地域共同体などのあいだで紛争やテロが頻発するようになったが、これは今後拡大して行くだろう資本と共同体の最終的世界戦争の序曲とみなすべきであろう。

ビンラディンの命令下、世界貿易センタービルに突っ込んだ同時多発テロはこの文脈のもとで読み解かれなくてはならない。

(6)

マルクス理論では、資本はかなり周到・綿密に研究されてきたが、国家と共同体についてはきわめて杜撰《ずさん》だったといわねばならない。その原因は、おそらく資本ないし資本主義への過大評価にあった。資本の文明化エネルギーの前では、共同体は完全に消滅し、国家も世界市場のなかの経過的領域にとどまるとされていたようである。『共産党宣言』で、資本の支配は「プロレタリアートからあらゆる国民的性格をはぎとってしまった」として、「万国のプロレタリア団結せよ」とよびかけたのは当然であろう。マルクス派も近代社会科学の系列のもとでは、古典派経済学の一分派にすぎなかったのである。

エンゲルスは、国家論の欠落を補おうとして失敗し、マルクスも、共同体については走り書的覚書を残したに過ぎない。

資本と国家と共同体が、グローバリゼィションと反グローバリゼィションの嵐の中で三つ巴の死闘を展開している現代世界の分析に対して、既成のマルクス理論が全く無力なのは当然であろう。

本書では、この観点から、既成マルクス理論を批判しつつ、市場と共同体の理論装置の徹底的点検と再構築を試みた。Ⅰでは世界構造の分析、Ⅱでは日本の社会問題の焦点に照明をあて、Ⅲは現代世界分析のための理論と方法の構築にあてた。

もちろん完成した理論を提出しうると自負するものではない。われわれの内部でも、さまざまな見解の相違を残している。しかし、この試論が混迷をきわめているマルクス派による現代分析に対して何ほどかの貢献をなしうるなら、われわれの努力は十分報われたというべきだろう。
読者諸賢の厳しいご批判を期待する。

降旗節雄

二〇〇六年四月二〇日

市場経済と共同体——ポスト資本主義をめぐって／目次

はじめに――方法的前置き　3 ―― 降旗節雄

I　現代の「世界」構造はどうなっているのか

グローバリゼーションはアメリカも世界も壊す ―― 大野和美

「南北問題」とは、なんだったのか？　17／「石油危機」とは、なんだったのか？　21

グローバリゼーションはアメリカ発　27／グローバリゼーションで壊される世界　34

資本主義社会に「情報化」は何をもたらしたか ―― 半田正樹

〈現代〉をとらえるキーワード　50／現代社会にインパクトを与える〈情報化〉　55

情報資本主義社会の特徴　66

狂乱のマネー・ゲームと歴史の転換点 ―― 本間　裕

マネー経済をどうとらえるか　81／金本位制から信用本位制へ　84

経済学の科学性を問う　88／これから一体、どうなるのか　92

新たな共同体社会の甦生へ ―― 清沢　洋

市場経済がたどりついた社会とは？　102／ネパールの山村に見る共同体社会　114

農村・山村・漁村の復活　121／現代に蘇る共同体社会　130

Ⅱ 日本の社会問題の焦点を解読する

地方分権から「基礎的自治体」の構想へ——**武田 登**

国と地方の問題の所在 145／地方財政の概要 149
三位一体の改革によって地方は…… 152／義務教育改革のゆくえ 157
生活保護のあり方 160／産業廃棄物の不法投棄問題 164
市町村合併による地域再生 167／エピローグ 新しい地域像と自治体 174

少子化社会は本当に危機なのか——**田中史郎**

戦後の人口論と問題の所在 178／高齢化社会論とその批判 181
少子化社会論とその批判 187

有機農業の現場から「食と経済」を考える——**大越正法**

はじめに——有機JAS法で何が変わったか 201
近代農法の普及 203／堆肥の経済性 208
農業の工業化がもたらしたもの 210／有機農産物の商品化が孕む問題 216
結び・有機農産物は有機的な関係で作られる 225

Ⅲ　ポスト資本主義をめぐって

過渡期世界と唯物史観の再検討　──── **降旗節雄**
経済学の方法　230／富と貨幣と労働　232／「国家」について　236
二つの唯物史観　237／共同体的唯物史観　244／共同体の歴史構造　247
中村・共同体史観による日本社会史の解明　249／共同体的唯物史観と資本主義　255
過渡期社会と混合経済　259／結び・新しい共同体としてのコミュニズム　261

グローバル市場と国家の現在　──── **片桐幸雄**
グローバル化を見る視角　269
インターナショナリゼーションとグローバリゼーション　271
バッファ国家と調整国家　274／市場と国家（相対的力量の変化）　278
政府（政策決定者）のグローバル化への対応　282

資本主義批判──**その批判スタンスの転換**　──── **青木孝平**
資本主義の批判は可能か？　288／歴史理論による資本主義批判　289
正義理論による資本主義批判　300

あとがき　319　──── **大越正法・清沢　洋**

I　現代の「世界」構造はどうなっているのか

グローバリゼーションはアメリカも世界も壊す

大野和美

はじめに

ここでの問題意識は、現在只今の資本主義世界はどのような歴史的位置にいるのか？ということである。一九九〇年代に、第二次大戦後に大いに拡大した「社会主義」勢力のほとんどが崩壊し、残った少数も「社会主義」を唱えていても市場経済制度を大幅に導入している。資本主義の勝利を本気で信じる人々も非常に多い。しかし、資本主義を「世界体制」という側面で観ると、その安定性は急速に損なわれているのではないかと思われたのである。そもそも、「南北問題」という、先進工業諸国と発展途上諸国との交渉も、戦後独立した発展途上諸国を資本主義「世界体制」にどこまで組み込むか、という問題であった。その失敗の端的な現われが石油危機であった。しかも、それと同時並行的に先進工業諸国間の産業・貿易上の競争が激化し、戦後のアメリカの圧倒的地位が失われていった。これはこれで、「世界体制」の中軸の弱体化であった。「社会主義」の崩壊は、資本主義勢力の力量に拠るというより、独裁的システムの自壊というべきなのである。優位を喪失し、弱体化に直面したアメリカの対応策としてのグローバリゼーションは、資本主義「世界体制」全体の不安定化につながっている、というのが結論である。

一 「南北問題」とは、なんだったのか？

（1）「植民地体制」崩壊の意味

第二次大戦で、「植民地体制」の崩壊は決まった。「植民地体制」というのは、一六世紀以来の、とくに二〇世紀前後の帝国主義期以降の諸列強の世界分割の結果である。その意味は、いわゆる重工業を抱えるにいたった帝国主義諸国による発展途上地域を含む世界編成の形にほかならない。その「崩壊」は、第二次大戦以前の帝国主義的世界編成の終焉を意味する。そして、帝国主義的世界編成（＝「植民地体制」）の崩壊は、直接的にはこれまでの植民地・従属国が社会主義化するか非社会主義的に独立するという形をとった。

社会主義化は、ソ連の直接的支配による場合（中東欧）もあれば独立運動・反帝国主義運動（戦争も含む）の成果という場合（中国・北ヴェトナム）もあったが、いずれにせよソ連中心の社会主義陣営の拡大を意味した。いいかえれば、少なくともイデオロギー的に資本主義に厳しく対立する社会主義体制の著しい拡大であった。これまで、資本主義世界体制に組み込まれていた大きな部分が、イデオロギー的・政治的に対立する陣営に入ったわけで、これは資本主義世界体制の明白な危機であった。これが「植民地体制」崩壊の第一の意味である。このため、資本主義陣営は、強大化したアメリカを盟主に、弱体化したヨーロッパや日本その他の諸国は、それ以上の世界の社会主義化を防ぐべく、政治的・軍事的に結束して社会主義陣営と対峙することになる。これが「東西問題」にほかならない。

他方、非社会主義的に独立した諸国は、伝統的な支配層や独立運動の指導層が実質的な独裁的権限を担いつつ、多かれ少なかれ政治的に資本主義陣営に組み込まれていった。ただ、その編成の原理は社会主義陣営との対峙、非社会主義化であって独裁的政治形態は黙認された。また、資本主義陣営の復興に資することで、一次産品を中心として価格も一定の水準を保ち、独立にともなう国家体制の整備に、一応着手できた。その限りで、非社会主義独立国は資本主義陣営に属することのメリットもあったのである。しかし、これは第二次大戦直後のことであって、アメリカを中心とする先進工業諸国にとっては、後に発展途上国と呼ぶことになる非社会主義独立国を、植民地としてではなく独立国として資本主義世界体制に経済的にどのように組み込んでゆくのか、という課題があらためて生じていたのである。これが、「植民地体制」崩壊の第二の意味である。

（2）「一次産品問題」の意味

「東西問題」が、冷戦という形で一定の固定化（この間に、朝鮮戦争・ヴェトナム戦争という熱い戦争を伴ってはいたが）する一方で、非社会主義独立国（以下では発展途上諸国と呼ぶ）は政治的には従来の植民地・従属国とは異なる関係を先進工業諸国と形成してゆくが、経済的には先進工業諸国からの多様な影響の下に置かれる。その場合、最も強烈な影響は、一次産品問題として現れる。発展途上諸国が独立国として経済的自立を実現するには、一次産品を中心とした自国産品の輸出によって開発資金を獲得することが一義的な課題であった。

この「開発方式」は「輸入代替工業化政策」と呼ばれるが、これは選択の余地はなかった。しかし、先進工業諸国側には発展途上諸国の開発に必要な一次産品の大量輸入の条件は乏しかった。アメリカをはじめ日欧諸国も、自国内に広範な農業分野を抱えていた。その農民を工業の急速な拡大に依っても吸収することはできなかった。農業は、先進工業諸国では強い保護策で守らざるを得なかったのである。ましてアメリカは、強力な農産物輸出であり、国際市場で発展途上諸国の一次産品と競合する。

さらに、先進工業諸国の重化学工業化は特定の一次産品を代替する工業製品（合成ゴム・プラスチック・合成繊維など）を開発していった。その分、発展途上諸国の一次産品輸出の拡大余地が狭まった。また、国際市況に委ねられた一次産品価格は変動を激しくし、発展途上諸国の農民達の破綻も明確化する。もちろん、先進工業諸国の急激な経済拡大は、全体として一次産品への需要を拡大した。しかし、発展途上諸国の一次産品の供給テンポには追いつかず、一九五〇年代半ば以降、一次産品の価格は低落を続けた。この頃から発展途上諸国の経済開発は行き詰まり、いわゆる「一次産品問題」が生じる。「一次産品問題」の発生は、アメリカを中心とする先進工業諸国が、自国の既存の経済・社会の構造的問題を改革しない限り、戦後の世界経済において、独立し独自の開発に努める発展途上諸国を安定的には組み込めないことの端的な表れである。

(3)「南北問題」の意味

発展途上諸国の経済開発の行き詰まりは、発展途上諸国の政治的不安定化につながる。「東西問題」に直面しているアメリカをはじめとする先進工業諸国は、政治的には発展途上国の社会主義化を回避せざるを得ない。対応策としては、アメリカが先ず発展途上国への経済援助に踏み切る。このことは、直接には「東西問題」を前提にした政治的援助という意味合いを持つが、実質は、先進工業諸国は発展途上諸国との経済的関係を発展させえないが、発展途上諸国の存在は経済的にも不可欠で、政治的な意味合いを持つ資金援助によってでも、体制編成に組み込んでおきたい、ということである。

他方で、発展途上諸国は連携し共通の利害にもとづいて、先進工業諸国の農業保護を前提とした一次産品貿易ルールの改革、一次産品市況変動への対策等を先進工業諸国への共同要求とするようになる。先進工業諸国優先の国際通商ルールの改変を、発展途上諸国が共同で要求するようになって、体制編成をめぐって、「北」と「南」がそれぞれまとまって対峙したわけである。それが「東西問題」になぞらえて「南北問題」と称されるゆえんである。要点は、「植民地体制」

崩壊後の、先進工業諸国と発展途上諸国との、経済援助によらない、相互発展的な新しい世界体制のあり方をめぐる対立にほかならない。これは、従来の世界にはなかった新たな問題の登場である。

一九六〇年代を通じて、「南北問題」は展開するが、相互の交渉では発展途上諸国の要求が実現することはなかった。国内に農業を中心に「一次産品」部門を抱える先進工業諸国にとって、発展途上諸国の「一次産品」との直接的な競合につながる保護政策の解体は許容しうるものではなかった。また、先進工業諸国による「一次産品」の国際市況の変化への対策（価格保証制度や国際在庫制度など）は、裁量の余地が乏しく援助に比べてはるかに負担が増大する可能性を伴っていた。先進工業諸国は、世界体制支配の弱体化につながる「南」の要求を受け入れる余地はまったくなかったのである。しかし、「石油危機」によって、事態はまったくその様相を変える。

二 「石油危機」とは、なんだったのか？

(1) 「南」が勝つ？

「石油危機」は、政治的には第四次中東戦争を契機とするが、「南北問題」の脈絡でみることが必要である。ただし、「石油危機」を演出したＯＰＥＣの目的は、経済的問題に絞れば、広く「一次産品」一般ではなく石油という「資源」であった。あるいはより広くみても「資源」一般に限られていたといってよい。そもそも、ＯＰＥＣ自体が一九六〇年に石油メジャーズの原油販売価格の大幅切り下げによる販路拡大政策への抵抗のために結成されている。その延長線上に一九六二年の国連総会での恒久資源主権宣言がある。石油は、先進工業諸国の高度経済成長のなかで、先進工業諸国が最も急激に需要を拡大させた「一次産品」の代表格である。しかし、その低価格によって産油国にはその利益は必ずしも還元されなかった。一九六〇年代末に主要な産油国でも、対外借り入れの毎年の元利支払額は、石油権益による利権料収入ではまかないきれなかったのである。要するに、先進工業諸国からの需要に最も恵まれた産油国においてすら、その「一次産品」によっては国内の開発はままならなかったということになる。

ところが、これを打破しようとする動きが一九六〇年代末から始まる。先進工業諸国での急速・激烈な重化学工業化の進展は、特定の資源に対する需給を逼迫させていた。これを背景に、六八年にOPEC総会は石油事業への参加原則を打ち出し、個別国の個別石油企業との取り決め（トリポリ協定＝一九七一）が刺激になり、OPEC加盟湾岸六ヵ国とメジャーとの公示価格を含む協議（テヘラン協定＝一九七一）、公示価格のインフレ・ドル減価補償を含む取り決め（ジュネーブ協定＝一九七二、新ジュネーブ協定＝一九七三）へと動いた。

この間、一九七一〜七三年にアルジェリア・リビア・イラク・イランで石油事業への経営参加・部分的国有化も進んだ。一九七三年秋の第四次中東戦争でこうした動きが一気に激化し、公示価格の大幅引き上げ、国有化の急進展が実現する。また、他の「一次産品」部門の資源保有国による国有化、「一次産品」取引での発展途上諸国側のイニシアチブの増大も進み、資源主権が大いに進展する。そして一九七五年の国連総会では、発展途上諸国を中心に「新国際経済秩序」＝N

IEOが宣言される。膠着状態に陥っていたかに見えた「南北問題」が、産油国を中心とした資源保有国の果敢な行動によって、「南」の勝利で決着が着いたかにもみえたのである。

(2)「新国際経済秩序」は「南」を分断した

一九七九年の第二次石油危機を経て、石油価格は一バレル二四ドルと石油危機以前の八倍以上に高騰する。この結果、第一に先進工業諸国での高物価の常態化、経済停滞を生む。それは、一九六〇年代までの高度経済成長の終焉、先進工業諸国間の競争の激化、通商摩擦の増大、国内的には失業者増、スタグフレーションの発生などにつながり、世界経済の中心システムに大きなかげりが生じた。

第二に非産油発展途上諸国にも、大きなダメジとなる。このダメジは、①すでに石油依存度は高く、直接に貿易の赤字増、国内産業の高コスト化に直面。②先進工業諸国との関係でも、輸入製品の価格高騰、先進工業諸国の経済停滞による輸出不振から貿易赤字増、国内産業の不振を招く。③その結果としての対外債務の急増、あるいは既存債務の元利返済の不能化、といった三点に整理されよう。

さらに、第三点として、産油国自体にも問題が生じる。産油国は高原油価格によって巨額のオイル・ダラーを手に入れるが、その資金で国内開発を強く進めたイランのような国では、国民の間の亀裂も生まれ、イスラム教の原理に戻って社会の安定を求めようとする動きから、イスラム革命に至る。それはイスラム教世界に波紋を広げ、革命の波及を恐れるイラクは他の一部諸国の支援も受けてイランとの戦争に入る。

こうして、OPECの石油戦略によって実現するかに見えた「新国際経済秩序」は、資源主権の確立という点では一定の成果を挙げたものの、後発発展途上諸国の一層の苦境化、新興工業諸国と称された国々の多くでの債務危機、イスラム世界の混乱など、「南」のまとまりを保証する条件を失わせた。八〇年代以後、「南」が恒常的にまとまって先進工業諸国へ共通の要求を示すことはなくなった。「南北問題」の消滅といわれるゆえんである。

（3）先進工業諸国の競合と弱体化

「石油危機」を契機に、先進工業諸国は多様な形で戦後の経済発展の限界にぶつかって行く。とくにアメリカは、ニューディール以来の有効需要創出政策の明確な限界に直面するとともに産業面での国際競争力の低下も明らかになっていった。日本製品などに国内市場を侵食され、大企業でも経営危機に直面する一方、貿易の赤字は激増し、高金利政策などでドル相場は一時的には回復するものの、貿易赤字とともに対外借り入れを増大させ、結局は純債務国に転落し、大幅なドル為替相場の切り下げを余儀なくされる。いわゆるプラザ合意（一九八五年九月）である。ドルの対円相場は、二年も経ずに半分近くも低落する。

他方、日本は逆に大幅な円高に直面し、その面から国際競争力を失い、それを補うための対アセアン諸国中心の対外直接投資を急速に展開する。その対外直接投資は、七〇年代以降対アメリカを中心に輸出を伸ばし、国内雇用を唯一増加させていた電気機械産業によるものが中心であったから、国内産業の空洞化という形で日本経済の活力を著しく削ぐ意味があった。その結果、土地をめぐる狂乱的な短いバブルの後、長い不況に入ってしまう。

ヨーロッパは、質（共通政策や通貨統合）と量（加盟国増）で統合の強化を進める。それはアメリカが規制する世界からの一定程度の距離をもつことである。先進工業諸国間の統一性喪失とはいかないまでも、それへの一歩ではある。また、このような統合の進展にもかかわらず、ＥＵ加盟の主要国では、イギリスを例外に、七〇年代以来の経済低迷、高失業から概して脱することができない。

要するに、先進工業諸国はかつての活力を失い、世界を安定的に編成してゆく力を著しく弱めた。その主因は、決して「石油危機」にあるだけではなく、戦後の活力の元であった新産業の開発、導入に有効であった経済システムの劣化が広がったのである。また、それを背景に国際競争が激化し、それによって相互に負担を掛け合うことも作用していよう。

（4）さらに不安定化した世界

アメリカを中心とした戦後の「世界体制編成」は、一九七一年八月の「金・ドル交換停止」処置で、戦後の「ドル体制」が終焉し、大きな転換点を経た。きわめて限定されていたとはいえ、一オンス＝三五ドルで金に裏付けられていたドルが、金の裏づけを失い、その限りで他の先進工業諸国通貨と変わらない地位に並んだ。世界は、まずこの点で先進工業諸国間に限っても、戦後のドル支配による安定した編成が不可能になったのである。一九七〇年代から八〇年代にかけて、変動相場制下のドル相場の続落、産業的低迷、貿易収支の大幅悪化とそれに伴う巨額のドルの垂れ流し、そのドルを取得した主要国や産油国からの対米投資という還流による債務国化という形で、「世界体制編成」の中軸であったアメリカ経済の著しい劣化が進んだ。しかも、それに連動するかのように欧・日も多かれ少なかれ経済停滞に直面する。「世界体制編成」は、それを支えるべき先進工業諸国の経済的競合激化とその結果としての多極化や経済低迷によって、事実上は崩壊の危機に瀕していたのである。

他方、発展途上諸国は多様化し、分裂の様相を深めた。オイル・ダラーを豊富に所有する諸国の一方で、重債務を軽減する術を失い、対外支払いのみならず国内の政治的・経済的安定に欠ける諸国も多く出現する。この間にアフリカ諸国の多くは飢餓・貧困が深刻化し、内戦や虐殺も現れる。しかし、オイル・ダラーで潤う国々の中にも、政治的・宗教的な理由から相互の対立が生じ、場合によっては戦争にもなる。国内的にも民衆は不満をつのらせ、政治的に不安定化する場合もある。先進工業諸国の過剰資金に依存し、借り入れを増やしたり直接投資を受け入れて工業化を実現しつつある国も登場する。しかも、「一次産品」問題は基本的にはなんら解決されていないどころか、先進工業諸国のなかには「一次産品」輸出国化するケースも出る。「一次産品」を巡る国際市場は一段と相互対立の状況を深めてさえいるのである。こうしてみると、問題は「南北問題」が消滅したか否か、ということではなく、「南」はむしろ一九六〇年代よりはるかに混沌と混乱の状況にあるといわねばならない。

三　グローバリゼーションはアメリカ発

（1）アメリカがグローバリゼーションを始めたわけ

他の先進工業諸国に対し、アメリカがかつてのような圧倒的な産業的優位を失い、部門によっては明白な産業的劣位化が基本的な背景である。他方で、アメリカ国内での資金過剰傾向の強まり、巨額のオイル・ダラーの対米流入急増で、米銀が国際的に資金運用の拡大を迫られていた、という事情もある。つまり、アメリカは産業的に劣化した地位に代わって、なお国際通貨としての地位を維持するドルを利用した、世界における金融的な優位の確立を求めた、といえる。まずは、金融自由化処置の遅れている、たとえば日本のような先進工業諸国に対し「金融自由化」を求めたことが端緒であろう。

これは日本の資本・金融市場の閉鎖性を打破して、外資の出入りの自由化と国内金融市場の規制緩和によって、ドル資金の出入りと日本国金融市場へのアメリカ資本の参入を狙ったものである。一九八六年のイギリスのビッグ・バンも同様の背景によるものといえる。日本からは機関投資家による対米証券投資が激増して、アメリカの貿易収支赤字の大きな還流ルートとなり、米銀の日本市場参入も実現する。イギリスでは、米銀がシティーに参入し、伝統のあるマーチャント・バンカーなどを買収する。いわゆる、ウインブルドン現象のはじまりである。

先駆的には、一九七〇年代に入って、先進工業諸国の経済発展の鈍化から、国際的な資金過剰が顕著になっていた。ヨーロッパ諸国などはソ連をはじめ社会主義諸国への借款供与、先進工業諸国金融機関共同で、当時新興工業地域と称されたラテン・アメリカ諸国やアジア諸国の一部への長短資金の貸付が行われていたことがある。これは、八〇年代にはラテン・アメリカ諸国の債務危機につながり、その債権者の中心であった米銀は、いわば不良債権を大量に抱えることになり、一時的にではあれ大きなダメジを受けるが、一部のアジア諸国＝アジアＮＩＥｓへの融資は、それら諸国の工業化を一層促進する効果もあった。

さらに、八〇年代後半からの円高への対応として激増した日本の対アセアン対直接投資とそれに伴うアセアン諸国の工業化の進展、工業製品貿易の急増が生じる。こうした発展途上諸国の工業化は、民間の大金融機関にとっても、いまや資金運用融資対象となりうる。また、産業界にとっても、対外直接投資の拡大、その結果としての工業的発展による市場の拡大の可能性を広げる。アメリカは、このような事情を背景に、各種国際取引（モノとサービスなど）と国際的資金移動の、発展途上諸国をも含めた広範な自由化の推進が（＝グローバリゼーション）、日・欧など他の先進工業諸国との競争に負けない有力な戦略とみたのである。

（２）グローバリゼーション推進装置としてのＷＴＯ

一九九五年一月から発足したＷＴＯは、それに先行するウルグアイ・ラウンド（一九八六〜一九九五）で決着をみなかった①農産物自由化（関税以外の制限処置の廃止）、②工業製品・サービス貿易（サービス貿易では、銀行など金融機関業務、小売業や多様なサービス業の受け入れなど）自由化、③知的所有権の国際的基準の確立などを実現するための国際機関として設立されたとみてよい。この三点は、アメリカのグローバリゼーションの中核的項目である。他の先進工業諸国も、農産物自由化はともかく、他の二点はアメリカと同じ立場である。発展途上諸国の多くは、逆に先進工業諸国による農産物自由化に期待した。原加盟国は七六ヵ国で、二〇〇五年一二月時点では一五〇ヵ国である。

ＷＴＯのグローバリゼーションへの機能は、第一に、すでに一定の自由化を実現している加盟国との国際取引において、未加盟による不利な扱いを避けるための加盟を促進し、ＷＴＯ基準をよりグローバルに広げることである。たとえば、「途上国」を宣言することで、モノ・サービス貿易、直接投資受入れなどの自由化処置の延期、特恵待遇といった処遇を享受できる。ＬＤＣ（後発途上国）であれば、さらにその産品輸入への無税アクセスなども認められる。上記の、多数国の加盟状況がその点を如実に物語っている。もちろん、それは同時に先進工業諸国にとっては、将来へむけてのグローバリゼーション進展の拡大を保証することでもある。

第二に、新規加盟を求める諸国は、ＷＴＯが定める各種自由化等の義務を受容しなければならない。しかも、新規加盟国に多かれ少なかれ認められる経過的処置も、その交渉過程では国によって差があり、主要国の一部が厳しい加盟条件にこだわれば、それを受け入れない限り加盟できない。たとえば、中国は加盟交渉の際、アメリカのもっとも厳しい加盟条件を受容せざるを得なかったのである。その結果、中国の各種国際取引のスケジュールが確定し、アメリカをはじめ、先進工業諸国は対中取引の展望を確保した。つまり、急速に巨大化する中国経済のグローバリゼーションへのスケジュールが確定したのである。

第三に、加盟国による「多角的貿易交渉」がある。WTO発足以来はじめての交渉が、ドーハ開発アジェンダ（この呼び名は、日本の外務省のもの）である。一応、二〇〇一年一一月から始まったこの交渉は、非常に難航しているが（後述のように、「南」と「北」の利害対立がその大きな理由）実現すれば、モノとサービス貿易の自由化が格段に進展するし、知的所有権をめぐっても、より明確なルールができよう。要するに、WTOはグローバリゼーションの強力なエンジンとして機能するものなのだ。

これに加えて、IMFは金融支援の条件として、発展途上諸国や市場経済移行諸国の国有企業の民営化などの市場経済化促進圧力をかけたり、IBRD（世銀）は開発資金を提供することで、先進工業諸国の企業進出の基盤を用意する役割を演じている。つまり、グローバリゼーション促進の補助的機関と化しているのである。

（3）中国の改革開放政策と社会主義圏の崩壊

グローバリゼーションが文字通り、地球的規模に広がる条件が七〇年代末と九〇年代初頭に生じた。中国は一九七八年から、鄧小平の指導の下に「四つの現代化」＝改革開放政策を始める。国内の体制の改革と対外開放政策によって、中国の社会・経済の発展をはかろうとするものであった。一九八九年の天安門事件で一時中断するものの、その後の中国経済はきわめて急激な発展を遂げる。それは、繊維産業から始まり広範な電気機械産業、自動車産業など、先進工業諸国の主要産業が対中国直接投資を累増させたからである。先進工業諸国でのこれら産業の過剰、その結果としての国際競争の激化が直接の背景であるが、それがグローバリゼーションの中での大きな潮流になったことはいうまでもない。

さらに、二〇〇一年に中国がＷＴＯに加盟したことで、この発展テンポは一段と加速され、金融部門を始め、小売業や各種多様なサービス部門の対中進出が勢いを増した。今や中国は世界経済の大きな極の一つとなってその内外へのインパクトは巨大化した。中国の改革開放路線が、グローバリゼーションの波にのり、それによって急発展する中国経済がグローバリゼーションの波を広げる、という連関を形成してゆく。この流れは、ヴェトナムのような社会主義国をも巻き込み、アセアン諸国も中国と並行的に工業化を進めるとともに、アジアにおけるグローバリゼーションの展開の一翼を担うのである。

他方、九〇年代初頭に相次いで社会主義体制から離脱し、市場移行経済と呼ばれるようになったロシアを中心とした旧ソ連を構成していた諸国、中・東欧諸国もまた、グローバリゼーションの波を大きくする役割を演じた。ロシアは、当初は政治的混乱もあり、グローバリゼーションの波に乗れなかったが、今や、世界有数の石油・天然ガス供給国となり、財政も安定し、外国からの直接投資も次第に増加して、世界経済に順調に組み込まれていった。

イスラム色の強い旧ソ連の中央アジア諸国は、各種天然資源の供給国として世界経済と連関しつつある。中・東欧諸国は、ブルガリアからウクライナまで次第にＥＵとの関連を深める方向で市場移行経済を経験する。現在では、ＥＵ加盟を実現したり、すでに加盟がスケジュールとなっている国が多い。これは、ＥＵとの関係強化という形でのグローバリゼーションの受容であり、それによって直接投資をＥＵ外からも導くことが可能になっているのである。このようにみて来た限りでは、中国の改革解放や社会主義体制の崩壊といった激しい変化も、グローバリゼーションにとっては大きな促進要因として作用したことになる。

（４）ＩＴ革命の効果は大きい

この間に、もう一つグローバリゼーションを一段と加速する状況が生まれていた。ＩＴ（情報技術）革命である。これは、九〇年代のクリントン大統領時代のアメリカで急激に進展したが、米軍の軍事技術として開発・利用されてきたインターネット・システムが民間に解放され、それがコンピューター利用技術の開発の強い刺激になり、マイクロソフト社のウインドウズのようなソフトやインテル社の半導体の登場を促し、携帯可能なパーソナルコンピューターの開発にもつながった。こうしたコンピューター技術開発に伴って出現したコンピューターの利用方法は、大別して二通りになろう。

一つは、インターネット・システムが世界的に普及すると、世界各地の多様な情報を瞬時に把握し、分析し、世界的規模で利用することが可能になったことである。これは、①金融関係では、直前に得た情報にもとづいて、巨額の資金を最も有利に運用できる国・地域、場所へ、あたかも電話線を流れる音声とまったく同様に瞬時に移動させることができる、ということである。あるいは、世界のあらゆる資本市場において、株や債券の迅速な取引が二四時間可能になった、ということでもある。金融取引でのグローバリゼーションがまさにそのシステム的条件を備えたのである。残るのは、世界各地の金融市場の自由化である。ここに、金融面でのグローバリゼーションへの圧力が増大する根拠がある。②モノ・サービスの国際取引での効果も大きい。世界の中から、最適の価格・品質・時間・運賃で原料・部品等の調達が可能になる。他方、最適の販売先・販売対象の確定、あるいはその時々の変化への対応の余地も広がり、その判断も迅速になりうる。これは、通商面でのグローバリゼーションを加速する要因になろう。③もちろん、直接投資についても、投資先国や競合国もふくむ、正確で詳細な情報をすばやく入手でき、直接投資の当否の判断も、より正確になり迅速化される。

もう一つは、IT革命によって、クリントン大統領期のアメリカ経済が一〇年近くにわたって好況を持続させたことである。もっとも、この時期の好況とIT革命との関連は、なお十分には解明されていない。ただ、ITの活用によって、産業部門によっては労働生産性が上昇したという。金融部門などがその代表例であるが、製造業を含む各種部門のオフィスでもコンピューターが多く導入された。また、事業規模維持・拡大の一方で、従業員を縮小したり、M&Aなどによる企業内容の再編成、リストラクチャリングも進展した。さらに、サービス部門が拡大し他部門での解雇者の多くが吸収され、全体としてはIT革命と称されるIT投資の展開を軸に、この期のアメリカ経済は比較的息の長い成長が実現した。

こうしたアメリカ経済の活況は、グローバリゼーションの展開過程でアメリカの輸入の拡大を通じて他の地域・諸国への経済的な好影響を及ぼすとともに、国際収支の経常赤字を大きく超える資本流入を導き、それは赤字のバランスだけでなくアメリカの主導による、したがってアメリカの金融機関にとって有利な国際的資金運用をも可能にしたし、それは同時に資金を必要とする諸国・地域へのある意味での資金供給ともなったのである。こうして、九〇年代のＩＴ革命とそれによるアメリカ経済の活況は、グローバリゼーションの展開を大いに加速するとともに、世界経済全体へのプラス効果を伴っていたかのようにみえる。

四　グローバリゼーションで壊される世界

（1）アジア通貨・金融危機――制御不能化する国際資金移動

上記のように、アメリカ主導のグローバリゼーションは、とりわけ国際金融市場の自由化、規制撤廃を推進した。それにＩＴ革命が加わって、瞬時にあらゆる地域の一定の情報を入手し、それに応じて即座にかつ大量の資金を移動させることが可能になった。しかも、そのような運用を求める一種の遊休資金はアメリカを中心に、先進工業諸国に累積していた。さらに、そのような事態を前提に高収益を確保しつつ、きわめてリスクの少ない資金運用を保証する金融工学と称される研究も進んだ。

こうした、国際的な巨額の資金運用の主体として指摘されるのが、「ヘッジファンド」であろう。もともとは、一九五〇年代のアメリカでの株式取引のヘッジの手法ないしそのための資金ファンドとして登場したようだが、一九八〇年代以降、遊休資金の累増、為替変動相場、グローバリゼーションによる国際的な金融自由化とＩＴ革命で、一気に国際的なハイリスク・ハイリターンのファンドとなった。一九九二年の、変動相場下の域内為替相場安定制度としてのＥＲＭの弱点（加盟国のファンダメンタルズの格差拡大）をついたジョージ・ソロスのファンドが有名であろう。その後の一九九四年メキシコ、一九九七年アジア、一九九八年ロシア、アルゼンチンでの通貨・金融危機についても、ヘッジファンドの活動との関連が指摘された。最近の研究では、これらの金融危機でのヘッジファンドの役割は相対的に小さかった、とされているが、問題は、ヘッジファンドが関わっているか否かではない。ヘッジファンドへの機関投資家・金融機関・富裕者の投資もあるが、これらの巨額資金保有機関じたいが各種の国際的金融商品へ投資しているのである。上記の、アジア通貨・金融危機はアセアン諸国や香港、韓国などに極めて深刻な打撃を与えたが、それはヘッジファンドのみならず機関投資家、金融機関などの投機的活動の結果とも指摘されている。

要点は、各国経済へ非常な打撃を与えることが明らかであるという経験を経ながら、それを何らかの形でコントロールする仕組みを作ることは、グローバリゼーションを前提する限り不可能なことである。ヘッジファンドをはじめ多くの投機的資金は、カリブ海のタックスヘイヴンに拠点をおき、それらの資金が仮にアメリカ国内で運用されても、アメリカの金融上の規制の対象にはならない。

一九九八年の巨大ヘッジファンド Long Term Capital Management の危機以後、ヘッジファンドの活動は一時低迷したが、最近は急拡大し、二〇〇四年時点で資産規模は一兆ドルに迫り

（二〇〇八年には一・七兆ドルとの予想も）、ファンド数は八〇〇〇を超えている（二〇〇八年には一一七〇〇との予想も）。これは、一九九〇年の三七倍（資産）、一二倍（ファンド数）、二〇〇一年比で双方とも三・五倍である。しかも、このヘッジファンドの運用資産規模は、世界の全金融資産の一％未満という。つまり、全金融資産のすべてが投機的ではないにしても、ヘッジファンドの一〇〇倍近い金融資産が存在し、何らかの有利な運用機会を待っている、ということにほかならない。そして、それらのほとんどは、グローバリゼーションの下では各国金融当局には規制されない、ということでもある。

加えて、アメリカの国際収支と財政収支の双子の赤字の存在が、国際的な通貨・金融上の不安定を強めている。アメリカの国際収支経常赤字は、ここ数年は五〇〇〇～七〇〇〇億ドルに及ぶ。この赤字は、すべて外国からの資金流入でまかなわれる。ここ数年は、その規模は一兆ドルに達し、経常赤字分を上回った。その上回った部分は海外で運用される。二〇〇五年は、その規模は一兆ドルにほどは変わらない。さらに、財政赤字をまかなうアメリカ政府国債も多くの部分が流入外資で購入されている。つまり、アメリカの経常収支赤字と財政赤字は対外的な借金になっているのであり、さらにそれが巨額化している。なんらかの事情でこの外資流入がストップしたり、あるいは逆に流出すれば、ドルは暴落し、アメリカ経済のみならず、世界経済が破滅する。

（2）見捨てられる人々とその反乱――アフリカ・アラブ

グローバリゼーションはＩＴ革命とともに、市場経済的・工業的な基盤の弱い地域を事実上置き去りにして展開されている。一九九一年以降のソ連の崩壊による冷戦体制の解体は、アフリカ諸国にとっては、従来の東西両陣営からの援助の消滅ないしは大幅縮減を意味した。外部からの各種圧力の弱まるなかで、多くは植民地支配に淵源を持つ、部族間、種族間、宗教間の対立による政治・社会の混乱が大きくなっていった。場合によっては、内戦にも発展し、虐殺も頻発する事態に陥っている。こうした事情に依って、農業が破壊されたり、天候の不順が凶作に直結したりで、飢餓が広がってもいる。さらに、農業が順調でも、グローバリゼーションの展開により、国際市場での商品市況は激しい競争のなかで低下を続け、低賃金の子ども達を働かせることにもなっている。国によっては、豊富な資源を有しているが、そしてそれらは主要国の資源開発資本がひそかに将来の権益確保に動いているのであろうが、当面は国の経済を助ける役割を果たせずに眠っている。あるいは一部の勢力が密売で利益を上げていることもある。

このようなアフリカには、当然ながら先進工業諸国の工業などの直接投資などはやってこない。金融的には、先進工業諸国からの援助が主に有償でくるだけで、上記のように国際競争激化の下では、一次産品の輸出も伸びず、その挙句は重債務国化である。国内的には、飢餓と貧困の蔓延である。グローバリゼーションは、アフリカの困難を解決しえないことは明らかで、むしろ国際競争の激化を生むことで、アフリカ諸国を一層困難な状況に追い込んでいる、というべきである。いわば、「世界体制」をより不安定にするよう作用しているのである。

中東を中心としたアラブ、イスラム世界でも、欧米的な近代工業の発展は未熟である。ある意味では、アフリカと同様貿易・金融の自由化を軸とするグローバリゼーションとは縁が薄い。欧米の資本は主に石油を中心とする資源開発のために流入する。また、政治的にも植民地支配に淵源する特定王家の支配体制が強固で、主要資源の石油からの巨額の収入も、広く民衆にゆきわたらない。社会の多数を占める民衆の多くは貧困のままである。

これに反発してイスラム革命をおこしたイランでも、富の分配が偏ってきている。サダム・フセインのイラクでも、非宗教的独裁であった。アメリカは、これら独裁的アラブ諸国を、親米的である限りで支持してきたのである。フセインのイラクに対しては「湾岸戦争」まで、ビン・ラディン氏に対しては、ソ連のアフガニスタン撤収までは、資金・軍備を含めて援助を惜しまなかったのである。ここでは、グローバリゼーションの「理念」とはまったく別の、中東地域での石油資源の権益確保、石油の安定的供給確保という課題が最優先されていたのである。

このようなアメリカに一部のアラブ系の人々が強く反発したとしても不思議ではない。ビン・ラディン氏を指導者とするアルカーイダとう反米テロ組織が生まれたのも決して異様ではない。二〇〇一年九月一一日のアルカーイダによる、ニューヨークへのテロはその帰結の一つではあるが、それはグローバリゼーションの一部の変更を伴った。反テロ組織を眼目とし、IT技術を駆使したグローバルな軍事・諜報組織網の編成と反米組織・反米独裁国家への武力攻撃である。また、親米独裁国家へも「民主主義」の輸出作戦を戦略的に打ち出した。反米テロによって、アメリカのグローバリゼーションは、武力攻撃と「民主主義」のグローバル化をも伴うものになったのである。

しかしこうした戦略は、あたかもイスラム世界を対象とするかのごとくになり、広く、深い反米意識が培われているようである。世界の分裂、不安定化が一段と進展したのではなかろうか？

事実、アフガニスタン、イラクの政治的安定の目処《めど》は立っておらず、親米的アラブ独裁諸国でも、アメリカの民主化要求にともなって、イスラム教を背景とした反体制勢力が伸びている。最近では、パレスチナの選挙で、イスラエルを不法な占領者と規定し、その撤退を目標とするハマスが最大議席を獲得している。武力攻撃や「民主主義」輸出は、少なくとも中東地域の不安定化をもたらしている。

（3）「工業化」がもたらすもの——格差と貧困——（中国・アセアン・中東欧・LA・ロシア）

中国・アセアン諸国は七〇年代末以降、外資依存の工業化政策を採用している。ラテンアメリカ諸国（以下、LAと略記）は、以前からかなりの工業化を達成している。中東欧・旧ソ連諸国は、一九九〇年前後から、社会主義体制から市場経済システムへ移行した。したがって、グローバリゼーションの波による洗われ方は、それぞれ異なる。しかし、各種規制の緩和が進み、工業的発展を多かれ少なかれ実現している、という点で共通している。要するに、グローバリゼーションの成功例ともいえるのである。ただ、次の諸点には留意すべきであろう。

第一に、中国やアセアン諸国の工業的発展は先進工業諸国からの外資に依存していることである。地元資本による工業的発展も皆無ではなく、中国やタイでは地元資本の活動も顕著である。それとともに多様なサービス業も育ち、産業・生活インフラも拡充している。もちろん、工業分野をはじめ各種雇用も増大し、賃金の上昇もあって、総体としては生活水準は上昇しているといってよい。しかし、その「繁栄」も外資にリードされてのことで、その外資はあくまで自己の利害を最優先するし、それは先進工業諸国中心の世界経済の動向如何による面が大きい。たとえば、先進工業諸国の輸入増大余力が減衰すれば、中国やアセアン諸国の輸出は打撃を蒙るし、輸出の維持・拡大のための先進工業諸国の対外直接投資は鈍化するであろう。今後の安定的発展が保証されているわけではないのである。さらに、知的財産権を盾に外資からの先進的技術の伝播は十分ではなく、独自の新技術・新製品の開発の余地は非常に限られている。

加えて、この地域の相互矛盾にも留意しなければならない。一九九七年のアジア通貨・金融危機も、この相互矛盾の側面がある。一九九四年の中国の元の事実上の大幅切り下げは、鄧小平の「南巡講話」に対応して、以後の中国の経済発展を輸出拡大で確保しようとする戦略の表れだが、それはすでに中国との輸出競争の強い圧力を受けていたタイの輸出を一層困難にし、それはタイの経常収支悪化につながった。もう一つ、対中国直接投資の急増はタイなど、従来先進工業諸国の対外直接投資に依存して工業化を進めてきた諸国にとっては、対外直接投資を中国に奪われる、という問題でもあった。タイがバンコクにオフショアー金融市場を創設し、それを事実上対内融資のルートにしてしまったのも、中国との資金争奪競争の結果ともいえるのである。タイが真っ先に国際投機筋に狙われたのは、このような背景もあったからである。

その後、類似の問題が生じていないが、それは各国の再発防止のための各種処置によるが、同時に直接投資受け入れと工業製品輸出という点で中国の優位が確定した、ということも考慮すべき要素であろう。また、中国を含めて、外資依存の「工業化」が、先に指摘したように農村部の過剰人口の雇用をもたらしているものの、その過程で起業者、企業家、高級技術者などが大きな所得を得る一方で、農村部は「一次産品」の国際競争激化によって、必ずしも所得は増えていない地域もある。その意味で、これら諸国では、貧富の差が拡大している、という問題も抱えているのである。

社会主義体制から市場経済へ移行した中東欧諸国も、外資依存の工業化を進めている。これら諸国のほとんどは、EUに加盟したか加盟交渉中であり、そのための一定の規制緩和・自由化が必要になっている。その上で初めて域内外からの投資が認められる。域内外からの直接投資は、これら諸国の低賃金に強く魅かれているのである。もちろん、外資による「工業化」で雇用は増えるが、他方で競争力の弱い旧国有企業などは、外資に買収されるか、廃業に追い詰められている。そこでの被雇用者は職を失う。したがって、失業率は高止まりし、低賃金構造は温存され、外資をさらに招き入れる条件になっている。

また、新規技術の移転は進む状況ではない。さらに後に取り上げるように、域内諸国からの直接投資は、その地元の国の雇用減につながり、新規加盟諸国の過剰労働力は、より高賃金の諸国へ移動する傾向が強く、もともと失業率の高い旧加盟国の労働条件の悪化をもたらす可能性が強い。加えて、農産物を巡る競合が強まることは確実である。現在進行中のWTOのドーハ・ラウンドで、EUは農産物輸入自由化拡大を迫られており、グローバリゼーションの一環ともいえるEU拡大のプロセスは、農業や労働移動をめぐって厄介な問題を抱えることになっているのである。

ラテンアメリカ諸国は、最近は資源保有国を中心に経済的には比較的順調である。石油をはじめ、他の資源の多くは国際市況の上昇に恵まれている。これには、中国をはじめとするアジアなどの経済発展による資源需要の強まりが影響していよう。しかし、ごく最近の政治情勢をみると、民族主義的、左派的大統領が選ばれている（ウルガイ・アルゼンチン・チリ・ボリビア）。今年中（二〇〇六年）に大統領選が予定されている諸国でも、左派系の人物が有力候補に挙げられている。また、二〇〇五年米州サミットでアメリカが望んだ米州自由貿易協定の締結をブラジル・アルゼンチン・ベネズエラが拒否している。

これは、国際的な石油等の資源需要の高まりが、これらの諸国を強気にしている側面もあるが、要点は、反米機運の強まりである。ＷＴＯに規定された貿易や金融の自由化、さらには一九九四年のメキシコ金融危機、一九九八年のアルゼンチンの金融危機などで、ＩＭＦの支援に伴う財政緊縮・民営化義務などが課せられた。この結果、アメリカなど外国からの農産物輸入増により、域内の農業・農村の打撃を受け、民営化した旧国営企業（その多くは水道・通信など国民生活に直結する分野を含む）への外資の進出などから、雇用の不安定化、貧富の格差の拡大などの現実的な困難が生じたのである。要するに、ラテンアメリカ諸国の多くは、グローバリゼーションの中で具体的な社会問題を抱えることになり、民衆のなかに反米・反グローバリゼーションの機運を生んでいるのである。

他の諸国・地域へ言及しうる余裕はない。ただ、ロシアは当面の石油価格の高騰、天然ガスへの需要シフト（石油代替という意味だけでなく、CO_2排出減効果もある）による恩恵を享受して、経済の回復が顕著といわれているが、石油など天然資源に依存した経済運営には限界があろう。WTO加盟を控え、国内の産業基盤の充実・拡充、外資導入のための各種制度・法律制定が今後の課題だが、その点での明確な進展はない。さらに、グローバリゼーションの波を被った際の対応策も明確ではない。あえていえば、ロシアは、グローバリゼーションがもたらしかねない国際的不安定性の増大という点で、その大きな要素にならないとも限らないのである。

(4) 不安定性増す先進工業諸国

グローバリゼーションの進行のなかで、そのエンジンとも言うべき立場にあるアメリカを含めた、主要先進工業諸国の労働者も容易ならざる状況におかれた。一九六〇年代と比較すれば、失業率は高くなっている。EUでは、独・仏などの主要国で、一九七〇年以来一〇%前後のまま推移している。日本は、九〇年代以降、八〇年代までと様変わりに高失業率が続いている。アメリカの失業率は、絶えず変化しているが、平均的には大きな悪化はみられない。ただ、就業構造はどの国でも大きく変化している。製造業が減少し、広い意味でのサービス業での就業者が増えた。ちなみに、米・英などではサービス業就業者の比率は七五~八〇%にのぼる。日本でも七〇%を超える。サービス業の内容は多様であり、その歴史もさまざまだが、歴史の長い製造業に比して労働組合の組織率も低く、賃金も安い。アメリカ最大の小売業である「ウオルマート」には労働組合がない。

また、日本の例では、就業者のうち、アルバイト・パート・派遣など非正規雇用労働者が著しく増えた。一九九五年からの一〇年間で、正規雇用者は四〇七万人減、非正規雇用者は六四九万人増。二〇歳台前半男性の非正規雇用者比率は二五％超。失業者にはカウントされないが正規雇用者よりはるかに低賃金である。ＥＵ諸国では、旧植民地からの移民が低賃金労働者であったが、最近では旧社会主義国である新規加盟諸国からの低賃金労働者の流入の余地が急速に拡大している。

さらに、国民諸階層間の所得格差も広がっている。二〇〇五年二月にＯＥＣＤが発表した資料によると、ＯＥＣＤ諸国二五ヵ国のうち、八〇年代半ばから九〇年代半ばまでの一〇年で二五ヵ国中一七ヵ国でジニ係数（等価可処分所得基準）が上昇し、単純平均増加率は六％。その後の五年ほどは、九ヵ国が増で、平均一％増という。ただし、この全期間で英と日は増大傾向を示す。

また、べつの資料では九〇年代のアメリカのジニ系数上昇は非常に顕著で、日本も一貫して上昇傾向、ドイツ・ベルギーなどでも九〇年代にある程度の上昇がみられるという。なお、上記のＯＥＣＤ報告では、「貧困率」（等価可処分所得中位者の半分以下の所得者の割合）は、二四ヵ国平均が一〇・四％であるのに対し、アメリカ（一七・一％＝二位）、アイルランド（一五・三％＝四位）、日本（一五・三％＝五位）となっている。ちなみに、ＥＵでは各国へ流入している移民とネイティブズとの所得格差があるが、同時に中・東欧の新規加盟国との間に国レベルでの格差も拡大していることにも、留意すべきであろう。

こうした、先進工業諸国での高失業率や所得格差の拡大は、グローバリゼーションだけが原因とはいえないが、それに大きく規定されていることは明らかであろう。ごく一般的にいっても、先進工業諸国の多くの製造業部門が海外に工場を増やしている。相互の競争激化が直接の理由だが、国際的な金融・投資の自由化・規制撤廃が先進工業諸国企業がより低コストでの生産を追求して、対外投資を歓迎する発展途上諸国への工場立地を激しく行うようになっている。もちろん、たとえば中国で生産したものを、アメリカやEU諸国などに輸出する日本企業は多い。アメリカの有力企業の多くは、アウトソーシングと称して、ほとんどすべての商品を海外で生産・販売している。

EUでも、中国をはじめとするアジアへの直接投資を大きく増やすとともに、EUへの新規加盟国への直接投資も増大させている。あるいは、賃上げ回避または賃金切り下げの武器に、より低コストでの生産が可能な中・東欧諸国への工場進出を持ち出す企業がEUには登場するのである。グローバリゼーションを背景としたこうした動きは、先進工業諸国の「産業空洞化」であり、その雇用吸収力を大きく削ぐことになっている。第二次産業部門の雇用減、賃金低下、失業増の一方で、より低賃金の第三次産業部門への労働者の移動、この部門の比重増、社会全体での賃金低下を生んでいるのである。

他方で、第三次産業部門でも投資・金融分野では、グローバリゼーションとそれを受けた国内金融規制の解除（ビッグバン）があって、個人から企業にいたるまで、ちょっとした機敏さと運とで、巨額の儲けを手にすることも生じている。ストックオプションの導入は、企業業績の実質的な改善だけでなく、さまざまな手管による自社の株価の上昇を追い求めるような傾向を生んでいる。日本では、直接金融への転換を政策的に支援するとの理由で、株取引による利益には、他の金融的利益より半分の課税に留めている。その結果、企業への金融の目的ではなく、より低課税の株取引利益を得るための資本市場への資金流入が強まっている。こうした事情は、各国内の国民相互の所得格差の大幅拡大の大きな背景であろう。

しかも、アメリカなどでは、一般市民がきわめて不安定な国際金融事情に左右されかねない事態に陥っている。二〇〇五年のアメリカの貯蓄率はマイナスとなったが、住宅金融は活発に行われている。アメリカ人の多くが、貯蓄を取り崩しローンに依存した住宅購入に向かったのである。しかし、その住宅ローンの資金がどこから来ているかといえば、海外からである。すでに指摘したようにアメリカの国際収支（経常収支）の赤字は巨大であるが、それを上回る海外からの資金の流入でバランスされている。海外からの資金は、一部は改めて海外での運用で流出してゆくが、多くはアメリカ国内の金融機関に残留し、金融機関はそれの有利な運用をめざしている。住宅ローンはその有力な運用ルートであったのであろう。日本の新聞などは、住宅バブルではないか、といった危惧を示しているが、その中身は、住宅価格の上昇を梃子《てこ》にしたより高額のローンへの積み上げを不安視しているのである。だが、問題は借り手だけではない。貸し手の資金が、不安定な外資であれば、なんらかの事情で海外への流出に転じる可能性も大きい。その場合には、貸し手の金融機関の破綻である。

こうして、先進工業諸国においても、グローバリゼーションを背景に（つまり、国際的な貿易取引・資金移動の大幅自由化）、先進工業諸国も相互の競争激化、それへの対応としての低賃金の発展途上諸国への工業部門を中心とした直接投資の増大に伴う国内産業の空洞化、低賃金国へ進出した先進工業諸国資本の低価格製品の先進工業諸国への逆流入等に直面し、その結果、これら諸国の雇用の不安定化、低賃金化の波に洗われるようになっている。また、金融、資金移動をめぐる規制の大幅かつ急速な緩和は、先進工業諸国内では金融・資本市場をめぐっての各種取引、操作などで巨額の利益を得る法人・個人が現れるという現象を生んでいる。こうしたことが、ただちに社会的な不安定化・動揺につながっているわけではない。しかし、先進工業諸国内部に、財政的事情から福祉国家体制の動揺の兆《きざ》しがあり、そのなかでの雇用の不安定化や所得格差の拡大が人々の意識を反体制的な方向へ向けないともいえない状況が強まっていることは確かであろう。

また、国際的にも巨額の海外資金に依存するアメリカのような国も登場し、それら海外から流入した資金の運用によって大きな利益を得たり、貿易収支赤字という産業的弱体化をカバーする一方で、対外債務を積み上げる状況が続いているのである。それは、グローバリゼーションを推進するアメリカを先頭とする先進工業諸国にとっても、グローバリゼーションが必ずしもその経済的・社会的発展を保証しない、ということであろう。むしろ、「世界体制」の安定自体が先進工業諸国の広い意味での弱体化によって崩れ去る、という可能性すら孕《はら》んでいるのである。現局面の資本主義は、このように認識できよう。

おわりに

現在の資本主義「世界体制」の最大の弱点はアメリカであろう。産業的劣化に陥ったアメリカがその対応策として展開するグローバリゼーションは、金融・サービス業（知的財産権の確保を含む）を中心とする広範な国際取引の自由化にほかならない。しかし、まず第一にそれは、一方で発展途上諸国の一次産品部門に大きな圧力を生み、他方で特定の発展途上諸国の急速な「工業化」を導いている。これ自体が発展途上諸国内部の格差を助長する。

また、この「工業化」が多くは先進工業諸国からの投資に依存している限りでは、従属的地位を完全に脱却させるものとも、必ずしも言い切れないし、「一次産品問題」を解決するともいえない。同時にアメリカをはじめとする先進工業諸国へのブーメラン的な安価な製品の流入を伴い、先進工業諸国内部の諸産業の苦境を一段と深め、そこで働く人々の条件を悪化させている。

その結果、アメリカの産業的劣化は一段と進み、対外債務の累増となる巨額の外国資金の流入によって、大幅化する貿易赤字をファイナンスしながらグローバリゼーションで大きく自由化された国際金融市場でその資金を運用する、という綱渡り的な不安定な状況に陥っているのである。現代の資本主義「世界体制」は、その中核の内部腐乱による破綻の不安に直面しているのではないか？

資本主義社会に「情報化」は何をもたらしたか*

半田正樹

はじめに

一九七〇年代以降の時代を〈現代〉と呼ぶとすれば、〈情報化〉は、まさに〈現代〉に固有な動きと言ってよいだろう。小論では、〈情報化〉に視軸を定めながら現代の資本主義の歴史的位相を明らかにすることを課題とする。もはや資本主義とはいえないという説、脱（ポスト）資本主義論や知識社会論あるいはすでに社会主義に歩を進めているという説までとびだしている近時の議論に対して、今なお資本主義社会のただなかにあり、具体的には情報資本主義としてとらえるべきではないかという論点を提示しようという試みである。ただし、このことは、資本主義永続説を唱えるものではなく、あくまでも資本主義社会が特殊歴史的社会としておさえられることを前提としていることを断っておきたい。

一 〈現代〉をとらえるキーワード

たとえば国税庁が二〇〇五年五月に発表した〇四年の高額納税者の番付を見てみよう。史上初めてサラリーマンがトップにたったということで話題を集めた。三七億円という納税額から推測すると年間所得は一〇〇億円に達すると見られる。具体的には「投資顧問業」である。投資助言（投資についての情報分析・情報提供や戦略の提言等）を行う仕事というよりも、投資家から委託されて、資金運用の一切を取り仕切ることがその仕事内容だと考えられる。まさに現代資本主義を象徴する「金融業」に勤めるサラリーマンと言ってよいだろう。年間所得一〇〇億円は、標準的なサラリーマンの生涯賃金所得（二～三億円）の数十倍である。つまり、このサラリーマンは、いわば一瞬のオペレーションで億単位の成功報酬を我がものとする現代経済の「マジック」そのものを体現してみせたといってよいだろう。

さらに、この〇四年の高額納税者番付上位一〇〇人の内訳を見ると、「健康・美容」関係が一七人、「パチンコ産業」一二人、「IT企業家」七人、「金融」六人などとなっている。市場規模（年間二五兆円～二七兆円）という点で長期にわたって主要産業の位置を占めてきた「パチンコ産業」はともかく、現代社会に固有の相がおのずと浮かび上がってくるような構図を示している。まず「健康・美容」。周知のように馬場宏二教授は、現代資本主義の特徴の一つとして「過剰富裕化」を挙げた。そのメルクマールは、①一人当たりのGDPが五〇〇〇ドル（一九八二年の米ドル換算値）に達する、②自動車の大衆化――世帯数の過半が乗用車を持つ、③エンゲル係数が三〇％を切る、の三点である（馬場宏二『新資本主義論―視角転換の経済学―』名古屋大学出版会、一九九七年、三三五―三三六ページ）。とりわけ、食べることがとりもなおさず過食や栄養過剰に連動し、先進諸国において多くの人たちがその連環にはまっていると思われる構造を指摘した。同一人物において〝グルメ〟志向と「ダイエットとジョギング」が並存する現実こそが、過剰富裕の決定的証拠というわけである。美食と意識的排出（摂取したカロリーの人為的費消）の同時存在が現代社会のありようを映し出すといっていい。

また、むしろ起業家が実体というべき「IT企業」関連および「金融」（メインは消費者金融）も現在の社会には欠かせない経済のノード（結節点）を示している。二〇〇五年一〇月の「楽天」によるTBS買収（株取得）の動きや、二〇〇六年に入ってマス・メディアの餌食になったライブドアの証券取引法違反事件・粉飾決算問題は、現代の経済がどのような歴史的位相にあるのかを負のイメージを含めて明らかに示す、まさに典型的実例となった。とくに楽天にしろ、ライブドアにしろ、売上などの経営実績とはいわば無関係に独立して高騰する株価（時価総額）を支えにして、繰り返し企業買収を試みてきた現代を象徴するネット企業だということは銘記しておく必要がある。そこでこうした事例も念頭におきながら、あらためて現代の経済を剔抉する際のキーワードを設定しておこう。

〈経済の情報化〉と〈経済の金融化（金融経済の膨張）〉およびこの何れとも相互作用の関係に

図－1　《現代》をとらえるキーワード

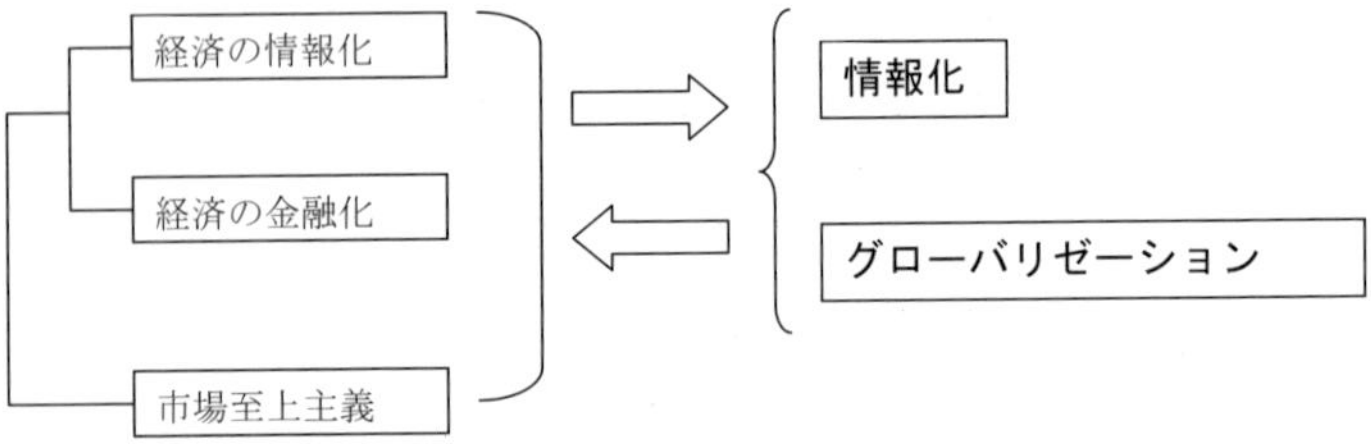

あると見られる〈市場至上主義の浸透ないし蔓延〉という現代の経済の変容に与っている動きがそれである。しかもこれら現代経済の変容を表現する三つのキーワードは、現代社会の総体に大きく関わる〈情報化〉と〈グローバリゼーション〉に収斂すると考えられる。

　情報化については、のちに詳しく取り上げることにして、ここではまずグローバリゼーションについてその要点をおさえておこう。

「グローバリゼーション」というのは、ここでは〝パックス・アメリカーナの衰退〟と軌を一にした動きと解釈しておく。〝パックス・アメリカーナ〟は、「ヘゲモニー」国としてのアメリカを軸とする世界政治経済システムを意味したが、「ヘゲモニー」が暴力を含む強制によるのではなく、説得にもとづく合意ないし「非統治者の能動的な同意」（グラムシ）による統合の意味だとすれば、〝パックス・アメリカーナの衰退〟とは「ヘゲモニー」国アメリカの凝集力の低下に端を発した事態にほかならなかった。具体的には一九六〇年代後半にはじまった動きとみてよいが、他面ではアメリカの「覇権」国への転換のプロセスそのものであった。「覇権」

とは強制による属従・支配を意味するが、「強制」を具体化する指針として設定されたのが「アメリカ型市場経済」であり、そのいわば地球的規模での浸透と拡大こそ「グローバリゼーション」であった。

さしあたり「アメリカ型市場経済」は、民間企業に対する過度的依存、株主価値重視、厳密な会計基準の適用などをスタンダードとする市場経済偏重ととらえておこう。

「グローバリゼーション」の進展を日本に即して言えば、次のように整理できる。対外政策は一九七〇年代までは、金ドル本位制という擬似金本位制の下で、変動幅をある範囲のなかにおさめることが義務付けられた為替相場、条件つきの資本移動など一定の制限つきではあったものの、基本的には市場の論理ないし市場原理に沿った処理を基本としていた。他方、国内の政策は管理通貨制度の枠組のもと、対外関係を一定程度遮断しつつ、経済過程総体のレギュレートと福祉国家としての社会政策の遂行を基本としていたのであった。対外政策と国内の政策とでたのむ〝原理〟をいわば使い分ける手法を取り入れていたのである。それが「グローバリゼーション」の進展のもとで、可能な限り市場の論理・市場原理に一本化する方向が鮮明となった。

その上、注目すべきなのは、「グローバリゼーション」の進展の下、金融経済のウエイトの上昇、いいかえれば経済の金融化の傾向がきわめて鮮明になったことである。とりわけ〈情報ネットワーク〉の拡大に支えられる形で、グローバルな間断なき金融取引が著増しているのが大きな特徴となった。もちろんこれは〈金融危機〉が世界同時に発生する可能性を含みもつことを示唆する。

しかも現在の金融の最大の特徴は、実体経済（実物経済）から著しく乖離し、きわめて不安定な構造をもつ点にあるが、その背景となったのが〝パックス・アメリカーナの衰退〟に端を発する一九七〇年代初頭の変動相場制（管理できない管理通貨制としての変動為替相場制）へのシフトが呼び起こしたヘッジファンドの興隆であった。もちろん、財政赤字とそれを背景とする国債発行の著増もこれに合流したことも併せて銘記すべきであろう。

また、金融（業）がデジタル空間（サイバースペース）と最もよくなじむ産業であることも指摘しておく必要がある。金融業が扱う商品はすべてデジタル化できるというだけでなく、業務そのものも基本的にはデジタル空間において遂行可能という特性をもっているからである。したがって、金融（業）は、産業の情報化という側面からとらえると最も早くその内実を備えるに至った産業であった。さらに、産業技術という観点からみると、金融技術が最も個別的・独自的である点も強調されてよい。技術の普遍性という意味で最も距離があるのが金融技術ということである。周知のように、製造技術（生産技術）は普遍的性格をもち、したがって特許として法的に囲い込むことが必要とされるが、結局はある程度の時間ののち先行した技術も追随されることになる。科学・技術の普遍性がベースにあるからである。これに対して、流通技術は、対人（対人間）の技術ということもあって個別性・独自性の性格が比較的強いとみられてきた。しかるに、金融技術の性格は、流通技術以上に個別的・独自的な傾向をもつ。高度な専門的知識とそれを活用する能力が大きな意味をもち、それだけ個人の才覚、手腕が大きなカギとなるような構造となっているからである。先に見たような、高額納税者のトップとなった「サラリーマン」の例はこのことをよく示している。こうした、技術の発揮する効果がむしろ個人の能力によるということは、いわゆる「自己決定・自己責任」という目下蔓延している市場原理主義の経済思想にもよく適合する事態と言ってよいだろう。

二　現代社会にインパクトを与える〈情報化〉

周知のように、資本主義経済システムの発達は、工業の発達の歴史であった。資本主義の誕生期（一六世紀～一七世紀）の羊毛工業、一八世紀～一九世紀の第一次産業革命によって確立した機械制大工業としての綿工業の発展、一九世紀後半の鉄鋼業・石炭業、そして一九世紀末～二〇世紀初頭における第二次産業革命を背景とした重化学工業、および世界史的には第二次世界大戦後のいわゆる耐久消費財産業（自動車・電気ｅｔｃ）等として確認できる。

これに対して、一九七〇年代以後とりわけ一九八〇年代以降、経済のサービス化・経済のソフト化ないしは知識経済化としてとらえられる傾向が現れた。端的に言えば脱工業化という経済の変容の動きにほかならない。したがって〝工業の発達の歴史〟にほかならなかった資本主義経済システムの存立そのものが問われることとなったのである。もはや資本主義経済システムは「眠りに着き」、これに替わる経済システムへと転じたのか、あるいは依然資本主義経済システムととらえるべき社会構成体なのかが議論の遡上にのせられることになった。

ここでは、とりあえず「脱工業化」とみなされてきたデータを検討しているM・カステル&Y・アオヤマの説を見ることにする。M・カステルは、一九七〇年代までマルクス派として論陣を張り、その後構造主義の影響をうけたカルフォルニア大学バークレー校の都市計画の研究家である。主著『情報都市(The Information City)』においては、サスキア・サッセンの『グローバル・シティ』にも通じる議論を展開している。

カステル&アオヤマ説は、〈情報化〉に関して、「産業部門別雇用者数の推移」を指標としつつ、二つのモデルを取り上げて検討している(後掲の「図―2カステル&アオヤマモデル①②」。なお、詳しくは、拙稿「情報資本主義としての現代資本主義」村上和光・半田正樹・平本厚編著『転換する資本主義:現状と構想』御茶の水書房、二〇〇五年、二三―二六ページを参照されたい)。

一つは、〈サービス経済型モデル〉であり、アメリカ、イギリス、カナダが具体例を示す。もう一つは、〈情報工業型モデル〉といい、典型的には日本とドイツが対応する。

〈サービス経済型モデル〉は、加工・組立部門すなわち製造業部門における就業者が一九七〇年代から九〇年代にかけて大きく減少する一方で、生産者サービス、社会的サービス、個人的サービスに従事する就業者が増加傾向を示したのが特徴となっている。就業者が、製造業で急減し、サービス業で大きく増えたというのがポイントといってよいが、カステル&アオヤマ説をふまえてこの特徴を読み解くとすれば次のようになる。

製造業部門(工業部門)では就業者が減少しているが、その要因ないし背景になったのは、グローバル企業が軸となって推進してきた製造現場の海外移転であったという事実である。とくに管理機能や研究開発機能は残したまま製造現場だけを外に押し出した結果として解釈すべきということにほかならない。しかも、最も注目すべきことは、製造業に関わる高度サービス（＝生産者サービス）が増大しているという点である。その意味するところは、製造業にとって必要不可欠な労力をサービス業部門からアウトソーシングの形で調達しているところにあると見られるからである。要するに、製造業における就業者は確かに大きく減少しているものの、他方では製造業にとって必要不可欠な、統計上はサービス業に分類される労働が増加しているのである。その結果、減少する製造業（加工・組立）の就業者と生産者サービスを合算した割合は依然全体の四〇％台を占めるということが確認される。

言い換えれば、サービス経済化モデルというのも、その内実ないし実態は工業モデル（工業といっても技術的・専門的労働に支えられている高度工業にほかならないが）というべき性格をもっている。

これに対して〈情報工業型モデル〉はいかなる内実をもつのであろうか。まず日本では、製造業における雇用者数の減少がきわめてゆるやかであることが見てとれる。これは情報化プロセスが既存の工業生産と密接な結びつきをもちながら進んでいることを示唆している。言い換えれば、工業部門／製造業部門に、情報労働・知識労働に分類されるようなサービス活動が内部化されていることを示しているのである。ドイツにおいても、加工・組立部門の就業者比率は日本と違って急減しているが、全体に占める割合は二〇〇〇年時点でなお三五％ときわめて大きい点が特徴となっている。日本では三〇％に過ぎないのと比較すればそのウエイトの高さが確認できるといっていい。要するに、製造業を軸とする〈情報工業型モデル〉は、とくに脱工業化とは異なるベクトルをもつものとして「高度工業化」モデルあるいは「ハイパー工業化」モデルとして把握することが可能なのである。

すなわち、一九七〇年代から一九九〇年代の先進工業国の動向に注目しつつ設定されたカステル&アオヤマ説の二つのモデルは、いずれも〈情報化〉に支えられた「高度工業化モデル」として、たとえばJ・ヒルシュのいう「ハイパー工業化」に照応するようなモデルとしてさしあたり位置づけることが可能だということになる。

そこで、この「ハイパー工業化」について、それ以前の「工業化」との関連を念頭におきながら簡単に整理しておくことにしよう。これはいわゆる「ポスト・フォーディズム」問題ないし「基軸産業としての製造業（とりわけ自動車産業、家電産業）の性格変化・高度化」問題にほかならない。

「ポスト・フォーディズム」は、一九七〇年代までのいわゆる少品種多量生産システムの脱構築としてとらえられるが、その基本型は一九八〇年代の日本企業による「半硬直的中量生産システム」と考えられる（「半硬直的中量生産」とは、少品種多量生産という市場ニーズの変化・多様化への対応が困難な硬直的生産システムに対してヨリ柔軟で、したがって各ニーズに対応する量が比較的少ない生産システムを指す）。「半硬直的中量生産システム」は、基盤技術に当時（一九七〇年代後半~一九八〇年代）のＩＴ（情報技術）であるＭＥ（Micro Electronics）技術を採用して

図－２　カステル＆アオヤマモデル
①サービス経済化モデル

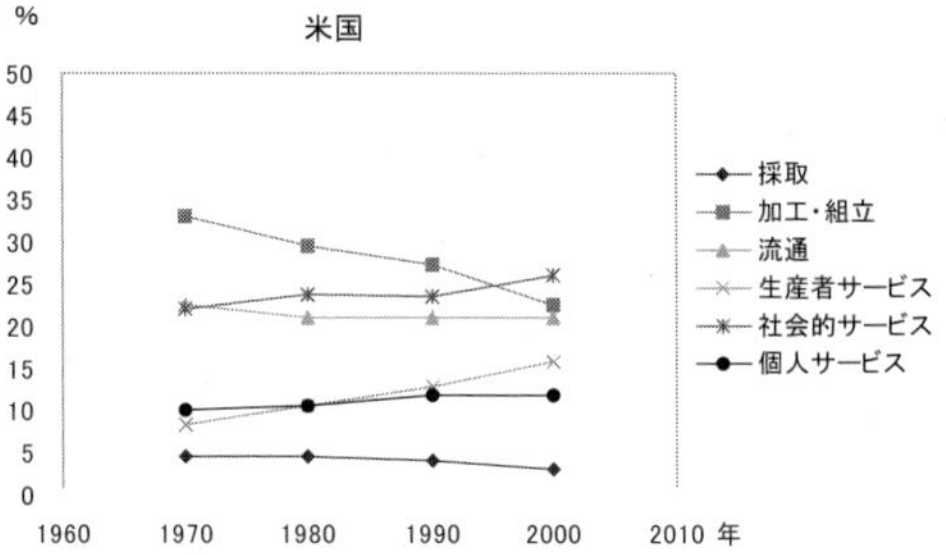

産業別雇用者数の推移
（1970-2000 年）

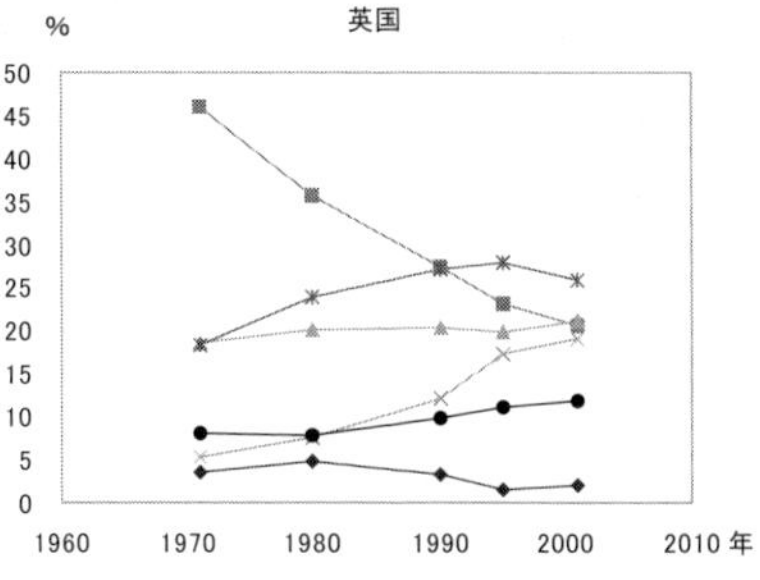

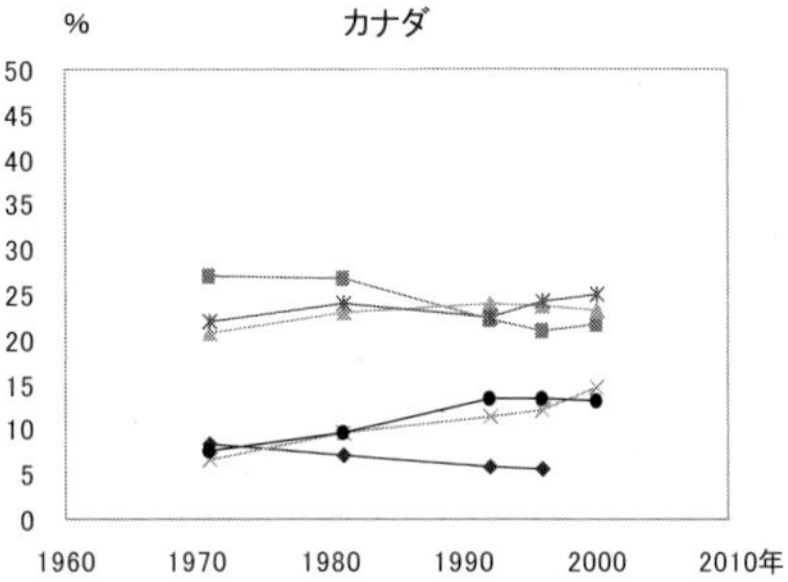

②情報工業型モデル

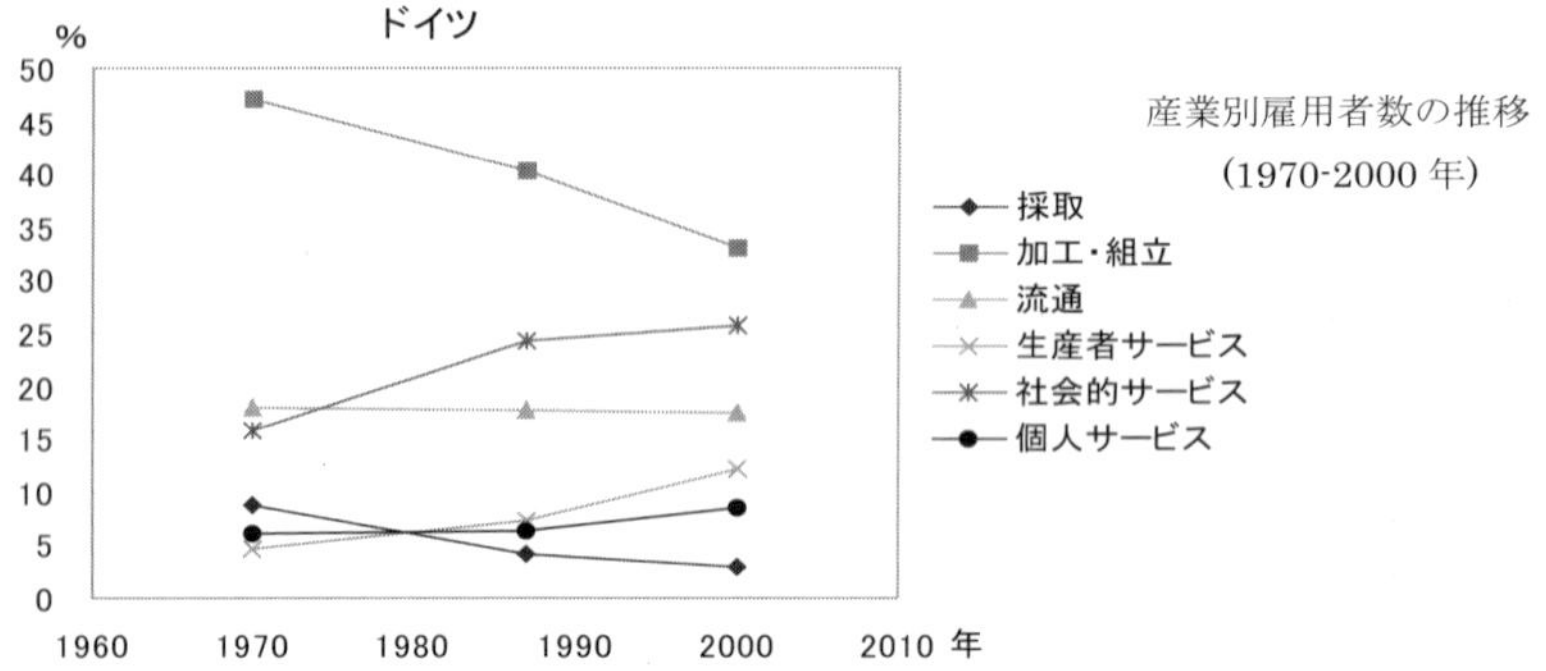

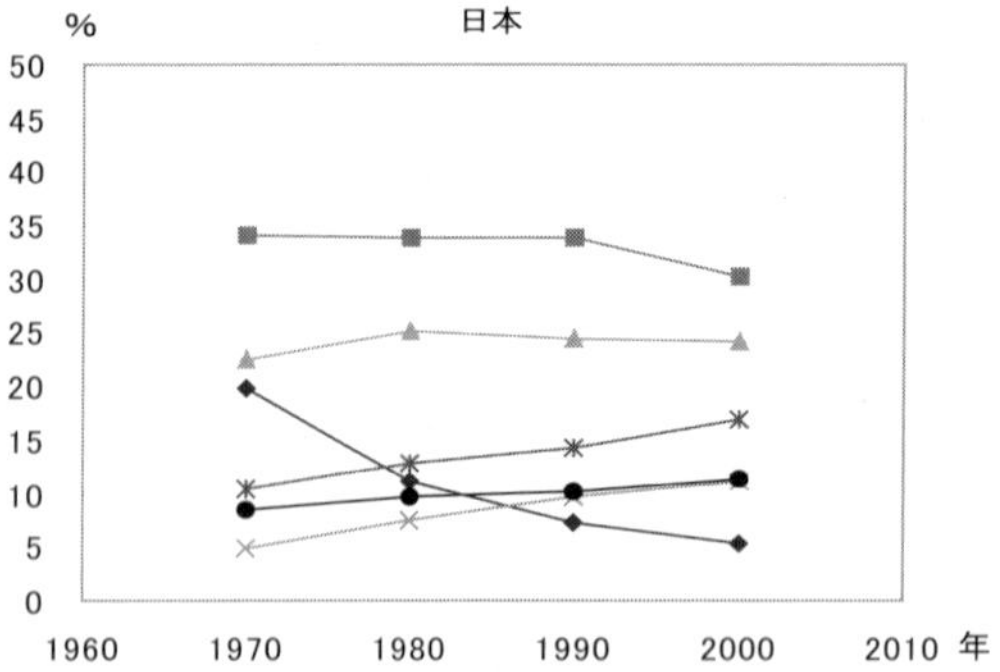

(出所) Aoyama, Yuko and Manuel Castells "An Empirical Assessment of the Information Society: Employment and Occupational Structures of G-7 Countries." International Labour Review 141 No.1-2 (2002) (オンライン版) PP.136-137 の Table 5より作成

実現したものであった。その結果国際競争力が強化され、一九八〇年代初頭には「ジャパン・アズ・ナンバーワン」（E・F・ヴォーゲル）と注目されるに至ったのは周知の通りである。一方、これと並行する形で「変形大量生産」とでも呼ぶべきシステムが実現された。寡占的巨大企業による製造現場の海外移転をベースとする標準的製品の量産体制の徹底である。これに対し、ベンチャー企業、グローバル企業による、方向としては「多品種」少量生産システムという新たな大量生産システムの追求が行われた。製造工程に情報技術を適用し（IC装着設備の活用）、同時にネットワークに支えられたアウトソーシングの活用を特徴とするものであった。こうした試みが先にふれたようにサービス業（とくに生産者サービス）の重要性を高めたのであった。〈製造〉現場労働の減少と非現場労働の増大という一九九〇年代に入って顕著になった傾向をもたらす背景でもあった。非現場労働は、〈知識労働〉にほかならなかったし、やや具体的に言えば、システム検証やアルゴリズムの設計・考案などを意味した。

たとえば自動車や家電などの製品開発に関わるCAE（Computer Aided Engineering）も〈情報労働〉、〈知識労働〉の具体例といってよい。いわゆるスーパーコンピューティングとして知られる作業であるが、実物実験に代わる数値実験がその内容をなす。いわゆるシミュレーション技術を駆使する高度な知的作業といえる。（「表―1シミュレーション技術の進展」）

そこで〈知識労働〉が、モノの生産＝製造業における非現場労働としてとらえ得ることを前提に、経済システムの〈情報化〉についてその内容をおさえるとすれば、「ハイパー工業化」段階に至ったこと、情報技術（IT）を十全に活用するという意味での本格的高度ネットワー

表－1　シミュレーション技術の進展

年代	コンピュータ	適用分野	状況・課題
【1970年代】2 次元解析活用	汎用機	構造	・数値解法・ソフト開発 ・シミュレーションの戦略的重要性が明確化
【1980年代】3次元解析の実現	スーパーコンピュータ	構造 流体 電磁場	・計算工学研究者を多数採用 ・社内ソフトを多数開発
【1990年代】ＰＣ＋市販ソフト	ＷＳ／ＰＣ 並列機	製品適用の拡大	・開発コスト高への対処 ・アプリ製品開発にシフト
【2000年代】次世代機模索	ＰＣ／クラスタ 超並列機	原子レベル解析 材料開発	・競争力維持のための次世代シミュレーション研究者の育成 ・産学連携の仕掛け作り

出所：日立製作所

ク社会にはまだ間があること等を確認する必要がある。言い換えれば、工業とともに発達してきた資本主義がハイパー工業を軸とする「情報資本主義」段階を迎えたということにほかならない。

その際、いわゆる資本蓄積の変容についてもふれておけば次のような構図が描ける。基軸産業が知識産業ではなく「ハイパー工業」――あるいは間産業ネットワーク――として抽出できるとすれば[1]、それが絶えず新商品開発圧力を受ける形で存立することが基本となる。商品市場における主役交代が頻繁に発生し、プロダクト・ライフサイクルが極端に短縮化する。したがって永続的な研究開発（Research & Development）が不可欠となるが、そのためには不得手な分野を外部調達（Outsourcing）によって手当てしつつ、自らは得意な分野に特化する経営手法（CoreCompetence）が取り入れられるようになった。しかし永続的な研究開発は、実際には巨額のコストを必要とするから、多くの企業にとって必ずしも耐えられるものとはいえなくなっていった。

その結果、本来設備投資向けという性格をもつはずの資金が、その用途に向けられずに過剰累積する事態が発生し、他方ではその現実的解決策として、主に製造コスト（とくに固定費としての人件費）を低く抑えることができるアジア諸国での標準品の量産を追求するという形がとられるようになった。

このような事情が、設備投資に関して、重厚長大型産業と比べればはるかに少なくてすむ、したがって極言すれば株式上場などしなくとも支障のないソフトウェア産業の比重の高まりなどとも合流しつつ、しかもソフト産業がいわゆる収穫逓増型産業であることも加わりながら、情報資本主義における過剰資本（価値増殖をはかる対象から剥離される資本）形成のメカニズムが生み出された。大規模な投機を含む金融経済の過度の膨張のバックグラウンドともなっているのである。

ところで、脱工業化と呼ばれる傾向が、実は「形を変えた工業化」あるいは「ハイパー工業化」として理解することができるとすれば、そもそも〈情報化〉というのはどのようにとらえられるべき概念なのであろうか。言い換えれば、〈情報化〉が知識産業の基軸産業化としてとらえられるようなものではないとすれば、そもそも〈情報化〉とはいかなる事態を意味するのであろうか。

一九四〇年代クロード・シャノンやノーバート・ウイナーなどによって、情報理論、情報科学が提唱され、情報が物質やエネルギーと並ぶ「本質的存在」（西垣通）として位置づけるべきことが明らかにされた。情報は、制御に関わる機能をもつものとして原理的に規定されたのである。その後、コンピュータの飛躍的な発達、広範な普及を背景として、理論的次元だけではなく実用的次元においても〈情報〉がきわめて重要な機能をもつことが確認されたのであった。

小論では〈情報〉が経済社会において不可欠な意味をもつ、すなわち〈情報化〉がスタートするのはＩＴ（情報技術）が、社会的再生産のコンテクストに取り込まれ始めた時と考えてみることにする。

さしあたりＩＴ（情報技術）について、その意味を確認しておこう。いわゆる技術論をここで詳述することはできないが、技術とは一般に人間の備えている能力（に照応するもの）を、人間存在から独立したモノのなかに再現し、しかも人間の能力をはるかに超える能力を発揮する具体的実在として体現しつつ、人間と自然との物質代謝過程を促進するものととらえておく。

このように把握できるとすれば、機械技術（Machine Technology）を含む従来の技術（テクノロジー）は、人間の備えている能力のなかでもいわゆる筋肉骨格系に関わる能力（歩く、走る、跳ぶ、叩くｅｔｃ）に照応するものであった。これに対し、ＩＴ（情報技術）は、人間の神経系に関わる能力ないし筋肉骨格系と神経系の相互作用が示す能力、端的に言えば知的能力を、人間実在から独立した客体物に再現するものとしておさえることができる。

やや具体的に言えば、外部の刺激を知覚するという人間の能力を、人間実在の外部に、人間の能力をはるかに凌駕する能力を発揮する客体において代替・再現するのが情報獲得技術であり、センサーやオプティカル・リーダーなどとして具体化されている。同じように、データの収集・整理・計算・分類といった能力を、人間実在の外部に再現したのが情報処理技術であり、コンピュータとして具体化された。学習・記憶の能力については、情報蓄積（ストレージ）技術として、たとえばＨＤＤ（Hard Disk Drive）やＤＶＤ（Digital Versatile Disk）が実用化されてきたし、データベース・システムの構築がはかられてきた。伝達・コミュニケーションの能力に関しては、情報通信システムやとくにインターネット構築の情報通信技術として、応用する能力に関しては、たとえば（産業用）ロボットの形で人間実在とは別の代替物を実現する情報適用技術として展開されてきた。

ＩＴ（情報技術）とは、このような諸技術の総称にほかならない。もちろん人間のもつ知的能力を人間の実在から独立した客体物において代替・再現するものである以上、人間の知的能力がそうであるように、包括的（generic）・汎用的（multipurpose）であることがＩＴの最大の特徴ということになる。

ＩＴ（情報技術）がこのようにとらえられるとすれば、社会的再生産に対するＩＴ（情報技術）の適用としての〈情報化〉のプロセスは次のように把握されると考えてよいだろう。

ただし、ＩＴ（情報技術）の社会的再生産への適用過程は、まずＩＴ（情報技術）の発達が与件としてあり、これをいわば受動的に導入するプロセスという形でとらえるのではなく、あくまでも発達するＩＴ〈情報技術〉を必要とする社会・経済的コンテクストが前提であることを見据えることが重要なポイントとなる。

ともあれ、まずは〈情報化〉の基盤技術として半導体デバイス技術の発展。現在では多数の機能を一個のチップ上に集積した超多機能ＬＳＩであるシステムＬＳＩへと進化しているが、こうした半導体デバイスを組み込んだ製造設備が全面化する、生産領域における〈情報化〉の段階。次いで生産財であれ、消費財であれ製品そのものにＩＣとりわけマイコン〈マイクロプロセッサ、マイクロコントローラユニット〉の装着が進む段階。さらに生産と消費の需給斉合としての流通システムが〈情報化〉する流通情報化段階。ＰＯＳシステムから高度ＰＯＳ、さらに顧客情報管理システム、しかもインターネットを活用した顧客情報管理システムへと進化を続けていると見られる段階に至っている。

こうして社会的再生産がＩＴ〈情報技術〉を基盤として実現されるものへと到達したのが「ハイパー工業」を軸とする情報資本主義だと考えられる。しかし注意すべきことは、ＩＴ〈情報技術〉を全社会的にフル装備し、これを十全に活用するいわゆる高度ネットワーク社会の広がりとは区別してとらえる必要があるということ、この点である。

三　情報資本主義社会の特徴

〈情報化〉が、現代の経済システムに大きく関わっており、社会的再生産のコンテクストに広く浸透していることを土台として成立している情報資本主義がコアをなす社会総体について、六つのポイントを設定して整理しておこう。

第一は、いわゆる「脱工業化」が進行していると見られる点。サービス化・ソフト化等として理解される就業構造における現象である。端的に言えば製造現場労働の空洞化であるが、現場労働の海外移転や現場労働に代替する産業用ロボットの普及すなわち生産の自動化がその内実をなす。またすでにふれたように「高度工業化」「ハイパー工業化」の進行が、製造現場の労働よりも非現場労働としての技術的・専門的労働（知識労働）への依存を著しく強め、これが「脱工業化」として見なされるという関係でもある。

第二は、労働力の性格の変容である。一九世紀末から二〇世紀にかけて重化学工業化が進展するもとで、熟練労働のウエイトが高まり、「何でもつくれる」「何でもつくる」という経済学原理論にいう労働力の性格は希薄化していったが、ますますその傾向が強まっている。とくに〈情報化〉が進むなかで、「何でもつくれる」労働が「特定のモノしかつくれない」労働へと転じているのであるが、高度な専門的知識に支えられるがゆえに代替が困難なこうした労働は、原則的には外部教育によって養成されるケースが多いのが特徴と見られる。単純労働とは区別される労働という意味では、〈情報化〉以前の熟練労働と共通するといってよいが、後者の多くが企業内教育を通じて育成されるのとは基本的に異なると考えられるのである。〈情報化〉の進展するもとでの労働についてさらに注目すべき点は、高度な専門的知識に基づく労働の役割が高まる一方で、知識労働に分類されない単純労働、すなわち代替可能な労働の増大が見られることである。コンピュータを対象とするきわめて単純な操作に見られるような労働がそれであるが、「コンピュータを操作する労働」として一括りできるという意味において、かつては具体的有用労働の違い（たとえば紡績労働と織布労働）として把握されていたものが、差異のないものへと転じていることも看過すべきではないだろう。

こうした労働の変容との関連で、〈情報化〉のもとでの労資関係についても簡単にふれておこう。その特徴は、端的に表現すれば〈脱労資同権化〉ということにある。すでに見たように〈情報化〉の進展は、高度な知識労働（技術的・専門的労働）への依存の高まりを伴うが、同時に代替可能な労働（単純労働）を多く必要とする。しかし企業からすれば、単純労働については、これを正規雇用の対象として処遇する必然性も、必要性も全くもたない。他方、知識労働であっても内部で養成するよりも、外部から調達する方が利点があり、そうした対応が基本になるとすれば、正規雇用の対象を限定しても一向に差支えがないことになる。その結果、高度な知識を身につけた技術的・専門的労働については正規雇用を少数のものに限定することが普及してきたし、単純労働に関しては、労働力を〈市場〉の求めに応じて自由に着脱をくりかえすモジュール化された労働として扱う関係が広がることにもなった。言い換えれば、企業（資本）と労働者の関係において、共同体的な（たとえば企業共同体とでも呼べるような）関係が成立する余地が著しく狭められたのである。日本型経営の内実として注目されてきた労務管理（終身雇用・年功序列・企業別組合・ＯＪＴ等）が大きく後退・変容しているとよく指摘される事態には、こうした背景があると見てよいだろう。

第三は、経営者マインドの変質。一言で言えば、とにかく貨幣の増殖（MからM＋⊿Mへ）にのみ関心を示すという態度の蔓延ということである。マネーゲームが猖獗をきわめ、一九九〇年代のアメリカにおいては、株価重視の経営がIT企業に対する〝根拠なき熱狂〟（アラン・グリーンスパンFRB議長）と合流しつつITバブルを発生させるに至った。また株価重視の経営は、エンロンやワールドコムの粉飾決算や利益操作等を含む財務報告の虚偽表示などの背景ともなったと見られる。もちろんホリエモンの証券法違反とも通低する。コンプライアンス（法令遵守）や企業倫理がことさらに強調されるようになっているが、それは裏を返せばこのようなIT（情報技術）の発達とそれによって拍車をかけられたマネーゲームに取り込まれるような経営者マインドが深く進行しているからだと考えられる。

第四は、商品の〈多様化〉および〈個別対応化〉が、企業にとって市場をめぐる競争において死活問題となった点。これは、マーケットシェアの拡大を追求する従来の形とは異なる企業間競争が前面化したことを意味する。具体的には、顧客シェアをめぐる企業間競争という形をとるようになった。一人の消費者について、どれだけ囲い込むかがポイントとなる。各顧客の購入するアイテムの範囲をどれだけ広げられるか、各顧客をいわば時間の経過から独立して永続的に吸引できるかが問われる競争である。

個別対応について多少敷衍しておこう。顧客を個別に把握しつつ販売戦略を展開するというのは、すでに顧客情報管理システムなどとして知られてきた手法といっていいが、インターネットの機能の一つである個別対応機能が重要性を高めているのが最近の傾向となった。インターネットの「個別対応」機能は、インターネット上のコミュニケーション相手をカスタマイズする機能である。インターネットには、情報発信者が、ホームページやブログを通して自分の独自性を表出できるという「個別対応」機能が見られるが、それだけではなく、相手の「個性」や「キャラクター」を理解し、それに基づいて相手にふさわしい情報を示すことが可能になるという側面がある。こうしたインターネットの機能を活用して行われているのがOne-to-One Marketingである。いわば顧客／消費者に対するピンポイントの対応を指す。とくに、「個体識別」という点で注目すべき動きは、今後普及すると見られるユビキタス・コンピューティングである。生命体、非生命体を問わず地球上のあらゆる存在物にマイコンの延長であるＩＣチップ（コンピュータ）を取り付け、それらすべてに所在を示すアドレスを割り当てながら、コンピュータが〈どこにでも〉ある環境を形成しようという技術として知られる。そのネライはあらゆる生活空間にＩＴを装備し、人間の行動をサポートするということにあるといわれるが、客観的には、究極の「個」や「個体」の識別化と見るのが正解であろう。いうまでもなく「監視システム」としての使用も可能となる技術だ。

それはともあれ、個別対応のマーケティング戦略としてのネット型顧客情報管理システムは次のような意味を持ちつつある点に注意する必要がある。従来、労働力の再生産過程としての消費過程は、具体的には家族という、市場の原理が必ずしもなじまない共同体の内部で行われる行為であることから経済学原理の対象としては扱われてこなかった。商品は、流通過程を通って最終購入者の手に入ったあとはいわばブラック・ボックスのなかに入るものとして処理されてきたのである。

これに対し、個別対応・個体識別の進展によって、顧客は買手としての匿名性を奪われる一方で、いわゆるプロファイリングによって、「個」客としての所属先を〈あてがわれる〉ことになった。いいかえれば購入すべき商品のシリーズが、さしあたり顧客の意思とは関係なく提示され、しかも結局は顧客も〈その気になりつつ〉これを受け容れていくことが進行し始めたのである。いわば〈過剰個別化〉[2]とでも呼ぶべき傾向の出現にほかならない。

第五は、脱福祉国家の傾向が顕著になった点。人間社会を構成する領域、分野について、これをことごとく市場メカニズムの処理に委ねるのが適切な対応ととらえる市場至上主義のいわば限りない浸透がその背景をなす。国家による福祉政策の著しい縮小、社会保障の後退という現象が進んでいる。それまでは国家による福祉政策の対象とされてきたことを国民（市民）一人ひとりが「自分で考え、自分で対策を講じ、その結果を自ら引き受ける」（自己決定・自己責任原則）ように転換するのが合理的だとみなされるようになったからである。このことは直ぐ前にふれた、IT（情報技術）による「個別対応」「個体識別」の傾向、すなわちすべてを「個」の次元に還元しようとする動きに照応するものと見ることができるだろう。またすべてを市場メカニズムの処理に委ねるという市場至上主義の経済思想は、従来市場での取引にはなじまないとみなされてきたモノやコトが商品経済化の波に次々に呑み込まれる現実によって強化されてもいる。極端な例では、臓器売買や解読されたヒトゲノム（＝ヒトの設計図としての遺伝子情報）を私企業が特許による囲い込みによって商取引の対象として扱うということまでも行われ始めた。しかも看過し得ないのは、医療技術や移植技術が、コンピュータ工学や情報工学、ロボット工学などの発達があって初めて高度実用化段階に至ったという事実である。端的に言えば、情報技術の発達がこうした諸技術の高度化・実用化を裏打ちしているのである。市場至上主義が新自由主義・新保守主義の思想・経済思想の体現ということであるならば、情報技術がそれを強力に支える構図が広がっているということになる。

第六は、市場至上主義という時勢の流れが勢いを増す一方で、こうした流れとは逆のベクトルともいえる非営利組織の台頭が顕著になっている点である。市場原理（利潤極大化原理）に立つ企業にしても、あるいは強制原理ないし権力原理に拠る国家にしても十全な対応が困難な領域について、これを束ね、運営していく組織の活動が活発になって来ている。とりわけ地域を基盤とする教育・医療・災害時救援などのいわゆるヒューマンサービス、あるいはコミュニティソリューションとの親和性が高い分野（地域産業振興・保育・介護等）における活動が目立ちはじめている。

こうした非営利的活動、ボランタリィな活動の支柱となっているのが、情報ネットワークと見られる。一般的には二〇世紀末（一九九〇年代）になって実用化されたコミュニケーション・メディアとしてのインターネットがとくに大きな役割を演じていると見られる。インターネットの発展は、コミュニケーション・コストの劇的な低下を実現したが、このことが非営利活動の展開をサポートするという関係を生み出したと考えられるのである。

むすびにかえて

情報資本主義社会の特徴を、さしあたり以上の六点に集約した上で、特殊歴史的社会としての資本主義が、現在いかなる歴史的コンテクストにあるのか、これを簡単に整理しておこう。

資本主義社会が、特殊歴史的社会であるということは、次のような関係からとらえられる。もともと人間社会の歴史をたどってみると、その再生産が達成され、何れの社会も存続してきたのは、共同体的な人間関係とそれに基づく社会編成、権力的ないし強制的な人間関係とそれに基づく社会編成、および商品経済的人間関係とそれに照応する社会編成、という社会編成の三原理が、その時々にアレンジされ組み合わせられてきたからであることが分かる。共同体的な社会編成原理が一元的に覆っている段階を端緒とし、共同体と共同体の接触ないし交わりの結果として、その他の二つの社会編成原理が生み出されるという過程をたどってきた[3]。資本主義社会は、〈労働力の商品化〉が媒介となる形で商品経済的社会編成原理が、いわば社会編成の凝集軸となったときに成立すると考えられる社会にほかならない。その前提が直接生産者のいわゆる「二重の意味の自由」である。ともあれ、あらゆる生産物が「商品」の形態をまとい、生産物ではないいわゆる本源的生産要素としての労働力や土地までもが「商品」となるのが資本主義社会ということになる。したがって、何よりも〈商品による商品の生産〉が資本主義の本質にほかならず、その意味において、資本主義成立の要諦をなすのが〈労働力の商品化〉であり、同時に資本主義社会が特殊歴史的社会であることが示されるという関係に立つ。

　資本主義社会においても、国家が政策を通じて積極的に商品経済の浸透・拡大をはかるという点で権力的社会編成原理のウエイトが高い〈重商主義段階〉、商品経済的社会編成原理が社会全体に浸透する傾向を示した〈自由主義段階〉、商品経済的な社会編成原理がそれ自身だけでは完結しえなくなり、国家の経済政策に頼らざるをえなくなった〈帝国主義段階〉などと三原理の組み合わせが変化してきた。周知のように、二〇世紀の両大戦間期以後は、いわゆる「管理された資本主義」として国家による相対的に自立した経済運営（福祉予算のスタビライザー機能を前提とするマクロ経済政策および社会政策の強化）が前面化してきた。言い換えれば権力的ないし強制的な人間関係とそれにもとづく社会編成のウエイトが上昇したのであった。

　これに対し一九七〇年代以降は「小さな政府志向」が経済思想の主流となり、一見したところ「国家による管理」からの離脱傾向が進む形となった。この傾向は、従来市場での取引にはなじまないとみなされてきたモノやコトが次々と商品経済化の渦のなかに吸い込まれる、すでに見たような現象と同時的・相互作用的に進行してきた。しかもＩＴ[4]（情報技術）によって後押しされた動きでもあった。商品経済的編成原理が、まさに「限度をこえて」広がり、他の二つの社会編成原理を呑み込みつつあるかに見えるのが現在なのである。

もちろん、従来そうでなかったモノやコトが「商品形態」に包摂され、市場取引対象の範囲が著しく広がっているとしても、資本主義成立の要諦が、〈労働力の商品化〉にあることからすれば、この動きが〈労働力の商品化〉とどう関わっているのかを読み解く必要があろう。商品経済的編成原理が、「限度をこえて」拡大する事態とは裏腹に、〈労働力の商品化〉については、むしろその脱商品化としておさえるべき現象が進行しているとする議論が出てきているからでもある。

たとえば「インターネットという社会的インフラを前提として、パソコンを生産手段と考えれば、普通の労働者なり勤労者が容易に買える手段が氾濫し」、それを所有した「形で自立した生産者なり経営者の叛乱が出てきている」（「対談・降旗節雄VS岩田弘」「〈帝国〉の全体像―経済学的考察」『情況』二〇〇四年、一・二合併号、一九二ページの降旗節雄教授の発言）という指摘がなされている。ダニエル・ピンクが、フリーエージェントと呼んだ、生産手段としてのパソコンを所有し、資本に支配されない自立した生産者（独立自営業者）に注目した議論である。最近では、こうした議論の延長上にインターネットという情報インフラを基盤とする「独立自営の労働者によるネットワーク型『協働』の社会関係」が生み出され、これを「マルクス以来描かれてきた社会主義の理念にマッチする労働社会の形態」（榎本正敏編著『二一世紀　社会主義化の時代―過渡期としての現代』社会評論社、二〇〇六年、四ページ）と見る説すら現われるに至った。

こうした議論に対しては、生産手段としての安価なパソコンを所有しつつ、在宅のまま就労する形態の拡がりは、むしろむきだしの市場原理が雇用関係に導入された結果として形成されたというのが問題の本質であることを指摘しておくにとどめる。すでに述べたように市場至上主義の進展、すなわち商品経済的編成原理の「限度をこえた」動きが、労働力を〈市場〉の求めに応じて着脱可能な、いわばモジュールとして扱うべき対象へと転換した帰結として把握すべきだということである。終身雇用や年功序列などが裏づけとなって存立してきた〈企業共同体〉の解体が急速に進行している。生産手段には違いないが、まことに安価でささやかなパーソナルコンピュータを手にした「独立自営の労働者」が、スーパーコンピュータを駆使する企業に立ち向かう構図はなるほど「現代のドンキホーテ」としては絵になるだろう。しかし、その本質は、釈迦の手のひらの中で飛びまわっている孫悟空になぞらえれば、釈迦＝グローバル企業は成立するとしても、孫悟空＝フリーエージェントは成り立たないのが現実だということにある。このことを透視することこそ必要なのだと知るべきである。フリーエージェントは、グローバル企業の手のひらの中にさえ入れてはもらえない存在に過ぎない。現代のグローバル企業を成立させている知識労働の水準を過小に評価してはならないのである。

情報資本主義としての現代資本主義は、まさにこのような歴史的コンテクストにおいて捉えるべきではないかと思われる。

＊小論は、二〇〇五年一一月二六日に開かれた「第一七六回　現代史研究会」（於・専修大学神田キャ

ンパス）で行なった講演「情報資本主義としての現代資本主義」の内容を元にしている。

［注］

（1）資本主義経済システムにおいては、基軸産業の生産方法が、生産力を表現するとともに、資本の蓄積様式の構造を規定する関係にある。こうした関係を前提にすると、情報化段階の資本主義における基軸産業は、単数の産業や、二、三のという意味での複数の産業という形でおさえられるというよりも、ネットワークによって接合されるいわば〈間企業ネットワーク〉やその複合体としての〈間産業ネットワーク〉という形でとらえられると考えられる。

（2）情報化の進展が「過剰個別化」をもたらしている点については拙稿「情報化社会における〈消費〉の『歴史的・道徳的要素』」（SGCIME編『グローバル資本主義　模索する社会の諸相』御茶の水書房、二〇〇五年所収）を参照されたい。

（3）周知のように、K・ポラニーは、一九世紀以前の経済システムは、すべて互恵（reciprocity）、再配分（redistribution）、家政（householding）、あるいはこの三つの原理の何らかの組み合わせにもとづいて組織されていたととらえた。一九世紀以前には「市場による人間社会の支配の徴候は、まだ何も存在しなかった」（吉沢英成・他訳『大転換』東洋経済新報社、一九七五年、七二―七三ページ）という理解であり、小論の市場経済（＝商品経済的編成原理）の位置づけとは異なる。なお、降旗節雄教授は、「人類の社会構成のシステムは、共同体と市場経済の二つの類型しかなく、資本主義以前の人類社会は、基本的に共同体の発展・変質の過程として総括される」（同、七一ページ）とされておられる。人間社会の編成原理は、共同体（家族・国家）と非共同体（市場経済）の二つからなる、という理解であるが、人間の自然的存在に根ざす家族という具体的な共同体に対して、人間の共同性に淵源する抽象的・観念的で時に一員としての個人に威圧的に立ち向かう国家という共同体は区別してとらえるべきではないかと思われる。

（4）「限度をこえて」という場合、もちろん何をもって「限度」とするのか、が問われよう。ここでは、馬場宏二教授の「過剰商品化」概念（「過剰効率社会というとらえ方」，『社会科学研究』東京大学社会科学研究所，第四〇巻第六号、一九八九年、二八七ページ以下）を借用しつつ、市場経済（商品経済）とは異質な原理をもつ〈家族〉という共同体が、市場経済（商品経済）的関係に侵食される傾向を「限度をこえる」意味としてとらえておく。資本主義を資本主義たらしめてきたのは〈労働力の商品化〉であったが、〈労働力〉の再生産は、一方では〈家族〉の内部で行われ、他方では、まともな労働力として通用するように、教育、訓練、躾などが、〈家族〉や〈企業〉や〈公共の場〉で施されてきたと考えられる。何れも非商品経済的人間関係のもとにあったものであるが、これらが商品経済に組込まれる事態が急速に進んでいる。ここではこれを「限度をこえて」の内実ととらえておく。

狂乱のマネー・ゲームと歴史の転換点

本間　裕

はじめに

「投資」というものに関わって三〇年近くになるが、「好成績を上げられるかどうか」は、結局のところ、「正確に将来を予測できるかどうか」の一点に絞られる。

その「方法論」を確立するために、これまで私は試行錯誤を繰り返し、経済学をはじめとして、さまざまな学問をたずねてきた。

そのさい、私が痛感したのは、「現在の経済学は不完全なもの」であり、「資本主義」を解明するためには、貨幣の本質（貨幣の謎）を解くことが不可欠であるということだった。そんな折に、私は降旗節雄先生の『貨幣の謎を解く』（白順社）に出会い、ポスト資本主義研究会というグループ研究に参加して、先生と活発な議論を展開することになった。

私には、既存の経済学には不満がある。なぜなら、いくらその理論を駆使してみても、現実には「将来に対する予想」はほとんど当たらず、反対に、まったく逆の方向へと「投資資金」が導かれる場合が多かったからである。これは、経済学の基本は「貨幣論」であるはずなのに、いつのまにか近代経済学においてすら、この肝心な部分がすっぽり抜け落ちてしまっていたことに原因があることに気づいたのである。

私は、長い間、「統計数字による現状分析」と歴史的な観点（とくに人間社会の宿命ともいえる三〇年サイクル、六〇年サイクルをはじめとする「サイクル理論」と易経の不思議な知恵）にもとづく「現代分析」に力を注いできたが、このことがほぼ終了した現在、「今の世の中」というものが、より鮮明に見えてきたのと同時に、「将来の予想」も、ほとんど「ハズレ」ることがなくなってきた。

もとより、私の理論が完成した無欠のものであるとは考えていないが、少なくとも、多くの人が疑うことなく盲信していた従来の考えかたの過ちからは脱却できたのではないか、と自負している。

そして昨年、私はそれを一冊にまとめることができた（『マネーの精神！――〈心の座標軸〉で読む人類の未来――』社会評論社）。くわしくは拙著をご参照いただきたいが、以下、私のたどりついた現代への視点を簡単に述べてみたい。

一　マネー経済をどうとらえるか

現代人の大きな「誤解」の最大のポイントは、「実体経済」と「マネー経済」の関係にたいする無理解であるといっても過言ではない。

現代社会の経済的特徴は、われわれの実生活に関係する「実体経済」よりも、本来はそれに付随するはずの「マネー経済」のほうが「一〇〇倍」ものスケールで大膨張している点である。そして、「相場は世の中の鏡」といわれるように、「マネー経済」が、さまざまな相場に色濃く反映されている。にもかかわらず、これを無視し、いまだに多くの研究者は重箱の隅をつつくようにして「実体経済」だけを研究の俎上にのせ、限定的な分析に終始しているために、経済的な「結果」にたいする「予想」が見当はずれなものになってしまっているのが現状である。

少なくとも「科学」の名を冠する以上、その方法論にもとづく結果には責任をもつべきではないか。

さて、経済学にあらわれているこのような「本末転倒」の好例は、学問の世界にとどまらず、現代社会に暮らす人々にもそのままあてはまる。「マネー経済の大膨張」という「逆転現象」があらわれる時代というのは、経済学に限らず、多くの人がさまざまな間違いを犯す時代でもある。だから逆にいえば、この点に気づいた人たちが、いわゆる成功者になるチャンスでもあるといえる。

いまは、大転換期である。一言でいえば、「歴史の転換点には、いつの時代でも同様のメカニズムが働くことになる」とも言えるだろう。つまり、まずは「本質」と「現象」の逆転現象が起きたあと、その異常な状態が是正されていく過程が、世の中の大転換期になる、ということである。

現在は、「お金に動かされている社会」であるといっても過言ではない。そして、このことは「資本主義の帰結」であるとも言える。つまり、「資本主義」というのは、「資本」という「お金」が、「主義」という「一番大切なもの」になった時代のことをいうわけだが、その最終段階では「お金が人間を動かす」状態になり、政治家から一般庶民にいたるまで、「お金のためなら平気で罪を犯す」という事件が頻発する時代になった。

ところで、経済学の始祖と言われたアダム・スミスは、現在のような状況は想定していなかったのであろう。つまり、スミスの時代には「人間の道徳心」というものが思想の根底に存在していたために、現在のような社会の到来は夢にも思わなかったのではないか。スミスは反対に、当時、社会的に浸透しつつあった「分業化」を、理論的に解明することによって「社会全体の進歩につながる」と心の底から確信していたものと思われる。

また、『資本論』を著したマルクスにしても、当時、発展しつつあった「資本主義」のメカニズムに疑問を抱き、「なぜ通貨と商品とが交換されるのか?」という純粋な疑問から、世の中の解明を始めたのだと思われる。

同様に、ケインズもまた、「貨幣論」に最も興味を抱き、資本主義社会の問題点を是正することに力を注いできたのだが、残念ながら、現在では「貨幣論(お金の問題)を追究する人たちは皆無」とも言える状況になってしまった。

また、現在の「グローバリズム」を考えてみても、それは全世界の人々が「利益追求」に没頭する、いわば「お金を欲しがる人たちの世の中」の拡大をさしている。にもかかわらず、その本質である「お金とは一体なにか？」ということは、まったく問われない状況である。

このことに疑問を抱かない態度が、「現象」だけを追い求め「本質」を忘れ去ってしまう「本末転倒」状態の典型ともいえるのだが、それが、人類社会に大きな影響をあたえる危機として、この間の空前絶後とも言える「マネーの大膨張」の発生がある。それは、「デリバティブ（金融派生商品）」と呼ばれるものであり、二〇〇五年の時点において、なんと「二京六〇〇〇兆円」という規模にまで膨らんだ、人類史上最大の「バブル」である。

かつて、日本の「土地バブル」のさいには、時価総額が「二五〇〇兆円」にまで達したと言われた。そして、「日本を売れば、日本以外の、南極大陸をも含めた全世界の土地が買える」とまで言われたものだが、いまのバブルは、その約一〇倍にあたる規模であり、まさに「天文学的な数字」というほかない代物なのである。

実体経済の一〇〇倍もの規模でマネー経済が存在している世の中とは、どういう状態なのか？その意味するところを国民のほとんどが知らされず、経済学に従事している学者たちでさえ、ほとんど警告も発しない状況である。

この問題の根源をたどっていくと、いろいろな「興味深い事実」が見えてくるのだが、その基本には、「現代のお金はコンピューター・マネーへと変化した」という事実がある。

ここで注意したいのは、「貨幣の価値と形態は、時代とともに変遷する」という、きわめて当然の真理についてである。二〇世紀の後半から二一世紀の初頭にかけてのわずか数十年のあいだに、ひじょうに大きな変化が「貨幣」に起きた、と言えるだろう。そして、この間の変化をたどっていくと、「貨幣の本質」に行き着くことができると同時に、「貨幣の謎」も自然に解けてくる。そしてまた、「資本主義とは一体、何だったのか?」という疑問にたいする解答も、おのずと見えてくるのである（詳しくは『マネーの精神!』第一章、とくに貨幣と信用についての考察をお読みいただきたい）。

二　金本位制から信用本位制へ

それでは、二〇世紀の後半に何が起きたのかというと、なによりも一九七一年の「ニクソン・ショック」が重要な事件であり、これが問題の始まりであった。

そして、このときから「通貨制度」が、大きな変貌を遂げたのである。だが、あれから三〇年以上経った現在、この事件の重大さに気づいている人が、どれくらいいるだろうか。

いま、最大の問題点は「お金」であることは間違いない。そして「ニクソン・ショック」以来、「通貨の価値が、異常な状態にまで高まった」というのが現代のわれわれの社会の特徴である。そして、ここで注意しなければならないのは人間の「関心」（＝需要）についての基本的な原則である。すなわち、多くの人々が「価値」を見い出したものは「数量」が増える、という原則である。

このことは、いかなる「商品」にもはたらく大原則だが、より多くの人が「興味」や「関心」を抱いた品物は、「需要」が増えるとともに、「生産」が急増する。とくに、「グローバリズム」

として、現在では、先進国の生活スタイルが世界中の人々の「憧れ」の対象になり、それに順ずる高度な生活水準を求める傾向が強くなっているが、ここでも重要な役割を果たしているのが、やはり「お金」であった。

「すべての道はローマに通ず」という言葉のとおりに、これまで人類史のなかでは、さまざまな商品が大都市へと流れ込んできたが、そこにはひとつのメカニズムがはたらいていることが見てとれる。それは「先進国では付加価値の高い商品を作ることによって多くの利益を上げ、一方、発展途上国では一次産品などを安い価格で販売せざるを得ないために、より多くの生産量を産みださなければならない」という法則である。そして、「大都市という社会システム」が形成されると、「大人口の集中により高度な分業化社会が形成され、その結果として貨幣価値の上昇が起きる」という現象が生じる。

また、「通貨の性質」として、「お金はストックである」という原則がある。つまり、「通貨」というものは、「実体経済」の取引が増えれば増えるほど、「残高」が増えていくという性格をもっているのである。これは「金融商品」の場合も同様であり、「取引量」が増えれば増えるほど、「全体の残高」が増えていく。このことが「お金はストック（残高）である」ということになるわけだが、その結果として、前述の「マネーの大膨張」が起きた。

そして、こうした現象が起きる根本には、「世界中の人々が何よりも『お金』というものに絶大の信頼を置いた」という現実がある。ようするに結論からいえば、「お金」とは「信用」そのものであるといっても過言ではない（その信用が失墜してバブルが消滅する過程も私は前掲書で明らかにすることができた。ここではふれる余裕がないのが残念だが、拙著を参照していただきたい)。

さて、現在の状況に陥った根本的な原因が前述の「ニクソン・ショック」であるということは、とりもなおさず「金本位制」の完全消滅に由来することを意味している。この事件は、その後の「コンピューター・マネー」が大膨張するためのきわめて重要な事件だったのであり、これ以降の「通貨制度」を考える場合には「信用本位制」という言葉がぴったり当てはまるであろう。

つまり、通貨の歴史を紐解くと、「どのような通貨にも『本位』となるものが絶対に必要な条件である」ということが判明する。換言すると、どのような通貨も、基本となる「本位」が存在して、はじめて「通貨」が成立するということである。「金本位制」の時代には「金」が信用の根本となっていて、それを基に、さまざまな「信用創造」が行われた。

ところが、現在の「通貨」を考えてみると、「信用の根本」となるものはまったく見当たらず、たんに人々の「信用」(幻想)や「錯覚」だけが「通貨の根本」になっているのである。このことが、現在の「通貨制度」を「信用本位制」と名づける理由である。

ところで、面白いことは、私がこのことを思いついた「一九九六年」ころに、中国でも、これとまったく同じ言葉を、まったく同じ意味で考えついた人がいた、という事実である。そして、日本ではまったく評価されないことが、「隣国の中国では立派に役立っている」という点に驚かされたのであった。

このように、現在の「通貨制度」というのは「人々のお金に対する信用」だけを基本にしており、これを基にして「コンピューターのなかの数字が自己増殖し、世界中を駆け回っている」という状態である。これは、言ってみれば「裸の王様」といった状態である。つまり、現在の「お金」は影も形もない「単なる数字」なのだが、その「コンピューター・マネー」が世界中を駆けめぐり金融商品の取引が増えるとともに通貨の残高が膨張していったのである。

しかしまた一方で、この事態の異常さに気づいた人たちが、本来の「お金」である「金（ゴールド）」を買い始めているという現象が起こっている。ということは、「王様は裸である」と気づき始めた人が増え始めたと解釈することができ、別の言葉でいえば、「通貨の増殖エネルギーが低下し始めている」ということをも意味しているのである。

そして、このことが、二一世紀の初頭から始まっている現象なのだが、基本的におさえておかなければならない考えかたとして、「どのような通貨も、根本の信用が存在する限りは、増殖活動を続ける」という、ひとつの真理がある。そして、ある一定の「転換期間」を経ると、次の「通貨制度」へと橋渡しが行われるのだが、前述のとおりに、まさに「現在」が、この「転換期」にあたっており、さまざまな「矛盾」が「事件」として噴出するたびに、この転換が早まっていくという状況にある。

このことは、かつてケインズが述べたように、「過去の歴史をたどると、どのような通貨制度も五〇年程度のタイムスパンで変更が行われる」ということにも通じるが、現在に生きるわれわれは、そのようなことは夢にも考えていないであろう。つまり、人々は、いまだに「過去の残像を追いかけている」という状態なのである。

どのような時代においても、人間の意識というものは「慣性の法則」にとらわれてしまう傾向は否めない。換言すると、「自分が今までに経験したことがないことは、これからも起きない」という錯覚を持ってしまうのである。

三　経済学の科学性を問う

ここで、興味深いのは、「時間」というものの面白さである。どのような人にも「過去は瞬間的に見えるが、未来はほとんど見えない」という、厳然たる事実が存在する。

そして、「投資」の場合には、この点が最も重要な点であり、多くの人が、あらゆる方法を使い、「時間の壁」を破ろうと努力してきたのだが、これらの努力の結果が、さまざまなかたち（ときには学問となって）現在に残されている。そのあるものは徒花として、また、あるものは実を結ぶ。たとえば、現在の西洋においても「西洋占星術」が将来を読むための有効な手段として使われているし、東洋においても「四柱推命」が事業家たちの予測手段として使用されている。

だが、残念ながら現在の「経済学」においては、これらの学問は、たんなる「迷信」として片付けられ、あるいは「経済学の範疇」に入らないとして多くの人から敬遠され、「こんなものを研究することは時間の無駄だ」とか、「まったく興味がない」と思う人がほとんどであろう。

しかし、実際のビジネス（経済活動）にかかわっている人たちにとっては、「将来を正確に予測することが何よりも重要」であり、そのためなら「何でも試みる」と考えられているのは間違いのないことであろう。だが、残念なことに、現代という時代は、「理論と実践との乖離」が、きわめて大きい時代なのである。

いまの学問の世界を見てみると、「実践に役立つ理論」よりも「分業化された学問」のなかで、それぞれの研究者が自己主張をしているように思えてしかたがない。もっと言えば、学問の世界でも「分業化」が行き過ぎた結果、「総合的な視点」を欠いているのではないか。しかも、「歴史的な観点」という「時間の概念」が抜け落ちている研究が多く、より一層、ワケがわからない、複雑な学問になっているように私には見えるのである。

そして、このことも「本末転倒」の典型例かもしれないが、一刻も早く、このような状態から脱却し、「学問」という言葉の本来の意味、すなわち「学びながら問い続ける」という内実をもつ研究が必要だと思われるのである。

「現代」を解明するためには、もはや「分業」的な態度では、成功しないのではないか。歴史的・世界的に、さまざまな分野の知見が必要であろう。つまり、「宗教」から「哲学」「経済学」「病気」の問題に至るまで、そこで重要なのは人々の「意識」や「心」のありかたであり、そこにこそ解決のヒントが隠されている時代だと思われるからである。

これを経済学の分野でいえば、いま「当たり前」とされている「価格は需要と供給で決まる」という定義にしても、その前提となっている「需要」そのものは一体どのように決まるのか？と問われたときに、はたして、どれほどの経済学者が、これに答えることができるだろうか。この「問いかけ」は、一見、単純な疑問のように見えて、じつは現代社会を解き明かすさいに、一番重要なポイントなのである（詳しくは拙著『マネーの精神！』第二章＝売る人と買う人が出会うとき〈需要を解き明かす「心の座標軸」〉参照)。

学問は、すべて「素朴な疑問」から始まる。そして、「過去の常識」という囚われの状態から脱し、素直に「現状」を理解しようとする姿勢が何よりも大切だと思われる。言いかえると、「現状を納得のいくかたちで説明できないような理論は、本当の学問ではない」といえるだろうし、既存の論理を根底から見直していく勇気も、ときには必要なのである。

明治維新以来、とくに敗戦後、西洋学の摂取にますます没頭してきたわが国が見逃してきた学問のひとつとして、東洋学がある。この学問には、数千年にもわたって受け継がれてきた確たる知恵にもとづく理論が息づいている。

たとえば、そのひとつとして「易経」や「十干十二支」がある。ところが、本末転倒した現在では、「当たらない学問」(見通しのきかない理論)のほうが、「当たる学問」(時勢を読み取ることのできる理論)よりも尊重され、「立派な理論」だと錯覚されているのである。

この錯覚にもとづいて形成されてきた歴史こそが、「二〇世紀から二一世紀にかけての人類の行為の総体だった」と言えるのかもしれないが、はたして「経済学」をはじめとする人文科学の諸成果も、「二〇世紀の後半は進歩よりも後退の時代だった」と子孫から笑われない実績が本当にあるのだろうか。

ところで、ある社会事象を研究し理論化するさいには、重要な機軸である「時間」と「価値」との関係についての考察が必要である。これを簡単に経済社会でいえば、「いろいろな商品の価値が、時間とともに、どのように変化していくのか?」ということを例にとることができる。そこで、この三〇年間の私の実践から感じることは、「価値の変化には、ある一定の法則がある」ということである。しかも、「価値」というのは「商品」と「お金」との「交換比率」を表しているのだが、このときに、人々の「興味」と「関心」とが大きな役割を果たしているのである。

この点に注目してみれば、一六世紀にニュートンが「自然科学の法則」を発見して以来、人類が悩んできたことは、まさに、この「価値の法則」ではなかったかと思われる。すなわち、「社会科学」の分野でも「自然科学」と同様の法則が存在するのではないかということを、さまざまな人々が哲学や経済学ほかの分野で模索してきたのではないか。さらに言えば、価値の法則ともいうべきものを追求し続けてきたのではないか、と私には思われるのである。

かつて「史的唯物論」という思想が世界を席巻した時代があった。「資本主義が行きづまった後に、社会主義や共産主義が訪れる」という歴史観に多くの人が共鳴したのが二〇世紀前半だったわけだが、これは、あまりにも短絡的な結論だったと言えよう。つまり、「ソ連」や「中国」が行った実験というのは、「国家による資本主義」であり、二〇世紀の後半には、「マネー経済の大膨張」により、「国家による経済管理」が、自らの効率の悪さにより完全に行き詰ってしまったからである。

この事態を経験してわれわれが結論できることは、やはり、「二〇世紀」というのは「貨幣の価値が急速に高まった時代」だったということである。つまり、「資本主義の全盛期だった」とも言えるのだが、これを「相場の法則」から言えば、「お金のバブルの最終段階だった」ということになる。

ここで人類史をふり返ってみると、現在と同じような世界を形成した社会として、西ローマ帝国の繁栄があった。かつて世界中の人々が「お金」に価値を見出し、「西ローマ帝国の末期」には、現在と同じような巨大な「市場経済」社会が形成されたわけだが、その後の「ローマ帝国」をみると、「お金」や「市場経済」という物質面は否定され、精神面で「神とともに生きる」という姿勢が尊重される「ビザンティン文明」が形作られたという歴史的事実が残っている。

これは、現代のわれわれに何を示唆しているのであろうか。

この点については、サイクル論ではなく、「文明法則史学」という村山節氏が考えついた「スーパー・サイクル論」を援用すれば、はっきりと理解できるのだが、現代社会が抱えている問題（たとえば少子高齢化や財政の行き詰まり、あるいは宗教ブームの高まりなど）を見ていると、まさに一六〇〇年前のローマと同様に、「物質文明」が否定され始めている傾向にある。つまり、驚くほど、「西ローマの末期」と状況が似てきているのである。

しかも、キリスト教とイスラム教という「文明の対立」も起きつつあり、その結果として「世の中が混乱状態にある」のだが、この対立の行き着く先が、どのような社会を形成することになるのか、まったく予断を許さない情況である。

四　これから一体、どうなるのか？

さて、このときに考えてみなければならないのが、やはり「お金の価値が、どのように変化し、人々の意識と行動とがどのような影響を受けるのか?」ということであろう。

それにしても、資本主義の末期に、「単なる数字」が「通貨」となり、「世界中で大増殖した」という事実には驚きを禁じえない。しかも、「お金儲けのためなら、自分たちの住む地球環境を破壊しようとかまわない」という態度には呆れるばかりであり、世界中の人々が、このことをまったく疑わずに「お金儲けに奔走している姿」というのは、後世の人々から見たら、「あまりにも異常な状態」と映ってもしかたがないであろう。

その「異常さ」を簡単に論証してみれば、いま世界中にある「お金」を実際に使おうとしても「買う商品がない」という、ひじょうにバカバカしい事態の到来をあげることができる。つまり、膨大に膨れ上がった「マネー経済」ではあるが、逆にわずかな部分になってしまった「実体経済」へ「お金」が流れ始めたときには、「商品の奪い合い」になることが考えられるのである。

現在の「資源争奪戦」は、まさにこの始まりにすぎないと私は考えているのだが、いわゆる「BRICs」を中心にして、石油ほかの資源への需要には膨大なものがある。だが、まもなく「資源価格の急騰」と「デリバティブ・バブルの崩壊」が起きることによって、反対に、世の中は正常化していくことが予想される。

つまり、「今までの成長パターンには物理的な限界がある」ということと、「地球環境にとって資源の大量消費には大きな問題がある」ということに、ようやく人々が気づくことになるということだが、そのときにも重要な役割を果たすのが「お金」なのである。

具体的には、今後の数年間で「金」や「石油」などの価格が急騰し、その結果、「お金の価値が激減する」ことを私は想定している。だが、このことは、たんに「ニクソン・ショック以降の異常な状態が是正されていく」ということにすぎない。つまり、このことは、現在の「マネー経済」と「実体経済」との乖離が急速に埋められていくということを意味しているのである。そして、このときに起きることは、前述のとおりに「通貨価値の下落」である。より具体的には、「インフレーション」という事態の発生であるが、この「インフレ」や「デフレ」という言葉にしても、詳しく調べてみると、たいへん面白い事実に突き当たるのである。

一九世紀には、「インフレーション」という言葉には「風船を膨らます」という意味しかなかった。当時は、現在のような「通貨価値の下落」とは、まったく関係がなかったのである。「デフレーション」も同様だが、これらの言葉は、二〇世紀になって初めて「経済用語」として採用された。また、一九二〇年代のドイツの「ハイパー・インフレーション」を経験した人たちが、「インフレーション」という言葉を使い始め、また、「アメリカの大恐慌」を経験した人たちが「デフレーション」という言葉を経済用語として採用したのである。

このことも、「現在の経済学」がいかに未成熟なものであるかを物語っている。多くの人が「インフレーション」や「デフレーション」の本当の意味を理解していないということになれば、議論にさいしても問題意識を共通にすることもできないし、いつまでも並行線をたどる議論はむなしいであろう。

貨幣論にしてもそうである。そもそも「貨幣」というものは、時代とともに「価値」や「形態」を変え、その結果として「世の中の全体」にたいして影響をあたえていくものだが、このことも、現在では、まったく無視されている。言葉をかえていえば、「マクロの所得効果」と呼ばれるものがそうであり、人々の生活水準というものは、「社会全体の通貨残高」に大きな影響を受けるということである。

つまり、「必需品と呼ばれる商品が、時代とともに変化している」ということが重要であり、いまから一〇〇年前の「二〇世紀初頭」と「現在」とを比較してみると、この間の変化がよく理解できるであろう。一〇〇年前という時代には、「自動車」が普及し始め、「ラジオ」も同様の状況であった。それは当時、「奢侈品」に分類され、現在のように「一家に一台」あるいは「それ以上に保有されている状態」など想像すらできなかったであろう。また、現在では当たり前になっている「携帯電話」にしても、数十年前までは一般庶民が持てるような商品ではなかった。

このように、「技術の進歩」と「あり余るほどの『お金』の存在」とが相俟って、いろいろな商品が「必需品」へと変化していったわけだが、今後、考えなければいけないことは、「インフレによって通貨の価値が激減したときに、どのような社会が形作られるのか？」という問題である。

それを具体的に比較してみると、前述の「西ローマ帝国」から「東ローマ帝国」への移行のさいに起きた変化と同じように、「物質文明」や「マネー経済」が否定され、「神とともに生きる」というような「精神文明」が人々の「関心事」になるような社会が到来するのだろうか？　という未来予想である。

「東ローマ帝国」の時代とは、現代からみれば「暗黒の時代」と解釈されているわけだが、当時の人々にとっては「精神性の追求」「目に見えない世界」を真剣に模索していた時代である。

そこで、多くの人が「価値」を見出したものは「人間の高貴さ」であり、その頂点として、「神の存在」があった。そして西暦四〇〇年頃から始まったこの傾向は、西暦一二〇〇年頃まで続いたのだが、私が惜しいと思うのは、それまでの物質文明が、よい面もふくめて完全に否定され、まったく違った時代が形成されてしまったことである。

このように、西暦四〇〇年頃を境にして、西洋人は、「物質文明から精神文明へ」という劇的な変化を遂げたのだが、「これほどまでの変化が実際に起きた」のは、なぜなのか、ということを私はこれまで理論的に説明することができなかった。

しかし、「現在の世の中」と「西ローマ帝国」とを比較してみることから、ひとつの結論を得ることができた。それは、結局は人々の「心の方向性」（興味と関心）が、それぞれの時代を決定するという結論に落ち着いたのである。そこで私は、「心の座標軸」を案出し、これと「文明法則史学」とを結びつけることによって世の中の「変化のメカニズム」が理解できるようになったのである。（この間の私の考察は『マネーの精神！』第三章「心の座標軸と世の中のサイクル」以下に詳しく述べたので、ぜひ参照していただきたい）

おわりに

「はたして、この私の理論が正しいのかどうか？」それは、今後の世の中の変化と、後の人々の評価に委ねるほかないが、「実際の世の中に役に立たない理論」は時代とともに葬り去られるのは間違いない。私の理論とて、同様である。反対に、「役に立つ理論」は、実践を通じて人々のあいだに普及していくものと私は確信している。

そのためには、現在の「本末転倒」の状態を、ただ非難・批判することに終始するのではなく、反対に、「このような状態を迎えない限り、世界中の人々は新たな気づきを得ることができない」と考えるべきであろう。

じつは、ここにこそ「ピンチをチャンスに変える」という契機が潜んでいるのである。ビジネスの世界でいえば、いまは千載一遇のチャンスの時代ともいえるだろう。

もし、「永遠のなかの一瞬」として存在する「現在の状況」を、より明確なかたちで分析することができたら、そして「歴史の法則」を確実に解き明かすことができたら、今後どのような状況・時代にでも応用が利く理論がつくり出せるのではないか、と私はさらに考えている。

人類が悩み続けてきた「価値の法則」、あるいは「お金に対する果てしなき欲望」の問題の解決にも、こうした学問的態度は不可欠であろう。いま、そのために大切なことは「東洋と西洋の知恵の融合」であり、このことは、たびたび取り上げてきた拙著『マネーの精神！』に詳しく述べた。

そのさいに編み出した「心の座標軸」のさらなる展開は、私のライフワークである。同書の終章には「パンドラの箱に残ったもの」というタイトルを付した。愚かな時代は、いつまでも続くはずがない。私は日々、自分の足場を大切にしながら、人類の未来の「希望」について考えている。

新たな共同体社会の甦生へ

清沢　洋

はじめに

世界には大きく分けて二つの潮流があった。一つの流れは日本の採った資本主義社会。社会の平和と幸福は自由な市場経済から生み出されると考えたが、その結果、飽食の飢餓状態、便利なのに多忙というパラドックス、物質と精神のアンバランスから生まれる慢性的ストレス。貧富の格差の二極分解。もう一つの流れは社会主義社会。自由競争による不平等をなくすために、平等をスローガンに豊かな国をめざした。ところが、官僚主義の独裁と富の独占に溺れて、束縛と不平等の海に沈んでしまった。さらにアメリカとのエンドレスの軍拡競争に収支バランスを崩し崩壊してしまった。平等という人類の理想も、経済的基盤整備を抜きに容易に実現できないことを世界は体験した。

冷戦構造の崩壊を経て、今日グローバリズムというスローガンのもとに、すべての富がアメリカに吸収されるシステムとなっている。アメリカスタンダードを受け入れないと、世界経済、世界治安軍備網から排除されていく。救済という飴と排除するという脅しが今の国際秩序の縮図である。EU連合に見られるように救済を受けず、排除されることを覚悟で別の枠組みを作る必要があったのだろう。AU（アフリカ連合）に加えて模索中の東アジア共同体などがそれぞれの自然、環境、歴史、文化、風土観を共有しながら独自の政治、経済圏を構築していくほうが規模的にも価値観的にも無理がない。むしろそのほうがお互いの共同体を認めつつ相互に連携することが可能である。

資本主義も社会主義も共に科学技術の革新を競った。しかし資本主義の科学は利潤至上主義の産業技術を育て、社会主義は軍備・宇宙の技術を育てたに留まった。優れた科学技術が人類や地球に優しく貢献するのはこれからの課題である。世界の夢と理想は人間のエゴと欲望を中心に追い続けたあまり、地球は自然破壊という病魔に犯され、瀕死の状態にある。多くの人々がこのことに気づきながらも出口が見つからない。もはや、自由競争の市場経済原理一辺倒の利潤至上主義からは人間の安全な暮らしが確保できなくなっている。

自由貿易を大原則としつつも、途上国の農業、産業が育たないような安い商品が先進国から自由に入ってきてはまずい。健全な規制は必要条件である。

人間が心身ともに健康に生きていけるような社会作りを中心に、経済を考えなければならない。

利潤至上主義経済に毒された近代社会の対極に、ネパールなど途上国の存在がある。途上国の山村には農村共同体の原型がまだ残っている。現代が求めているもの、豊かな時間、家族・地域の助け合い、地産地消、職・住の一体など、途上国の農村共同体に学ぶものは多い。人間を中心にした価値軸で見ると途上国がポジで、先進国がネガという正反対の関係にある。

物質的豊かさや便利さという先進国の価値観で、世界の最貧国ネパール（GDP＝二三〇ドル）の山村・極西部（カルナリ地区のGDPはおよそ一〇〇ドル前後）を見たとき、村レベルのインフラはじめ衣食住すべてが劣悪である。だが、そのような物質的に乏しく道路もなくガスも電気も水道もないような劣悪で不便な生活が、人間として不幸な生活環境であるかと言えば、十全ではないが必ずしも不幸とばかり言いきれないのである。

逆に先進国では、最貧国にないような便利な道具、豊かな品々に囲まれて、贅沢な物質生活を享受している。ところが、なぜか心の底から満足できないという、実に贅沢な、信じられないような現実がある。多くの問題を処理しなければならない。常に時間に追われ、いらいらストレスを抱え、生きることへの不安に晒されている。充たされた物質的生活を享受しているはずなのに、リストラによる経済的な不安を抱いている。昔はなかったような動機の殺人事件が続発し、社会全体がおかしく、不安を生み出している。不安を語り、共に解決策を思案してくれる家族も親兄弟も親類縁者も仲間も同僚もみな忙しく、時間的ゆとりのある人などいない。産業構造の変更に伴い家族形態も大家族からマイホームへと核家族化し、共働きによってかろうじて多少の経済的ゆとりが出てくると、鍵っ子をはじめ家族の解体が同時に始まるというパターンが多く見られた。

家族はすでに核化し個々が自由な行動をしているから、一人孤独に悩むしかない。悩みの解決の糸口を掴めず、犯罪や自殺など短絡的な解決策を選択するという人間として未熟なケースが後を絶たない。核家族になり家族も崩壊しているところに、医療の発達により日本では新たな問題として長寿老人問題が発生した。長寿国日本の老人は、手塩にかけて育てた我が子が結婚すれば別居し、子や孫と同居の家庭は少ない。老人は家族と共に住みたいと願いながらも介護施設に預けられ、老人の長寿は寂しいものになり、尊厳も失われがちである。一方親と同居の家族の老人介護は、パートに出て家庭の経済を支えている忙しい女にのみ課せられ、主婦は精神的にも肉体的にも重労働すぎるのが実状である。高齢化社会を迎えて、医療費、介護費、家族の負担、果たして長命が幸福かどうか、豊かさが抱えている未解決な残酷な一面である。核家族を全否定することはできないが、昔ながらの三世代同居であっても、互いに精神的、経済的に苦痛とはならないような形態を模索する必要がある。大家族を知らない現代の日本人にとって途上国・ネパールに生きている大家族共同体の在り方は参考になるはずである。

先進国の資本主義社会では、基本的に市場経済原理で社会が回転しているから、相互互助もお金で買わなければならない。有料老人ホーム、生命保険、児童施設、農作業には日当を支払ってアルバイトを雇う。何事もお金で処理、解決することをとりあえず最善としてきた。人間関係、人間的紐帯の煩わしい側面を強調しすぎたため、大家族から核家族へ、町内との関わりを絶ち切り、プライベートを尊重したアメリカ型個人主義を理想の家族として追求してきた。欧米と違い日本ではいまだ成熟していない個人主義を、文化、歴史の試練も経ずに様式だけを取り入れてしまったので、システムに魂を宿す以前に家庭が崩壊してしまった。それにたとえ、成熟したものであれ徹底した個人主義というものだけで人間生活が成り立たないことは、アメリカの家庭崩壊の実情を見ているとはっきりしてきた側面もあると思う。

市場経済の利潤至上主義の非人間的生活に日本も本家のアメリカも疲れている。人間を中心にした社会、政治、経済システムすなわち新たな共同体社会のビジョンが求められている。

一 市場経済がたどりついた社会とは？

今日たどり着いた自由競争の市場経済社会は、効率を最優先して利潤を上げることを最高の価値としてきた。効率至上主義の社会は、不都合な人間（高齢者、障害者、学力の少ない人）を経済効率の悪い人間として排除したり、人間にとって不都合な自然環境を破壊したりして人間に都合のいいように作り直してきた。

生きるために自然の恵みを収穫して自給自足することは、生きる上で当然の営みである。自然の恵みから利潤を上げるための経済活動を行うのも人間特有の欲望であろう。しかし、欲望を剥き出しにし、自然との共生を無視して、環境破壊活動を省みなかった。大量生産、大量消費・廃棄はダイオキシン、CO_2を放出した。人間の生命を脅かすようなところにまで追い込む繁栄は、本末転倒である。廃棄を大前提とする経済活動は、自然との共生の範囲を大幅に越えた。バランスを崩した人間と自然、どちらが凌駕されるのかは分り切ったことである。自然界でおそらく人間だけが自然に逆らい、人工的に自然破壊を行っている生命体であろう。これ以上の宇宙の摂理を超えてはいけない。過剰な資源を使ってエネルギーを消費し続ける生産の在りかたから、自然と共生する生産活動を追求する時機にきている。消費者が資源リサイクルのために、分別ごみ収集に参画協力したり、粗大ごみを有料にしたりすることは大切なことである。しかし、次から次へと開発される多様な生産品に対する処理能力は、今や限界に来ている。末端の消費者レベルの資源リサイクルへの取り組みには個人という限界がある。大量生産を繰り返す企業の姿勢が変わらない限り、ごみと資源消費の減量は不可能である。環境を重視して、設計段階で使用後ごみとして捨てるのではなく、資源として再利用できるような創意工夫に取り組むことが大切である。

コピー機の生産企業では廃棄処分の機械から使用可能な部品を取り出し、組み立てて再利用しやすいように、生産段階で再利用の技術者と合同で設計を行っている。しかし、残念ながらこのような良心的企業ばかりではない。生産段階で製品がどの程度リサイクルされ、どれだけゴミとして残るのかということに真剣に取り組まない企業に対しては、規制緩和ではなくむしろ国の厳重な規制・管理が必要になっている。このような前向きの企業がもっと増えていけば、大量生産、大量消費時代も自然と終わり、同時に、限られた資源を再利用する高度な技術開発にも力が注がれるようになっていくことが期待できる。

効率最優先の結果、当然さまざまな分野で人間が生きにくい状態を生み出している。大量飼育と肉の収穫量の効率化のために、タブーとされてきた共食い飼料（肉骨粉）は、ＢＳＥ（牛海綿状脳症）などを発生させた。人間の奢りやエゴ・利潤至上主義によって人間は自然から逆襲されている。大地の恵みをはるかに超えた収穫量を上げるために、大量の水を汲み上げ、大量の化学肥料を使い、大量の農薬を散布し続けてきた。外見は従来通りの野菜であるが、味、栄養価が有機栽培と比較すると雲泥の差である。アトピー、ストレスなど現代病の原因の一つと言われている。

野菜の大嫌いな子供（大人でも）が、有機野菜なら平気で食べることができたという話はよく聞く。無農薬の野菜は味が違うのはかなりの人が感じている。大量農薬を散布したり、遺伝子組み換えをしたり、ＢＳＥが問題になっている国アメリカで「ロハスな人々」（人の健康と地球の環境の持続可能を追求するライフスタイルを求める人々）が増え、オーガニック（有機野菜）食品を熱心に求めているというのも皮肉である。〇五年の米誌「LOHAS Journal」によると、〇三年度のアメリカ成人人口の三五％・六八〇〇万人もロハスな人間がいて、経済効果として、アメリカ市場で四四〇〇億ドル、全世界で五四〇〇億ドルと言われている。最悪の環境の人は最善の環境を求めるというのは、自然の摂理なのであろう。

途上国でも収穫高を増やすために、化学肥料、農薬が使われ始めている。先進国で化学肥料、農薬を使い難くなった分を、途上国の市場で処理・拡大しようとしているからである。大量の化学肥料、農薬を使ってその弊害を知った先進国では、むしろ有機肥料の研究が進んでいることを途上国は学ばなければならない。化学肥料を使わなくても種を元気のいいものに取り替えたり、有機肥料（堆肥）をもっと増やしたり、灌漑設備を増やすというような方法によっても確実に収穫量が増えるはずである。首都カトマンズでも近郊農家が大量収穫、大量収入のために化学肥料、農薬を多量に用い始めている。と同時に、健康を考える一部消費者の間では、有機野菜のニーズが高まっている。ネパールの鳥葬が行われているある地域（ポカラの北「ツァルカ村」）で、最近、鳥が人間の遺体を食べなくなったという。真偽は定かではないが、人間の肉体が添加物食品に汚染されているために食べないのではないかと言われている。

邪魔になるほど物が溢れ、余っているのが日本の実状である。貧しい住宅事情にもよるが、使いたいときに見当たらず保存しておく意味がほとんどない。物の反逆である。毎日お正月のような食事をしているから、ご馳走への感謝もなく平気で捨ててしまう。烏や猫にゴミを食い散らかされ、深刻な社会問題にまで発展している。烏や猫に加えて、最近ではサル、熊、猪、鹿など大型動物までが人家を襲っている。人と動物の共存を人間の都合で壊してしまったことにより、動物に逆襲されている。ご馳走を食べた挙句、栄養過多で太り過ぎてさまざまな病気を併発し病院通いで薬漬けになったり、ダイエットのためにスポーツジム通いが日課になったり、笑えないような連鎖パロディーである。

大量生産の規模を縮小する時機に来ている。安全な食の自給自足と経済を賄える規模のブロック共同体を作る必要があるだろう。経費削減のためだけに人間を必要としない機械化を進める合理化は、失業率を高めるだけで人間社会全体の弱体化につながっていくことに、世界は経験的に気づいているはずである。二〇世紀型の豊かさを演出したアメリカ・フォーディズム（テイラー主義による生産ラインを徹底した合理化と部品管理、大量生産、大量消費）は、労働者の生活水準の底上げをしたというプラスと同時に、その構造がアメリカ・グローバリズム路線に進み、少数の勝ち組みと多数の負け組みの二極化構造を定着させた。

豊かさとは何か。今日最も問い直されなければならない問題である。世界最貧国の一つネパールの人々（GDP二三〇ドル）より日本人（GDP三七〇〇〇ドル）は一五〇倍も幸せである、と本当に実感できるだろうか。

敗戦直後の日本の乳児死亡率は一〇〇〇人分の七〇人であった。この数字は今のネパール（七五人）とほとんど同じである。途上国が物質的繁栄を求める姿は半世紀前の日本と同じである。物のなかった日本にとって、経済復興こそ幸せの合言葉であった。朝鮮動乱の戦争特需という非人道的な武器生産により経済復興の糸口をつかみ、所得倍増政策、高度経済成長を経て日本は世界の経済大国になった。

日本人は豊かさを求め、物、富を手にすればそれなりに幸せになるという期待のもとに国中が一生懸命に働いた。単身赴任、深夜勤務、過剰残業、長時間労働、遠距離通勤、会社人間と言われるほど勤勉に忠実に働いた。共同体の基礎単位の家庭は犠牲になり、場合によっては崩壊させてまで会社という共同体の中に自己存在のアイデンティティーを求めた。欧米人は一ヶ月、一ヶ月半の長期バカンスを取り自分と家族の生きるエネルギーの充電をしていたようだ。かたや日本人は、二、三日、長くてもせいぜい一週間の長期休暇で、社員旅行、農協はじめ町内会や個々の家族がマイカーや飛行機で日本・諸外国の観光地に押し寄せた。休みの長い短いも問題ではあるが、そのような旅行では一時的なストレスの解消になるかも知れないが、長い間に蓄積された持続的な疲労は解消することは無理であった。稼ぐこと（売り続けること）に追われ、お金を使うこと（買い続けること）に追われるような過度な消費経済社会から生まれる疲労である。このような小手先のリフレッシュでは、日ごろのストレスを解消することはできなかった。「物質的に繁栄」した社会では他人の助力がなくても、お金を出せば自分のことは自分で解決できると思うようになった。そのために、一見煩わしい共同体的つながりがきわめて希薄になりだした。地域社会での人間的繋がりを拒否しだした社会というのは、まさに隣りは何をする人ぞ、という関心すらもない形式的な挨拶だけの無関係の住宅地・ねぐらに過ぎない。そのことと頻発する悲惨な事件の続発は決して無関係ではない。受験自殺、登校拒否、出社拒否、児童買春、援助交際、地上げ屋、倒産自殺、成田離婚、定年離婚、親父狩り、おれおれ詐欺、振込み詐欺、ストーカー、偽造カード、中高年の覗き見、年寄りの家修理詐欺、保険金詐欺・殺人、児童惨殺、耐震偽造、天下り・談合……。

経済成長と比例するように自分だけが生き残るための勝抜きレースが始まった。他人・弱者を蹴落とす（自己中）。金のためなら殺人も厭わない新種族拝金主義者の誕生、それは今もエンドレスの進行形である。多様性、個性が称賛され、同時に善悪を問わないことを是とする風潮も生まれた。多様性の肯定と善悪を問わないこととは異なるのだが、混同されてゆく。ゆとり教育を否定し受験的学力アップを求める教育は、人間性崩壊の価値観を助長する教育である。

実に多くのものを失うことによって獲得した「物質的豊かさ」とは何か。

ブータンの国勢調査では、幸福度のアンケートがあるという。こういうアンケートは日本でもやったほうがよい。日本人の幸福度は高いだろうか。豊富な物質に囲まれてはいるが、物質と精神は反比例しているのではないか。バランスの取れた幸福度が望ましい。雨漏りのする家でも、一杯の温かいお茶に至福の幸せを感じる時もあれば、一枚一枚注文して焼いた豪華な屋根瓦の家に住んでいても、商売が順調でなかったり、家族がばらばらであったり、一杯の温かいお茶に幸せを感じることができないこともあるだろう。要はお金が唯一絶対の幸せのメルクマールにならないということである。

自由競争、市場経済の良さは、自由に生産し消費者の需要に応じて供給する。大量生産することにより、価格を抑える。安ければ消費者は買う。この循環のなかで、大量生産、大量消費経済スタイルが定着している。大量生産されたものを使い切らず、余らせて廃棄する。食料、衣類、機械などすべての分野にわたって大量生産されたものが、大量廃棄されてゆく。それは地球の限られた資源や自然を取り尽くすということであり、また廃棄処理に莫大な設備投資をしない限り公害の原因でもある。

昔の製品、包装紙は燃えるか埋めれば自然に帰った。しかし大量生産を可能にした化石燃料による製品は自然にもどしにくい。燃やせばダイオキシンを発生し、自然に戻すには高いコストがかかる。非効率でやっかいなものである。このことについて我々は十分知っていたが、眉をしかめながらも大量生産を受け入れてきた。そのつけが温暖化など地球規模で返ってきている。作ってしまった以上は、高い技術開発で解決していくしかない。一部開発に成功している分野もあるが、あまりにも多岐にわたり広範囲すぎて追いつかない。利潤至上主義からはかなり困難な課題であるが、更なる利潤効率を追求し、廃棄物、ゴミをトコトン資源リサイクルできるまでやり抜くことである。公害がマイナスなのは、人類、地球的損失であって会社の損失ではないと思い込んでいるので、企業によっては平気で公害を今なお撒き散らしている。そういう会社の社長も、重役も家に帰れば、意外と環境は大切だよ……などと子供や孫に説教しているのかも知れないが、会社人間になると同時に利害至上主義者に急変貌するのが、市場経済社会なのである。人格の二重化、多重化である。小市民も同じところがある。みんなでゴミを出せば、怖くないと、世界中が自分だけの我がままで生きている。目先の利潤ではなく、自然に還元できるような生産こそ長期の利潤ではないか。だれしもが理屈ではうなずくだろうが、現実は自社・自家の利益だけを追求している。

二〇年前に煤煙による公害訴訟で敗訴した企業は、原因となった部門をフィリピンに移転することで解決した。地域住民は長年の公害から解放されたが、会社はまったく懲りもせず同じことをフィリピンで行い公害を撒き散らしている。フィリピン工場建設に日本のＯＤＡ予算が一部使われているという（鷲見一夫『ＯＤＡ援助の現実』岩波新書）。会社の体質を疑うと同時に日本政府の責任を痛感する。その企業が、懲りもせずに薬品を処理しないで海に垂れ流し続けていた。最近、会社の責任者重役が刑事被告として検挙され、垂れ流しの事実を認め謝罪していた。日本は七〇年代に「公害先進国」として努力の末、公害対策を行いそれなりの成果を出してきた。それでも企業倫理が育たず、自社利益のためには社会的責任も公共性も吹っ飛んでしまうのである。

車社会を背負い人命を預かる自動車会社がリコールを度々隠したり、建設会社も耐震偽造による倒壊危険度の非常に高い住宅を建てている。人命よりも自社の利益を最優先するという大手企業の社会的責任感、倫理観の欠落の例は枚挙にいとまがない。残念なことであるが、利潤至上主義の宿命、限界なのである。企業にそれ以上求めること自体が限界なのであろう。自社の利益追求だけをしなければ、生き残ることができないような市場経済、自由競争、規制緩和の在り方が問われている。

学問としての経済学に倫理学的要素を求めているのではないが、経済政策、環境政策、福祉政策には倫理を問わなければならない。軍隊をコントロールする文官の役割を果たすようなシビリアンコントロールと同じ次元の問題である。利潤至上主義の経済、環境、福祉政策を続ければ、働く人が不要になり大量の失業者を生み出したり、公害を撒き散らしたりする。そうならないための新たな経済システムと政治的政策、国家理念が求められている。

豊かさと同時に便利さを追求してきた資本主義社会の大動脈の道路、鉄道、飛行機など交通網も同様である。一般道ができてさらに高速道路ができて便利になった。鉄道も開通して距離が一気に縮まった。新幹線ができてさらに時間が縮まった。東京・大阪間が二時間台と縮まり、日帰り出張が当たりまえになってしまった。距離の短縮は便利さと同時に働く者に過重なストレスを強いることになった。利用客のストレスもさることながら、過密ダイヤの機関士のストレス、長距離運転手の過酷な労働条件は事故と背中合わせのギリギリである。便利、効率の皺寄せは結局、利用者が人身事故、周辺住民がストレスを被るのが常である。諸刃の剣である。

さらに、世界を結ぶ飛行機は産業構造を一変させてしまった。農産物、魚介類、建築材、工業製品など地場、国内生産で賄えないものはすべて輸入で補うことを可能にしてしまった。当初は買うほうも売るほうも便利でよかった、得をしたような気分になるが、問題はそんなに単純ではない。アメリカのような先進国の一次産品は、国からの莫大な援助によって成立している。九九年度、農業予算二五〇億ドルの八五％＝二一三億ドルが農家への価格所得保障。ちなみに日本の保障額は、農業予算二五一億ドルの二五％＝五七億ドルでアメリカの四分の一に過ぎない。しかもそれは農産物に対する援助であって、所得保障ではない。アメリカの農民はそれなりに保護されているが、一次産品輸出国の大半の途上国はプランテーション（単一商品栽培）、モノカルチャー（プランテーションに支えられた農業経済）を強いられ、以前の南北問題を今でも引きずり、利益を得るのは大地主、大資本家、旧宗主国で農民は悲惨な農業労働者（農奴に近い状態）である。日本の食生活はそういう実態の上に成り立っている。飛行機に支えられている食事情である。

国内でも世界でも、地産地消がもっとも望ましい生産と消費のあり方であるようだ。地産地消という地域経済の活性化は、共同体社会を充実させ、現代人が抱えている鬱病を解放してくれるだろう。冬にハウスもののスイカを食べたり、メキシコ産のかぼちゃを食べることが異常なのである。季節はずれの物が食べられて幸せでもあるが、季節の物、旬の食材を食べるのが健康にもっともよい。大量の農産物を輸入するということは、輸出国の土壌を荒廃させ大量の化学肥料（窒素肥料ほか）と大量の農薬を投入することを意味する。輸入国は農産物に含まれている窒素の過剰になり、人体、自然環境を破壊することになる。農水省の研究所の試算では、九六年の輸入食料・飼料の中に一一六万トンの窒素が含まれている。日本の窒素肥料の平均的使用料（五一・二万トン）の二倍も輸入しているということである。窒素肥料は地球温暖化をもたらす温室効果ガスの一種として大気中に放散している。

また、窒素肥料は地下水汚染の一つでもある。体内に入った硝酸態窒素（硝酸塩）は、血液の酸素を運ぶ力を低下させる。乳児はチアノーゼ症状（血液中の酸素不足で皮膚、粘膜が青紫色になる）を起こして死に至ることもあるという。牛の場合は腰抜け病（へたり牛）の原因になっている。農作物の工業製品化による市場万能構造を消費者がストップをかけない限り、化学肥料（窒素肥料ほか）、農薬の多投による大量生産、大量販売の流通経路は止まらない。健康を害し自然環境の破壊も止まらない。窒素過多が害なのであって、適度な窒素は地球の生命にとって重要な物質である。

大量のエネルギーを消費するハウス栽培などのあり方も再考する必要がある。かといって、産業革命時のようにハウスを壊したり、食糧を運ぶ飛行機を壊しても問題の解決にはならない。まず最初に、地産地消を可能にする農業政策。季節を考えず輸入する経済最優先、政治経済によって作られた食欲に対して、健全な食欲を育成することが大切である。このままいけば、日本の美味しい無農薬の野菜は、一部高級スーパーとか有機野菜専門の店先にしか並ばなくなる傾向にある。経済システムを変え、地域共同体が賄える規模の経済活動の確立が課題である。

これから紹介する『日本の農業を考える』（岩波ジュニア新書）の作者大野和興氏の現場報告は、後述（四節）で紹介する内橋克人氏の物作り日本の産業現場の取り組みを「産業連鎖」という視点で捉えている表現を借りれば、まさに「農業連鎖」の典型である。意気消沈しがちな農業問題に、一縷の光を感じさせる。

山形県米沢市の北西三〇キロにある人口三万人の長井市。農民、市民、行政一体になって「循環の町づくり」＝レインボープランに取り組んでいる。街の生ゴミを市民の協力で分別回収して堆肥センターで肥料にし、農協から生産者に届ける。生産者は市の安全と環境基準にしたがって野菜を作り、地元スーパー、八百屋、朝市などで売られる。市民の食卓や学校給食で安全な野菜が使われている。野菜くず、生ゴミが再び堆肥になり、食卓に戻ってくるという循環を行っている。多くの自治体が困っている生ゴミ処理が、ここでは市民の積極的な参加により資源として循環している。資源循環が実現している。小さな共同社会のよさが、存分に機能し始めている。全国の青果市場と同じように、この市の青果市場でもメキシコ産のカボチャ、中国産のゴボウ、カリフォルニア産のブロッコリーなど、地元産の野菜より圧倒的に多く売買（一〇対〇・六）されていた。レインボープランはさらに奮起し地産地消を目指して、地元青果市場に地元野菜のセリ場を開設した。ラーメン組合が地元野菜をたっぷり使った「レインボーラーメン」を売り出し、そば屋組合も地元産のそば粉で「レインボーそば」を作り、豆腐屋も「レインボーとうふ」を作り、そこから出るおからで、お菓子屋がクッキーを焼いて売り出した。地元の商店は地元農産物をできる限り食べ、売り、地元の農家は都会資本の大型スーパーで買わず、できる限り地元商店で買うようにしている。

町と村の交流を通して、かつての地域共同社会の元気を取り戻している。経済効果に加えて、教育効果も出ている。地元小学校の総合学習で、農民が堆肥作りを教えたり、野菜の栽培を畑で教えたり、地元ならではの実習教育を実践している。甲斐あって子供たちが農業に興味を持ち、農業大学に行き後を継ぐ例も出始めているという。

さらに大きな規模で自立した農業経営を実践している農民集団がある。同じく山形県高畠町（米沢の北東二〇キロ）の農事組合法人「米沢郷牧場」である。六〇年代末から七〇年代にかけて、高度経済成長の勢いに乗って二〇代の青年たちが、農協から多額の借金をして大規模肉牛経営に乗り出した。ところが、七〇年代前半のオイルショックと穀物飼料の高騰で破産。夢半ばの青年たちが再生のきっかけを東京の消費者組合「生協」との出会いのなかでつかみ、産直事業を始め七八年に五人の青年で農事組合法人を立ち上げた。

大規模で専門化し過ぎた結果、経営基盤のもろさ（生産資材、資金、売り先、売値すべてを他人任せであった）を克服するために、自己決定権をいかに獲得するかの試行錯誤であった。その結果、「自給できるものはすべて自給する。ものは捨てないでまわす。まず地域の資源はないかと探す。決して誰かのための原料提供者にはならない」。個別農家と集団の複合経営の組み合わせで経営的にも成功している珍しい自立した農民集団の例である。参加農民数百人、事業高数十億円。機会を作り是非現地を訪問してみたいものである。厳しい市場経済の中で、このシステムが可能だったのは、伊藤幸吉という優れたリーダーがいたからであろうか。どこでも可能なシステムなのか、興味津津である。

二　ネパールの山村に見る共同体社会

現在の「ネパール王国」は一九九〇年に絶対王制から民主化し、立憲君主国になり一五年になる。

二〇〇五年二月一日以来、再び絶対王制に舞い戻りそうな危険な状況下にあったが、〇六年四月二二日、七大政党、マオイスト、そして国民の民主化を求める強い願いが、国王の治安部隊の鎮圧をデモではねのけ、再々民主化の一歩を勝ち取った。ネパールは国連の規定では最貧国である。一日一ドル未満で暮らす貧困者は人口（二三〇〇万人）の三八パーセント（八八〇万人。九八年、世銀資料）もいる。二〇年前の一九七六年には人口一四〇〇万人で、貧困者が四〇パーセント（五六〇万人）であった。問題は二〇年、三〇年間貧困が減少していないことである。その間、日本のODAは六九年から〇三年までに累計一六一五億円の無償資金協力（贈与）と四九七億円の技術協力（贈与）と六四〇億円の有償資金協力（円借款、ローン）、合計二七五〇億円の支援を行ってきた。〇五年度のネパールの国家予算は一二〇〇億円。DAC諸国の国際協力金（大半が無償、九六年だけで三〇〇億円弱）、九六年の国際機関のODA実績、約二〇〇億円。ADB（アジア開発銀行）、IDA（国際開発機構）、WFP（国連世界食糧計画）など。過去の援助金は少なく見積もっても累計すれば、おおよそ一兆円くらいになるのではないか。ネパールへの日本の支援は、国際協力支援の総額の四分の一を占めている。

これだけの国際支援が行われていても、貧困が全く減少していない。お金はどこに使われ、どこに消えていったのか。首都カトマンズ周辺は私の知る一五年間に大変貌を遂げたが、地方山岳農村は一〇年、二〇年一日の如く何の変化もない。だから貧困もそのまま解消されていない訳である。いまなお山村の時間の流れは、すこし誇張した言い方をすれば太古の時間そのままである。それもそのはずである。過去一〇年間の開発予算の配分が、中央首都カトマンズ周辺に八割、地方に二割である。途上国にありがちな偏った中央集権、一極集中である。山国ネパールの道路は地方の山間部ほど崩れやすいのに、その場しのぎの修理の繰り返しなので、毎年土砂崩れの下敷になってバスごと生き埋めになっている。

私が所属しているNGO団体（ネパールカルナリ協力会）が九〇年以降支援している村には、道路、ガス、上下水道、電話、病院…いわゆる村インフラの大半がない。ネパールの極西部、標高二六五〇Mにある寒村である。あるものは田畑と少々の家畜（山羊、牛）と炊事に欠かせない森である。ネパールの行政単位は、五つの経済ブロック・一四県（ゾーン）・七五郡（ディストリクト、ジラ）・三九一五とも三九九六とも言われている村（ビレッジ）・地区（ワード）となっている。一郡（DDC）は一〇村。一村（VDC）は九地区・自然村。私たちが支援している村というのは、カルナリ県ジュムラ郡ディリチョールVDCの七つのワード（上ロルパ、下ロルパ、ジャプナ、ラムリ、ティルク、ディリチョール、ルマ）である。

一般的に村によろず屋（コンビニ）が一軒あればよいほうで、二軒もあればラッキーで、ない村が大半である。この村には、タバコ、ライター、マッチ、ろうそく、ヌードル、ビスケット、あめ、ガム、石鹸、ボールペン、ノート、塩など二〇品前後売っている店が一軒ある。

この村の生活は、市場経済の下で細々と自給自足（実際には自給不足）の生活を営んでいる。ネパール自体海もなく陸の孤島なのに、この村のある極西部の山村はネパールのなかでも陸の孤島最果てである。首都カトマンズに通じる陸路がない。徒歩で七時間（現地の人は三時間）かけて飛行場の町ジュムラに行く。有視界飛行のセスナ機でインド国境の町ネパールガンジまで四五分。さらにジェット飛行機に乗り五〇分でようやく首都カトマンズ着である。しかし一時間四五分でカトマンズに着けるわけではない。ネパールガンジとジュムラの便が一日に一便なので、特にカトマンズからジュムラに行く場合はネパールガンジで一泊しなければならない。雨季にはさらにその便も天候その他の理由で飛ばないことも多い。生活物資はセスナ機で空輸のため、平地の二倍から三倍である。塩一〇〇グラム平地で二〇ルピー、ジュムラ（標高二四〇〇M）で四〇ルピー。米一キログラム平地で一五ルピー、ジュムラで六〇ルピーもする。山村の人々にとって飛行機代は高すぎるので、ネパールガンジからカトマンズには陸路バスを乗り継ぎ一三時間かけて移動する。飛行機代八〇ドル、バス代二〇〇ルピー（約三五〇円）。

ネパールの山村の経済的な環境を紹介したが、日本の現状と比較するまでもなく極めて劣悪である。経済至上主義の日本にあってはお金より人間優先主義の経済活動を提案したいところであるが、ネパールのひどい現状を見る限り国がもっと地域格差の不平等を無くすように、真剣に経済的な環境改善を計画的に取り組む必要がある。

村の生活には文字通り豊かな物質生活のかけらもない。あるのは自給不足ではあるが、収穫時にはそれなりに腹一杯食べられるが（平均して自給は八ヶ月前後）、その時期以外は飢えを凌ぐ程度の食糧事情である。破れた衣服。穴のあいたシューズ。使えば防水がきかなくなるので儀式の時以外には使わないという、役に立たない大切な雨傘。毎日同じメニューの食事……。医者もいなければ、薬も不十分にしかない。十二、三年前に何人かの村人に聞いたことがある。どのような夢があるか。もし一〇〇万ルピー（一六〇万円・貨幣価値はバラバラで、消費物価であれば一〇から一五倍。学校の校舎や家などハードは五〇倍くらいの値打ちがあり、物によりばらつきがある）あったら何をしたいですか。家族、夫との生活は幸せですか、と聞いた。

とくに女性は村から外に出たことがないから、首都カトマンズを見てみたいとか、車を見たことがないから乗ってあちこち回って見物したいと答えた。青年は工場を作りたいとか、お金があれば、大半が家の近くに平らの土地・畑を買いたい、牛・山羊を飼うための草地も欲しいという答えが圧倒的であった。男尊女卑のネパール山村であるから、さぞかし不平不満が出るだろうと思っていたら、ネパール撫子よろしく満足していると、判で押したように同じ答えであった。強いて注文を言えば、もう少し日々の畑仕事を手伝って欲しいということであった。後から考えれば、食事に対する不満が出てこないのが不思議であった。食べ物がないということを言うのが恥ずかしいのかも知れない。道沿いの人糞から想像するに、食生活の貧困が一目でわかる。

女性は早朝から夜寝るまで（九、一〇時頃）忙しく働き詰であるが、男は春に田畑を耕したり、山で薪用の木を切り倒したり力仕事はするが、その他は早朝の田畑の見回りをするくらいで、それが済めば一日中長閑なものである。ヒマラヤを望みながら、煙草をすいながら、ミルクティー（お金がないときは水）を飲みながら近所の暇人と毎日何を話すことがあるのか、一日中おしゃべりしながら情報交換を行っている。通勤時間に追われることもなく、部長に注意されたり部下に嫌味を言われたりすることもなく、ストレスもなくノイローゼになることもなく、自然を相手に伸び伸びと生きている。だからと言って、全員が善人と言うことはない。悪い人も欲張りな人もいる。利益をひとり占めしたがる人もいる。基本的にその集落は三つくらいの氏族（ボホラ、ブラ、ラマ）

で成り立っている共同体社会である。村によっては一つの苗字・氏族、みんな親戚というか代々家族のようなところもある。

農作業の力仕事をする一家の主人が死んだ場合、女の人では牛を操り田畑を耕すことはできない。村ではその家族を見捨てず、誰かが必ず手伝い助け合う関係が残っている。また、親が病気で亡くなった場合、親戚が残った子供を引き取り育てる。最近ではマオイストと軍隊の戦争で親を失った子供を、親戚が引き取り育てている。

また、病人のいる家には、近所の人が手助けに行く。身寄りのない独居老人に対して、子供たちが代わる代わる水を汲んできたり、薪を拾い集めてきたり、大人は野菜を持っていったり、洗濯を手伝ったり老人ホームの代わりを相互互助の心と習慣がカバーしている。

ネパールの山村に生きている共同体的社会にも、市場経済の波がゆっくりではあるが年々少しずつ押し寄せて来ている。相互互助の人間的紐帯に支えられている共同体社会の時間の流れの緩やかさなどは、市場経済の効率、利潤最優先の生き方とは別の価値軸で動いている。村人は市場経済のマイナス部分を想定できないので、市場経済が普及すれば現金が動き、自分たちの生活が便利になるのだろうという期待から市場経済化の徹底を素朴に願っている。世界銀行の途上国融資（有償）が中央政府支援から地方分権型支援に移行している。つまり、中央政府を梃入れすればそれなりに経済活動が活性化するという従来の融資政策では、ネパールの中央政治家、官僚の賄賂政治が根強く、にっちもさっちも行かないことに業を煮やしたわけである。ローカルグッドガバナンスということを言い始めたのは、地方の実力をつけ活性化を計ることにより、国全体の活性化を期待してのことである。途上国は市場経済社会になることによって、貧困からの脱却を目指している。先進国は途上国をＩＭＦ体制下の一員として育てようと、世界銀行、各国ＯＤＡの支援の下に経済システムの基盤整備を行っているという側面もある。

山村共同社会は市場経済のレベルが低いから幸運なことに、共同体が存続している。私が山村共同社会に未来の一つの方向性を見出すのは、市場経済社会で失われた個人でできないことを、村人が共同で助け合うという人間関係、社会集団を形成し機能しているからである。まだこの村には日本で毎日繰り返されているような、事件の萌芽はない。ストレスもノイローゼもなく精神のバランスもある。だからといって、支援、開発を必要としていない訳ではない。日々の空腹、穴の開いた衣服、雨漏りのする家の修繕、病気を治す医者もいなければ薬も少ない。電気も上下水道もない。雪の降る山村にストーブも暖かい布団もない。しかし、不足している物を援助するだけでは支援したことにはならない。自助自立できる持続可能な支援が大切である。だが、支援と同時に市場経済が導入されると、自然環境が破壊され共同体社会が崩れ都市集中型になり過疎化が進むというのが、これまで一般的であった。途上国の貧富を減少させながら、なお農村共同体の人間的結びつきが残っている社会。つまり、共同体か市場経済かという二者択一ではなく、人間らしい紐帯を重んじる共同体に軸をややシフトさせた社会が求められているということである。

山村共同社会も効率と利潤至上主義が主役となれば、忙しい生活を強いられるだろう。また、人々の心とヒマラヤの大切な自然環境も利潤追求の過程で徐々に破壊されていくだろう。途上国でも市場経済社会化すればするほど、お金を出せば個人で解決できると考えがちになる。人間関係を不必要なものとして遠ざけ、共同で何かをすることが煩わしくなるだろう。個々に分割され共同体は無くなる。だが、分割され過ぎた個々は、大きくなり過ぎた共同体と同様に生きられないのではないか。先進国で起こっている事件の数々を見れば明らかではないか。そのような先進国の苦い経験を伝え、策を講じなければならないだろう。

国連や各国のODAやNGOは、社会インフラ整備をして、農村を低賃金の農業工場にしてはいけない。自給自足を中心とした共同体を整備して、余剰農産物を近くのマーケット（道路のない山村では、飛行場のある町）で売り、現金収入が可能になるようなブロック経済システム開発援助活動を創意工夫して行う必要がある。先進国が辿り着いたような利潤至上主義にならないように、節度ある市場経済導入を追求して行かなければならない。

三　農村・山村・漁村の復活

日本において共同体は都市化する過程で解体されてきた。共同体の基本は食の自給自足と農・山・漁村社会の存在なしに語れない。戦前、戦後の自給率の相違を考える時に、その低下は目を覆いたくなるばかりである。戦後の工業化社会は、都市化と農業人口の減少を生んだ。六〇年には三四四一万人（総就労人口の二七％）いた農業人口が〇一年には三八二万人（四％）に減少している。ただ、農業人口の減少が即座に自給率の衰退とは言えない。というのは、米・英の農業人口が総就労人口の二%（九四年）に過ぎないのに、米・英の自給率は一二五%（米）、七四%（英）と高いのである。日本は米の自由化、規制緩和を経て現在の農産物の自給率は四〇%にも満たない。食糧を輸入に頼ることの弊害は多い。生鮮食品の場合、長期保存するための過剰な農薬と、貿易の時の消毒（ポストハーベスト）がどれほど健康への害があるか計り知れない。

市場経済と共同体社会をどのようなバランスで共生させていくことが可能なのか。新しい時代のニーズを取り入れた新しい共同体社会の実践が試みられている。青森市で取り組んでいるコンパクトシティー作りは帯広市、新潟市、福井市、富山市その他の市町村に波及し始めている。そのほかに北欧が発祥のコレクティブハウス（現代の長屋）の実践などもある。

市場経済の中で、効率と利潤を最優先する社会の中で人々は大量生産に従事し、大量消費、大量廃棄の生活サイクルにはまっている。豊かな生活の結果、大量廃棄、公害そして環境が破壊され地球も人間の心もズタズタに蝕まれている。そこから生まれる公害、大量廃棄などは、人間の存在・生活・精神をボロボロに蝕んでいった。利潤製造ロボットの一部を担うことが、生きることになってしまった。だからといって、山中で自然を相手に悠悠自適に生きるというライフスタイルは、誰もが選べる生き方ではない。また、ネパール山村共同体に見るような市場経済の蚊帳の外に置かれている自然と共生している生活も、人工的な快適な生活を経験した先進国の人間には困難である。市場経済と適度に付き合い、人間に優しい生き方を創造していくことがこれからの共同体、共同社会の課題である。

理念としては自然との共生、スローライフ、地場産業、有機農業、地産地消（地域共同社会の自給自足)、職・住近接近、コンパクトシティーなど列挙することができる。経済至上主義に代わって、人間が主役の社会を創造していかなければならない。

日本の場合、東京に経済、政治、人口すべてが一極集中しているが、異常な偏りである。日本の全人口一億二〇〇〇万人、東京の人口一二〇〇万人を急激に減らすことは困難なことである。

ところで、だいぶ前からしきりに江戸文化が見直されている。江戸時代をすべて是とするわけには行かないが、江戸時代との人口比率で考えることは一つのヒントになると思う。江戸時代を基準にするというのは、産業革命以前に自前の力で高度な元禄文化を築いたり、今はやりの循環型社会を実現していたからである。江戸時代の全人口は三〇〇〇万人で、江戸の人口が一〇〇万人であった。つまり今の人口は江戸時代の四倍であるということは、東京の人口は、四〇〇〇万人ということになる。極限ぎりぎりの人口ではないかと思う。一気に減らすのは難しいが、Uターンとか I ターンとか、少子化による自然減とかいろいろな方法が考えられる。

市場経済がここまで生活の隅々まで浸透している今日ではあるが、地方自治体によって新しい様式の共同体社会を生み出そうと、すでに多くの取り組みが行われている。

一極集中の弊害や地方分権の流れから、九、一一、一三のブロックに分ける三つの道州案が政府の地方制度調査会から提案された。だが、調査会の案には、政治、行政に加え経済的な独立性、さらにドイツのような日本全体の産業バランスの視点がない。日本の場合、許認可の官庁がすべて東京に集中しているために、交通網も企業の事務所も中央に集中せざるを得ない。だが、現在特別会計の事業縮小に対して、ほとんどの省庁が省益優先の観点から事業縮小を受け入れていない。したがって、道州制になっても許認可権を中央から手放さないだろう、と地方自治体は批判的に見ている。口は出しても金は出さないという有名無実の道州制になりかねない。地方分権化を徹底するためには、諸官庁の許認可の窓口を全国に分散させることが、一極集中を食い止める重要な条件の一つである。官庁の分散に連動して、経済圏を分散しブロック化することも緊急課題である。たとえば、北海道、東北（青森、仙台）、関東（前橋、東京）、中部（名古屋、山梨）、北陸（新潟、金沢）、関西（大阪、奈良）、中国（広島、松江）、四国（高松、愛媛）、九州（福岡、鹿児島、熊本）、沖縄……など一〇くらいのブロック化。政治、経済のブロックの中心都市を支える副都市が複数、それを支える町、村が生産（職）と住まいを近接させてブロックを支える。経済圏の分散の伴わない道州制では、労働人口を吸収することができないし、人口の集中化を分散させることもできない。

明治以降の日本の近代化は、都市計画もないままに東京を中心に政治も経済も工業地帯もばらばらに作られてきた（小さくは上野公園を作ったり多少の都市計画がなかったわけではない）。江戸時代の終焉までは、各藩が自然と風土と共に地方独自の文化、産業を築き培っていた。豊かな地域、貧しい地域とばらつきながらも自給自足であった。一九六〇年代高度経済成長以降、日本の人口移動が急変しだした。東京と大阪を中心とする大工業地域に農民が工場労働者としてどんどん吸収され、二〇年後には日本の農業が徐々に衰退してゆく。それを加速するようにアメリカの農業、経済政策の圧力があった。というか、日本は家電製品と車を売る代わりに、アメリカの余剰農産物を買う羽目になった。裏返して言えば、日本は農業技術も耕作地も農民のやる気もあるのに、農業を犠牲にして家電と車を売る国の道を選択したのである。日本は先進国で唯一農産物輸入大国である。

日米の外交、経済、農業政策の結論である。農業を犠牲にするような輸出入関係は、長期的に見て日本の国益に大きく反するものである。地球環境の異変で、今後輸入農作物の安定供給を望むことが困難になるかもしれない。食糧危機は決して途上国の出来事ではなく、明日の日本の姿かも知れない。日本は豊かな水、農業用水に恵まれているが、アメリカでは大農場が大量の水を汲みすぎて、中央大平原（グレートプレーンズ）の地下帯水層の涵養量を上回り、枯渇が始まり数年持たないと言われている。地球全体で水不足が叫ばれている。アメリカの農産物を輸入するということは、大量の農業用水まで輸入していることになる。水資源のアンバランスの助長であるし、いずれアメリカの農産物も水不足で作れなくなると言われている。水の移動、化学肥料の移動は地球環境のバランスを欠くうえに、石油エネルギーの消費は地球温暖化を招き問題は尽きない。一国の食糧を不安定な条件に置くことは、政治の貧しさであり、地球的経済効果からしてもマイナスである。

先進国の自給率（カロリー自給率）はオーストラリア二八〇％、フランス一三二％、アメリカ一二五％、ドイツ九六％、イギリス七四％、日本四〇％。日本の大豆輸入量は九六％。その七五％がアメリカからである。自給自足は国の大原則である。日本のＯＤＡが途上国で、自給自足できるように農業指導を行っている。それなのに国内では農業技術も耕地もやる気もあるのに、農業を放棄してしまうような政策は誤りである。

あらゆる国にとって主食や主な副食の自給自足は当然のことである。機械製品を輸出できない途上国が先進国に輸出できるものは、一次産品である。先進国が自給率一〇〇%では、途上国の一次産品の輸出も制限されてしまう。アメリカはじめ先進国の自給率が高すぎるので、途上国の農産物輸出市場を奪っていることになる。九八年から二〇〇〇年の年平均EUの途上国からの輸入額は三五五億ドル。アメリカの途上国からの輸入額は二〇八億ドルである。逆にEUから途上国への輸出額は一六〇億ドル。アメリカからの輸出額は二四八億ドル（二〇〇〇年、OECDの試算による）。EUは途上国に輸出もしているが、基本的には輸入額が二倍以上で、途上国の農業・経済を支援していることになる。

反面アメリカは自国の農産物を途上国に売り過ぎで、途上国の農業を育てると言うよりは、自国本位である。アメリカは他国に対しては規制緩和を強圧的に要求してくるが、アメリカほど自国を守るための細部に至るまで規制の厳しい国はない。アメリカの意に添わないときには、国内法のスーパー三〇一条で経済的制裁を強行してくる。自国の利益を守るためには規制と保護、他国に対しては自由貿易、規制のない市場経済を強要してくる。市場経済の現状は規制と保護によって大国が守られている。むしろ途上国のほうが規制緩和の厳しさにさらされている。途上国にこそ規制と保護が必要なのである。

最大公約数のフェアなルールが求められているが、第二次大戦の戦勝国中心で構成する国連にはとても望めない。すべての常任理事国（五ヶ国）が武器輸出国で、戦争で外貨を稼ぎその一部をチャリティー的に人道支援という名目で援助を行ってお茶を濁すような観点ではない、地球規模の共生というか「共同体」をリードする新たな観点の国際ネットワークが求められている。

ネパールのような資源もなく、海もないような基本的に農業国の場合、社会インフラ支援も大切であるが、支援の順序は自給自足できる農業の環境整備が先である。自給が達成された後に工業化インフラの支援である。その順序を取り違えると、現状のように自給自足も不可能なエンドレスの支援になってしまう。先にも指摘したように、貧困率が三〇年前と同じ四〇％である。国連をはじめ各国ＯＤＡの目標は、貧困撲滅・削減である。そのために途上国が一次産品を輸出できるように育成し、貿易収支を黒字にすることである。裏返せば、途上国の余剰一次産品を輸入することも、間接的な支援である。平均的な農民が自給自足できるようになれば、自ずと余剰一次産品を輸出して国民資本を蓄積することができる。自力で少しずつ産業、企業を立ち上げ、経済的にも自立の方向に歩み始めるようになっていくのが望ましい。アメリカが途上国の農産物輸出市場を、ＷＴＯを通じて独占してはいけない。先進国は主食と主な副食品を、そこそこ自給自足はするが、不足分を途上国から輸入し、一次産品を途上国の輸出産業として育成することが大切である。その際、途上国の自給自足の農業形態を壊して、輸出商品としての単一産品を作らせるプランテーション、モノカルチャー（プランテーションに支えられた経済）を強いることは問題である。

日本がアメリカから輸入する大豆の八一％が遺伝子組み換えである。日本の厚生労働省は九六年に安全宣言を出し、簡単に遺伝子組み換え大豆、トウモロコシなどの輸入許可を出してしまったが、イギリスは独自の調査データに基づき免疫力の低下、ガンの可能性が大ということで、九八年に輸入規制を行っている。アメリカでも九九年、厚生省食品医薬局が重い腰を上げて公聴会を開かなければならないほど、国内の消費者の不安が増大している。

国民の安全を守れないような国政は危険である。国が守ってくれなければ、国民が自ら安全食品を生産するしかない。日本には豊かな耕地と豊富な農業用水があり、地産地消には最適である。今までの農業政策では地産地消が困難であったが、国内を大きな経済・政治ブロックに分けブロック内で自給自足・地産地消を行えば、新鮮野菜も可能になる。日本の米は高い、農業が優遇され過ぎているという批判が後を絶たないが、農家の努力の問題がないとは言えないが、努力をすれば全農家が食べていけるかと言えば、都市近郊農家の一部はそれなりに生き残れる勝ち組みもあるが、大半は負け組みで兼業農家か休耕田農家が落ちである。つまり、農家の努力の問題が一なら、残り九が農業政策に問題がある。

米が高くてパンが安いというが、当たりまえである。日本の農業も国からかなりの援助が出ているが、アメリカやEUの補助金と比べると、雀の涙である。アメリカは年一戸あたり二万ドル、EUは一・四万ドルの農業補助金を出すことにより農家、農業を支えているのである。情報過多というが、なかなかこのような情報をワイドショーで取り上げていないのでわかりにくいが、まるで日本だけが過保護のように言われているが、EUもアメリカも国の補助なくして農業が成り立っていないということがあまり知られていない。もっと農業政策に力を入れなければならないのに、政治家は農業人口の減少で選挙の票に結びつかないお荷物と言わんばかりである。九九年、アメリカの農業予算二五〇億ドルの八五％（二一三億ドル）が、農家、農業を守り育てるための価格・所得保障予算である。

それに対し、日本は二五一億ドルの農業予算のわずか二〇％（五七億ドル）しか価格・所得保障予算を取っていない。アメリカ農業は大農場だから成り立っているのではなく、国の手厚い援助によって成り立っているのである。二〇〇〇年度の日本の農業予算は三兆一一〇〇億円で、うち価格・所得保障予算は二五％（七七五〇億円）で、五〇％（一兆五七〇〇億円）が公共事業費である。日本の農業予算は農家、農業を保護したり育成するというよりは、農村土木事業に流れるようになっている。二〇〇〇年度のEUの価格・所得保障は、農業予算の八七％である。イギリスは七四％、フランスは六七％、ドイツ七一％。

企業は九八、九九年の法人税の改定で三七％から三〇％に引き下げて、年間二兆円の減税である。九九年高額所得者減税で税率を五〇％から三七％に引き下げ、三兆円の減税である。企業も国の手厚い保護の下に優遇されているのに、国民は農業への批判がなぜか厳しい。弱いものが弱いものを叩いても生まれるものは乏しい。

日本に輸入されてくる安い農産物というのは、途上国から来る場合は低賃金（プランテーションでは農業労働者が低賃金を強いられているからだ）、先進国から来る場合は多額の補助金に保護されているからである。それに加えて、大量の化学肥料と農薬を多投することによって可能にしている。環境と健康に優しい安全な食材を安定供給するためには、生産と消費の循環する環境を整えることが大切である。

その一つのあり方が、私はコンパクトシティーの消費者と近郊の生産者による新たな共同体社会の、経済関係プラス人間的関係の密度ではないかと期待している。生産者にとっても消費者にとっても顔の見える距離にあるということは、とても大切なことである。人間関係の密度の濃さは、生産者サイドからは化学肥料を減らし、農薬散布の回数を減らし少しでも安全な食材を提供したいと思うのが人情というものである。また消費者サイドからすれば、安全な食材を安定供給してくれるのであれば多少高くても信頼できる生産者から購入するのが共同社会の相関関係というものである。地産地消のサイクルが回り、循環しだす。山形県の地方都市の実例を見ても分るように、生ゴミを従来のように焼却せず、自分たちの食材の元になる有機堆肥の材料にする取り組みにも積極的になり、参画意識も自ずと芽生えてくる。地域社会活性化にとっては、相乗効果である。

四　現代に蘇る共同体社会

「コンパクトシティー」は一九七〇年、ダンツイクとサーティというアメリカ人によって提案された都市空間を利用するという考え方で、郊外に拡大する都市の土地、交通費の浪費を警告するところから始まった。九〇年代にはアメリカ、EUで持続可能（サステイナブル）な都市開発の戦略として見直されている。行政の窓口、住、職、学、遊、商店街などを都市の中心部に集積させることにより相乗効果を狙い、都市の活性化を図る。職・住の近接により交通渋滞の緩和、環境の改善が見込める。バブル期の郊外への拡大策に対し、少子化・構造不況の中で都市集中、縮小策により、近郊の緑地化、農地化が可能になり人口がかえって増えている所（青森市）もある。

内橋克人氏の紹介によれば、九一年秋、アメリカヨセミテ国立公園にあるホテルアワニーに、一〇〇人を超える地方自治体の幹部、六人の建築家が集い、議論しサスティナブル・コミュニティー構想「アワニーの原則」が起草された。「新しいコミュニティーでは、町の中心部から半径六〇〇m以内にすべての施設を集める。公共施設、商店街、住民は自転車か徒歩で一日のニーズを満たす。中心部に行けば、公共の鉄道で隣りの都市に行ける……」

「日常食べる緑黄色野菜の一二〇種類以上が自給。ぶどうなどの果物は無料で自由に収穫できる。将来は穀物の自給も予定。車はなく、大型スーパーはない。食べ物、エネルギー、ケアの自給自足圏を目指す」という観点の町作り構想である。

そして住まいでも現代的共同体的集合住宅「コレクティブハウス」が模索されている。一九三〇年ごろスウェーデンで試みられ、七〇年代に二〇〇〜三〇〇戸から三〇戸くらいの小規模の集合住宅へと変化し始めた。現在では子育て期の人々の住まいとして流通している。日本では、北欧のスタイルの直輸入ではなく、日本的スタイルを築きつつある。多様な世代が集合住宅に暮らす。それだけであれば公団住宅と同じであるが、コレクティブハウスの特徴はプライベートな独立空間に加えて共用の食堂、居間、応接室などがあること。さらに共用部分を入居者が当番で掃除をするというルールがある。自分たちの共同住居（共同体）を自分たちで掃除するというルールが、共同生活の基本でそれを了解して暮らしている。これからの高齢化社会ではニーズが多いのではないか。

日本では青森市を先頭に稚内市、仙台市、神戸市などがコンパクトシティー構想に取り組んでいる。検討中に新潟市、富山市、福井市などがある。欧米では、アメリカ、ポーランド、イギリスなどが取組んでいる。フォーディズムと共に都市の郊外化、車社会を形成してきたアメリカの通勤、通学の八七％が自家用車である。その国でどこまでコンパクト化し得るのか分らないが、日本のような狭小な国でこそ大いに取り組んでみる価値はある。

人間の生活環境、地球の自然環境の持続可能なあり方の模索の一つとして提唱されたのが、「コンパクトシティー」である。神野直彦氏によれば、ダンツイクとサーティの考えとは裏腹に、アメリカではクリントン大統領時代にまとめられた「サステイナブル」に関する報告書では、人間の生活環境の持続性ではなく、経済成長の持続性と市場経済の積極的な活用が提唱されていた。一方ヨーロッパでは、人間の生活環境を取り戻すために、工業で汚染された大気、水、土壌を蘇らせ自然環境を再生させることにより都市の再生を中心課題にしている。ヨーロッパのこのような考え方の背景には、市場メカニズムに依存していたのでは、都市の持続可能な成長は実現できないという、「ヨーロッパ・サステイナブル最終報告」（九六年三月、ヨーロッパ委員会の専門部会）には市場万能主義に対して警告を発するような考えがあった。

サステイナブルなシティーの取り組み例として、フランスのストラスブールの場合がある。ストラスブールは大気汚染で町が汚れ、商店街も廃れ活気のない町であった。経済界の不安、心配をよそに、大気を浄化するために自動車の市内乗り入れを禁止し路面電車にした。市街駐車場に駐車すると、駐車料金と引き換えに路面電車の利用券が手渡される。車主役の町から人（歩行）

中心の町に決断したことにより町に活気が蘇った。高級ブランド店、フランチャイズ店の進出により商店街が活性化し、雇用が急増し、車の進入しない人に優しい市内の土地の価格が上昇した。町の活性化は経済効果だけではなく、文化的、教育的な効果も出ている。国民国家が成立する以前に、その地域社会が育んでいた文化を復興させることを目指している。ヨーロッパでは都市の再生には環境と文化をセットで考えている。また、ミッテラン大統領の地方分権政策の一環として、超エリート養成機関（エナ・高等行政学院）を移転させ、優秀な人材を集める場所にした、と神野氏は言う。この大胆な決断を伴った地方分権政策であるからこそ地域社会が蘇ったのである。

日本の場合、経済効果に加えて地域社会の伝統、文化、風土を生かした相乗効果を生み出しているとは言いがたい。今後の課題である。青森市が都市整備の柱とした点は、無秩序な市街地拡大を抑制することであった。より効果的で効率性を求めたインフラであったが、無秩序に拡大しすぎたため税収減の中、維持困難なので整備することになった。公共交通を有効活用し、マイカーを自粛しCO_2削減と渋滞緩和を目指した。都市から失われた自然と農業環境との調和を取り戻す。自動車優先の道路から歩行者優先の道路の町を作り、住民の拠点広場・常設屋台村を作る。農村は大切な経営資源（近郊農業の育成）など、ほとんどの市町村を活性化するのに共通している問題点ばかりである。マイカーを抑制し、公共交通手段を活用し、歩行者を大切にする町作りの視点は、重要なことである。ただ、職・住近接するには、行政に加えて経済・産業・企業の再編成の視点が絶対必要条件である。結局どんなに人間中心の都市構想を描いてみても、就職・経済とが一対でなければ、労働人口を地元に留めることができず、不十分なビジョンにしかならない。

都市機能の再生のみならず、人間を大切にする都市建設に取り組む自治体が各地で増え始めている。札幌市では都心の交通量を減らし、歩行者中心の町にするために、四割を占める通過車両を迂回させ、出入りの制限をしている（トラフィック・セル）。また創成川を整備し、水辺の環境改善を行ってイベント広場として活用し、芸術や文化活動を通して町の活性化を計画している。大気と水・環境を重視した都市づくりに取り組んでいる。課題は、文化施設を根付かせる持続的な活動を展開していくことである。

高知市では、地元商店の活力を育てるために、大店舗ショッピングセンターの機能を備えたシネマコンプレックスの建設認可をしていない。都市を人間の生活空間として再生しようという取り組みによる。市では二〇〇〇年に「里山保全条例」を施行している。里山には森の民の文化があり、生活がある。先人の叡智を学び、自然保護と生活に根ざした文化を保護することにより、都市の再生に取り組んでいる。住民がコミュニティー計画策定に積極的に参加したり、町作り地域作りのために行政に頼ることなく自分たちから清掃し、草花を栽培したり人間らしい町作りに取り組んでいる。

長野県の栄村では、国からの補助金を拒否して、村民たちが共同作業で水利整備や道路などの公共事業を、以前の一〇分の一の費用で行っている。補助金行政からの自立としての地方分権化への挑戦である。過疎の住民が知恵と労働を提供して、自分たちの共同体を作り上げていく。心意気は良いが、都市再生の決定的な条件は、「財政上の自己決定権」を持っているか、いないかに関わっていると言う宇沢弘文氏の指摘は、地方分権に実質的な権限を実行するにあたり大変重要な権限である。

都市再生に関しては、日本では江戸時代に各藩がそれぞれ独自の産業、特産品を生産する工夫と努力をした経験があった。それをさらに特化させたのが、上杉鷹山の一村一品政策である。現代版一村一品を各経済ブロックが現代版一村一品（農産物、工業製品）、一村多品を創意工夫し、伝統を引き継ぐと同時に伝統に時代の息吹を吹き込んでいく不易流行の精神が大切である。地域の努力と同時に、国家ビジョンにもとづいてドイツのように産業別経済圏、地域をしっかりと確立することが重要である。五〇〇万から一〇〇万人都市を中心に、ブロック内の市町村が支えあう。職・住近接すれば、自然とサラリーマンにも地元意識が芽生えてくる。自分の住んでいる町を愛し、住環境の優れた町に育てることにも熱心になる。職・住近接により、ということは、車通勤による渋滞はない。通勤も公共交通か環境に優しい自転車や徒歩が主役になり、今までのような道路の主役が車から人、自転車に変わる。道路の役割デザインも大幅に変更され人間中心の道路にもどる。

『道路の経済学』（講談社新書）の著者松下文洋氏の指摘によると、イギリスのＤＥＴＲ（環境運輸地域省）は新交通白書（九八年度）で「市街中心地の魅力を高めるために商業施設、公共施設を集中的に配置し、徒歩や自転車などで回遊できるコンパクトな商業ゾーンをつくるとともに、そこに至るまでの公共交通の整備」をうたっているとのことである。自転車はさまざまな点で優れている。化石燃料を使わないので環境に優しく、渋滞緩和になる。自分の能力以上の距離を移動できないから、行動範囲も自ずと限定され、自分の生活空間の領域を実感することができる。栄養過多、運動不足の現代だけに健康に良い。スピード感、時間も人間的であり、自然の一部であることを再認識できる。

職・住近接により、自分の住んでいる町を愛する意識が芽生え、地域全体がお互いを意識しあうようになり、現在のような多発する犯罪も減り、監視カメラで覗き見する必要もなくなる。個々ばらばらになった都会の閉鎖性だけでなく、田舎と都会の中間的な、そこそこに開放された都市空間が形成される。動物は群れて行動することにより、他の動物から身を守っている。ところが、人間というわがままで思い上がった動物だけが群れを嫌い個を主張しすぎるので、動物の習性としての群れて暮らすことによる安心、安定感、連帯感という自然のリズムから離脱してしまった。人間は自然の一部を超えられないし、超えてはいけないのであるが、宇宙を創造できると錯覚している理知が自然をそして人間を破滅に導いている。

共同体社会を考える場合、行政、自治体的側面に加えて経済的機構からも考える必要がある。物作りと「産業連鎖」によって地方経済の自立の可能性を見出している内橋克人氏のフィールド調査にもとづく主張は、具体的な方向性を現実の動きの中に認めることができる。日本でもアメリカ型経済・フォーディズムの大量生産、大量消費に伴う大量廃棄が環境破壊の原因となっている。今なお経済的繁栄が優先され、多少の環境破壊は止むを得ないということが公然と黙認され、公害対策は政治的に後手後手に回るようになっている。工場跡地から大量の有害物質が検出されている。何十年も前から広い工場の敷地に穴を掘って、有害物質を埋めている工場がある。

自分の土地に何を埋めようが勝手じゃないかという利潤本位、身勝手な考えを、社会的責任のある大企業の一部までもが行っている。有害物質は地下水となり、今われわれの生活を脅かしている。そのような中で、画期的な取り組みを行っているアメリカと日本のケースを紹介しておきたい。断るまでもないことであるが、積極的な試みは他にもいろいろあるが、私の目にした中の一例として紹介する。

九九年一〇月、グンター・パウリ（元国連大学副学長）のゼロエミッション（廃棄物ゼロ）提唱を受けて「国連大学ゼロエミッション国際会議」で、事例報告が行われた。内橋氏の言う「産業連鎖」である。精油所が排出した硫黄を肥料工場で利用し、排出したガスは発電所の燃料として用いた。発電所の廃熱は養殖場と地域暖房の燃料として使用した。排ガスのもう一ヶ所での利用は、石膏ボード工場である。そこから排出される石炭灰をセメント工場で用いた。石膏ボード工場から排出される蒸気を薬品工場のエネルギーとして用いた。薬品工場の廃棄物（バイオマス、酵母かす）を農場で肥料として用いた。

以上の行程に七五〇〇万ドル投資されたが、産業連鎖によりエネルギー、廃棄物の再利用、運搬コストの削減により毎年一五〇〇万ドルの節約になり、合計一億六〇〇〇万ドルの節約にもなり、環境に加え経済効果としても十分に成果が出ている（九九年一一月一六日、東京新聞。内橋克人『浪費なき成長』より）という。

また日本のケースとして、北九州ではエコタウン・プロジェクトを目指して画期的な取り組みに挑戦しているという。第一ゾーン・学術研究エリア（諸大学）。第二ゾーン・実証研究エリア（大手ゼネコン)。第三ゾーン・一五の企業によるOA機器の再資源化で年間五四〇〇t新原料生産を可能にしている。さらに、自動車のリサイクル工場では、年間五〇〇万台(廃車の九〇%)を再資源化している。長年培ってきた純度の高い鉄スクラップ技術が発揮されているという。今の段階ではまだ第一、第二、第三ゾーンがそれぞれ有効に相互連関して機能・「産業連鎖」していないが、着実にその方向を目指して進んでいるようだ。

ゼロエミッション(廃棄物有効利用、資源循環)の国内実例として、千葉県市原市にある市原エコセメント株式会社でも行われている。その技術が環境省に認められ(九九年)、〇二年にはエコセメントがJIS化された。世界で最初の商業化工場である。資源循環過程は以下の通りである。(1)都市ゴミ焼却灰・下水処理汚泥を乾燥・粉砕し石灰石(天然原料)を加えて、調合原料を作る。(2)焼成工程、調合原料を一三五〇度以上で燃焼するとクリンカー(半製品=セメント鉱物の固まり)になる。この過程でダイオキシンは高温で分解される。その焼却灰中の重金属を回収し、製錬工場で有用金属に再製する。(3)製品粉砕工程……クリンカーに石膏を加えて粉砕すれば、エコセメントができ上がる。この過程で、新たな廃棄物が一切出ないという。護岸補修、工業用水桜浄水場インターロッキングブロック、消波ブロックなど様々な所で使用されている。これからの科学は、ゼロエミッションとセットで追求することが求められている。またそれが科学の自己責任である。

今まで培ってきた技術力が、地球資源を大切にして人に優しく経済成長を支えてきたとは言いがたい。各地域で育まれた技術力が相互連関して、隣接工場が排出する産業廃棄物を従来のようにゴミとして焼却、埋設処理するのではなく、大量の廃棄物を資源として再生する。そこから排出される廃棄物をまた隣の工場が資源、原材料として蘇らせる。北九州のエコタウン・プロジェクトにみられるように、OA機器製造の隣りに処理工場その隣に……と工場が隣接しあえば、輸送コストの削減、化石燃料消費の軽減、交通渋滞の緩和など「産業連鎖」効果は計り知れない。千葉のエコセメントのケースも産業連鎖の一例である。地方によくある工業団地も、この産業連鎖システムを取り入れ「産業連鎖工業団地共同体」を形成することにより、地場産業の再生、活性化が期待できる。そのためにも各企業は、企業間ネットワークで情報を共有しながら、廃棄物の再資源化に取組む研究費への投資を惜しんではいけない。国も何に使われるか分らない企業減税ではなく、研究費援助という目的減税で廃棄物の再資源化を強力に指導していく必要がある。

二〇世紀後半から人類は地球の限られた資源を有効利用したり、産業廃棄物を再資源リサイクルしたり、公害をいかに出さなくするか、そして飛躍的に増加する人口を支える無農薬の安全な食糧をいかに生産し供給するか、という問題に取り組みはじめた。問題は山積みしている。特に日本は高度経済成長と反比例するように農業生産が低下している。EUやアメリカでは価格・所得保障予算を十分に取り、農家、農業を保護し育成している。次世代後継者を育てるために、多額の予算を投入しているが、日本は手付かずである。安全な食糧が生産されるように、日本でも国の農業を育成していくというビジョンの下に、生産者を支え育てるような消費者と一体になった農業共同体のような関係を育て作り上げていくことが大切である。農業に限らず第一次産業全体の「後継者育成への取り組みが急務」である。

明治以降、日本が近代化する過程で伝統的な共同体的要素はマイナス要因として、ことごとく否定されてきたが、実は人間の暮らしにとってなくてはならないプラス面も多分にあったのではなかったか。解体してはいけないものまで解体しすぎてしまった感がある。グローバル化すればするほどアイデンティティという立脚基盤が大切になってくる。グローバル化の中で日本固有のものを捨てて何に立脚しようというのか。自然と文化と歴史と風土の中で培われた日本の個性と利口に付き合うことが大切なのである。日本固有の個性と決別して多国籍個性になってしまったから、多国籍個が強調され過ぎた社会になった。伝統、歴史、風土性のない個のもたらす不安定、バラバラになった個につながりを取り戻すことが求められている。人間をバラバラに解体する利潤至上主義から、人間を尊重した経済的基盤を築くことが求められている。共同体的社会のプラス面を現代的にアレンジして人間の暮らし方全般を見直す必要がある。効率主義も行き過ぎると非効率に逆転することをわれわれは過去の例、公害、大量リストラ、バブル景気などから学ばねばならない。適度な効率、適度な自由競争による市場経済を逸脱してはならない。

最後に、温暖化による地球の異変による自然災害・阪神大震災、台風、大洪水、二〇〇六年の大豪雪に、国も自治体も予算に限りがあり救援も思うようにはかどらない。高齢者の多い過疎地域の除雪作業は、乏しい予算に加え作業員不足で非常に難航している。立派な除雪機械も運搬トラックもあるのに、予算をはるかに超える積雪量に対応しきれないのが、経済大国の実情である。このような緊急事態を救っているのは中学生、高校生、大人たちによる地域共同体の助け合いである。

戦後、高度経済成長以降、人々は従来の共同体的な煩わしさを、一切お金で解決しようと試みてきた。煩わしさを解決できたかに思えたが、結果としてお金があっても、なくても共同体社会の助け合いなくして解決できない問題が多く見えてきた。地域社会の防犯、児童教育、環境保全など。現在、新たな共同体の復活が模索されている。今後の社会のあり方に活路が見えてきた感じがする。

【参考文献】

川喜田二郎『鳥葬の国』（六〇年五月、光文社）
川喜田二郎『発想法』（六七年五月、中公新書）
鷲見一夫『ODA援助の現実』（八九年一二月、岩波新書）
ドール・ビスタ『ネパールの人々』（増補新装版）（九三年、古今書院）
内橋克人『共生の大地』（九五年三月、岩波新書）
石井溥編『アジア読本　ネパール』（九七年三月、河出書房新社）
降旗節雄『現代資本主義』（九七年四月、現代書館）
清沢　洋『夢への旅路 ボランティア』（九八年一〇月、白順社）
内橋克人『浪費なき成長』（〇一年二月、光文社）
神野直彦『人間回復の経済学』（〇二年五月、岩波新書）
内橋克人『「人間復興」の経済を目指して』（〇二年五月、朝日新聞社）
内橋克人『もうひとつの日本は可能だ』（〇三年五月、光文社）

ＪＩＣＡ『ネパール国別援助研究会報告書』（〇三年五月）
大野和興『日本の農業を考える』（〇四年四月、岩波ジュニア新書）
松下文洋『道路の経済学』（〇五年五月、講談社新書）

Ⅱ　日本の社会問題の焦点を解読する

地方分権から「基礎的自治体」の構想へ

武田　登

はじめに

地方分権あるいは三位一体の改革の切り口で俎上にのることが多い地方自治の現状に目を据えたとき、その議論には乗ってこないどのような問題が浮かび上がって来るのだろうか、そしてその問題は、何に起因し、どのように解決されるべきなのであろうか。

問題は、錯綜し、一筋縄ではいかないが、基礎的自治体からの視点で問題を捉え返すことで、閉塞間漂う国と地方の関係、それぞれの財政問題とりわけ、合わせて七七四兆円を超すといわれる債務残高の重圧感を多少なりとも緩和させ、持続可能な関係への道筋を見出すことができるのではないか、希望の光を追う。

一　国と地方の問題の所在

今、地方をめぐる問題なり出来事で広く国民・市民の念頭に浮かぶものと言えば、先に上げた地方分権そして三位一体の改革があろう。しかし、制度の根幹にかかわることか否かを問わなければ、大阪市の職員厚遇問題や日々起きる公務員の不祥事や給与等の処遇に関するものの印象がより強く、地方＝不祥事の図式がおのずと浮かび上がるのではないか。

監視を怠れないところがあるもの、そんな印象が地方の事務に国が関与をしてくる一つの要因なのかもしれない。しかし一事が万事ではない。新聞、テレビ等のマスコミで取り上げられると、またかと言う印象が形成されがちであるが、すべての自治体にその尺度をあてがうことは、孤軍奮闘している自治体の阻害要因になるのみならず、先進的な取組みをしている自治体の評価と意義を見誤らせることになる。そこには分権への確かな試みがあるのだから。

そもそも地方分権は、一般にどのように認識されているのだろうか。グローバルな企業活動がもはや国家という枠組みを越えて行われ、そこでは当然、今までの国家の役割の変貌が求められざるを得なくなり、国家が専念すべき事務がおのずと特定化して来る。それに伴い、国が地方の事務に様々な手法を駆使した関与も、減少若しくは形を変えていかなければならなかった。

国と地方の財政における地方の収入は三割しかないが、支出は国からの財源の移転を受け、結果的に七割を支出することになる。この移転にこそ重要な意味がある。すなわち様々な形の国の地方に対する関与を行わしめる温床となっているからである。

しかしこの秩序は、地方にとっても居心地の良い面がある制度であったに違いない。だからこそ今日まで脈々と引き継がれてきたのだ。しかし一方、変動し続ける国際環境のなかにあって、国家のこのエネルギーは然るべき所に割かれるべきであり、行政手続法、情報公開法の導入の遅れなど、次第に国際的にも国内的にも評価が問われることになった。

このようななかで特筆されるのが、その申請から事業完了、検査まで、多くの手順を踏むことになる補助金であることは論を待たないところである。

また一方、今回の分権改革で注目されたのが、機関委任事務の廃止と地方公共団体の事務の自治事務と法定受託事務への整理である。この機関委任事務は、地方公共「団体」ではなく、その長をいわゆる「機関」として、これに事務を行わせるものであった。議会が関与できない、あるいは条例による対応もできないなど、地方自治の本旨から見ても、変則的な問題をもつ制度であったといえる。

したがって、これらを放置して地方分権は論理的にもありえないとの判断が、国と地方の対等な関係という認識の下で、地方への関与の法定主義化、機関委任事務というカテゴリーの廃止等一連の法改正の流れを導いた。

地方分権のイメージは、よく言われた単に国の仕事が地方に任されるのだというニュアンスはなく、国と地方のあり方を見直し、仕事の仕方、判断・決定についての、国の地方に対する関与が抑制的に整理され、地方自治体のいわゆる自己決定・自己責任が明確になることである。より正確に言うならば、法律でカバーしきれない地域の現実の問題を、地方自治体の最も大きな手段である条例化で解決しようとしたとき、どれだけその自主性が通せるのか、法との関係をぎりぎりの所で調整する範囲の拡大である。これにより、自治体は、意欲さえあれば、今まで以上に迅速に、効率的に問題解決の対応力を持つことができることに重要な意味があるのである。

では、この分権改革により、地方の仕事は順調に進み、所与の成果をあげ、懸案だった問題は解決するのであろうか。

国と地方の関係、事務の整理、規制の合理的緩和などについては、一応の形を見たが、それらを持続可能なものにして行くには、当然のことながら財源的裏付けが必要である。

ところが国も地方も、我国の経済の低成長、マイナス成長による税収の低下により厳しい財政運営を余儀なくされている。八〇兆円規模の国家予算において、税収はその半分しかなく、毎年三〇兆円前後の赤字国債で穴埋めすることにより、何とか予算編成ができているのが実情である。一方、地方においても、都道府県では事業税の大幅な落ち込みにより、赤字決算に転落し、財政の非常事態を宣言するなど厳しい状況が続いた。市町村では、頼みの一般財源である地方交付税の縮減と景気対策などのため国と同調して起こした地方債の償還などによる歳出の硬直化にあえいでいる。

このような状況下、地方分権の枠組みを確かなものとする財源的対応として提起されて来たのが、国と地方の税財政改革いわゆる三位一体の改革である。詳細は後述するが、三位とは、まず、国から地方自治体に使い道は特定されないで交付される地方交付税の見直し改革があげられる。つぎに、国の歳出の二〇%を占め、先に述べた支出移転の中心的内容を占める補助金の問題がある。そして、この使い道が特定される補助金を廃止し、一般財源化を主旨とする税財源の国から地方への移譲の問題の三つである。これらを一体として改革し、併せて地方分権の趣旨を尊重するなかで、それぞれが抱える問題の整理を目指した手法である。

このような三位一体の改革が華々しく進められようとしている一方で、規制緩和の側面から構造改革特区というものが、注目を集めている。法律を中心とする規制により、全国一律あるいは当該規制の基準の適用ありきで、なかなか例外、地域の特殊性を認めない国の規制に対する挑戦である。

その一つの例として、埼玉県草加市が提起した学校校舎の設計基準の問題がある。

児童・生徒の教室は、建築基準法施行令等で、その高さが三メートルと規定されている。草加市が建て替えの時期に来ている校舎を独自に算定した二・七メートルで建てた場合では、一校あたりの工事費約三〇億円の一・五%が削減できる試算が明らかとなり、市は、この構造改革特区の制度を使い、自らの企画・立案したものを、今までの国の基準に替え申請をした。しかし国のハードルは高く、文科省の調査研究協力者会議の報告などを待たなければならなかった。この申請にあたり市では、大学研究室を訪ねるなど詳細な調査と検証を試みた。これらの紆余曲折をへて、平成一七年九月この努力が実った。

このように、基礎的自治体が財政規模など、その身の丈に合った対応を試みようとするとき法令の壁、解釈の壁がその前に立ちはだかる。

だが、改革の太い柱ではないが、着実に改革の柱となり得るシステムを適切に構築して行くことは、形ばかり大きくても、利害関係者が三竦み、膠着状態に陥り、一歩も進まない改革を打ち上げるよりも、はるかに確実な、関係の変化と住民満足をもたらし、地方分権を推し進めるものといえるだろう。

二　地方財政の概要

これらの状況を踏まえつつ、この後の個別の問題に立ち入る前に、地方の総体とりわけ現在の財政の状況について見ておきたい。

まず地方財政の規模であるが、国内総支出五〇一兆二五三五億円における構成比で見ると、六二兆八六六二億円で一二・四％と国・中央政府の二一兆六二〇五億円で四・三％の約三倍の規模を持っている。この地方財政の歳入の構成（平成一五年度）であるが、九四兆八八七〇億円のうち約三分の一、三四・四％、三二兆六六五七億円が地方税で、一九％、一八兆六九三億円を地方交付税で、一三・八％、一三兆六〇五億円を今、問題となっている国庫支出金で、そしてこれよりも多い一四・五％、一三兆七八九四億円が借金である地方債で賄われている。

つぎにこれを歳出の側から見ると、九二兆五八一八億円の総額のうち、学校教育、社会教育などに当てられる教育費が一八・六％、一七兆二〇一四億円と最大の額を占め、続いて道路、河川、公園など公共施設の建設整備に充てられる土木費が一七・八％、一六兆四三九一億円と児童、高齢者、障害者、生活保護等のための費用である民生費が、一五・七％、一四兆五四〇二億円であり、また地方債の借入金の元金・利子の支払に充てる公債費が、一四・二％、一三兆一九一五億円と続く。

ここで注視されなければならないのは、平成四年を始点で一〇〇とした場合の推移であるが、平成一一年度では、公債費そして民生費も一五二と大きな比率を示していたのに対し、平成一五年度では、公債費のみが一八五と最も大きな伸び率になり、財政の硬直性の要素ともなって、大きな負担になって来ているのがわかる。

つぎにこの九二兆を超える歳出を性質別に見た場合どのようになるのであろうか。まず、一番大きなウエイトをしめるのは、やはり人件費で、二八％、二五兆九三二三億円と、単独で三〇％近い構成比を持つ歳出は他に無く、行政改革を行う上で、この人件費問題が避けて通れない所以である。

この人件費と扶助費そして公債費は、支出が義務付けられていることから、一括りにして義務的経費とよばれ、その構成比・額は四九・八％、四六兆一二二一億円と歳出の大半を占めてしまっている。この他社会資本を整備する普通建設事業費が一九・七％、一八兆二五〇三億円、内補助事業分が八・五％、七兆八七三五億円となっている。しかし注目すべきは、先と同じく平成四年を一〇〇とした場合の増減の推移であるが、やはり公債費が一八六と大幅に伸びる一方、普通建設事業費は六四と、大幅な減少となり、結果として財政構造が硬直的となり、換言すれば、弾力性が弱まっていると言える。

この財政構造の弾力性を表す指標として用いられるのが財政指数の女王と呼ばれていた経常収

支比率であるが、この指数が女王とまで称されたのは、まさにこの弾力性こそが、当該自治体がそして首長が積極的な財政対応を可能にする――高度成長期には大きなハコ物を建設するときの一般財源に充てるため、財政状況が厳しくなった今日においては、義務的経費以外の政策的経費などに充てる――ため、いかに経常収支比率を抑えるか、すなわち義務的経費を削ぎ落とせるか、手腕と力量が測られるものであったからである。

しかし時にマイナス成長にもなる低成長の経済のもと、税収すなわち自主財源が歳入見込みを下回るなど思うように歳入が確保されないなかでの財政運営は、義務的経費である人件費、扶助費、公債費が重くのしかかるのは当然であって、投資的経費に充てる一般財源が捻出されず、経常収支比率が上昇することをもって、当該自治体の財政運営を判断することは、低成長下での自治体経営の評価を偏らせるものとなるのではないかと危惧する。

人件費の比率が高いことは悪であるという外見的な評価についても、マンパワーで住民サービスが充実させられ、住民満足度も含めきちっとした行政評価を行っていくならば、投資的経費のみが積極的要素を持つものと評価することにならなくなるだろうし、その意味で、経常収支比率の指数としての絶対化は、時代の趨勢のなかで考えられなければならないであろう。

【起債の許可制と地方債残高】

「当分の間」の規定の下に、自治体は自己の財源調達のための起債を自己完結的に行うことができなかった。しかしその許可制の下で地方債現在高は、平成一五年度末現在、一三八兆円に達し、地方の歳入総額の一・五倍にもなっている。さらに普通会計が負担すべき地方財政の借入金残高は、同じく一九八兆円に、平成一七年度末には二〇五兆円にも達すると見込まれている。

起債に当たって当該自治体が適債団体との確認がなされていた結果として、一三八兆円もの地方債残高は、管理された結果のものと解釈せざるを得ない。国と足並みを揃えた地方財政対策の影響も極めて大きいと思われるが、この返済が公債費であり、見てきたように、当該自治体の財政の硬直性を高める結果となっている。

三　三位一体の改革によって地方は……

では、いま見てきた地方財政の状況下、なぜ三位一体なる改革が叫ばれているのであろうか。三位一体の改革とは先にも述べたように、第一に国庫補助負担金の改革、第二に税源移譲を含む税源配分の見直し、そして第三に地方交付税の三つの一体的改革である。

国、地方ともに膨大な借金を背負う中、新たな両者間のルールの構築を目指して、国から地方への補助金という関与のシステムと、地理的に、あるいは社会的に税源の偏在による格差を国として一定の基準の行政サービスを確保するため、一定のルールで算定した額を交付税として地方に配分するシステムという二つの国から地方へのお金の流れのシステム、そして前者のシステムの見直しにリンクさせて国税から地方税への税源の移譲というシステムの改革をほぼ同時並行に進めて行こうとするものである。

この見直しが出てくるそもそもの理由は、地方においては、住民自治の形も整えながら自己決定の領域を増大させるなど、徐々にではあるが地方分権が進展してきていること。また、すでに整理された地方の事務を処理することにより、財政支出の比率は国が二に対し地方が三と、かなりの行政サービスが地方により供給されているにもかかわらず、歳入の面での比率は国が三に対し地方が二と、先の比率と逆転するのである。となると、問題は地方が三の仕事の支出を行うのに二の収入しかない。どうするのか、ここに先に挙げた国庫補助負担金と地方交付税が交付されることにより、この三の比率の支出を賄っていることにある。

では何が問題なのか。この歳出に伴う補助金は、それぞれの要綱等により支出方法、内容が決められており、地方の自由な取組みや支出の工夫がなかなかできない。何よりも、同じように施設を作ったり、その中身を整備したり、地域の振興のために各種団体に助成をしようとする場合、そもそも、そのプランニングの源は国であり、地方はそのレディメードを持ってきて、むしろ現場がその設計図に合わせるような形で、先の行政目的を達成せざるを得ないことである。さらに、そのことに伴う事務もかなりなものになるし、これが全国で行われているのだから、その人件費を含むコストはまさに膨大なものがあり、これは国民にとっても積極的意味を持つ支出とはいえない。またこの他にも補助金のシステムにより、地方側にも依存体質が根を張り、創意工夫する能力が養成されて来ないし、結果として、全国津々浦々同じような施設が増殖してしまうのである。

そうであれば、今はその一部として使われている、税等の一般財源を充実させ、住民自らがその使途について監視し、責任が持てるようなシステムが目指されるべきではないかと言うことである。

このような問題をはらむ、国庫補助負担金であるが、つぎにそれとの見返しとなる、税源の移譲を含んだ国と地方の税源配分の見直しの問題である。二〇〇五年六月明らかとなった、政府税制調査会による個人所得課税に関する報告書では、この地方への税源移譲へ向け国税である所得税と地方税である個人住民税の税率を二〇〇六年度税制改正で抜本的に見直すと提言している。具体的には住民税は、現行五%、一〇%、一三%の三段階の税率を一〇%に一本化する。このことにより地方は三兆円の増収となる。所得税と住民税の合計においては多くの所得階層で、実効税率に変化が起きないようにする内容となっているといわれ、実際の移譲については具体的な制度が固まるまで、平成一七、一八年度については所得譲与税として、所得税の税収の一部を地方自治体に配分することとされた。

そして第三は、地方交付税制度の見直しである。地方交付税は数ある地方自治体がその財政力等の格差により、国民（住民）への行政サービスが維持されないことがないように、サービスに必要な財源を保障しつつ、自治体間のばらつきを調整する機能を持つ重要な制度である。

具体的には一定の算定方法により、それぞれの自治体が基準財政収入額と基準財政需要額を算出し、その需要額を収入額で充たせなかった場合は、その差を使途自由な一般財源の形で、地方交付税が交付されるものである。

全国の地方自治体の歳入・歳出の総額を計り、国と地方の全体的な財政対策を決めるための地方財政計画においては、財源不足額を地方交付税を主として、他に地方債で補填している。この場合国としての財務省と地方の代弁者としての総務省との間で、毎年この総額の確保、補填の取扱いをめぐって議論が闘わされる。財務省側は「自治体が地方財政計画通りに予算を使っておらず、七兆から八兆円も過大に計画の予算が計上されている」として、過大に見合う歳出を削減することにより、地方交付税も減らすべきだと主張するのに対し、総務省、地方側はそれでは「地方財政が破綻する」と、地方交付税の総額の確保を求める。このうち総務省は自治体が財政力を付け、不交付の団体が増加すべきだとしている点は、財務省と軌を一にするがそれはあくまで、徐々に増加させるべきだとしており、結果として財務省と自治体の中間に位置する主張であると言える。

【三位一体改革をどうとらえるか】

以上見てきた三つの側面をもつ、三位一体改革であるが、どのように評価することができるであろうか。三位一体というだけあって、それぞれ単一では論じ切ることはできず、総体で捉えることで初めて、国と地方の関係をどのようなものにしていくかという、ダイナミックな認識となりえているのではないか。たとえば、地方の側が国の補助金の在りかたにつき見直しを求めて、それが廃止された場合、その事務事業が残っている以上、単に依存財源の裏付けを失い、自前の住民税などの一般財源で賄うか、それが限界なら当該事業を止めざるを得ないことだけに終わってしまうことになる。

そこで、その補助金を税源移譲により国の所得税から地方の住民税に振り替えることになれば、その事業の継続はもとより、一般財源になることにより、その事業に充てる分を調整し、その自治体が必要と考える他の事業にその財源を使うこともできるようになる。

ここに、自治体の側は、地方の自主性、分権の推進力を見出すことは当然のことである。しかし、ここにも陥穽がある。自治体はそれぞれ財政力に格差があることから、この考え方が適切に機能するのは、[住民税が一〇%のフラット化になり移譲されるであろう分=補助金の額]の条件を満たすものであり、全国一八二二(平成一七年三月三一日見込み)の自治体すべてがこれを満たせるものではないことは明らかである。

そこから一方にこれらの格差を補填し、全国どこでも、ほぼ同様の行政サービスが受けられるべきとの視点から、自治体間の財源を調整し、財政力が弱い所に補填をし、「自治」を守るべきだという考え方が強く主張される。しかし、また一方には地域の仕事は、なるべく地域の収入で賄われなければならない、したがってそれだけの財政力をもった自治体として存続しなければ、今後、運営は一層難しくなるとして、自治体の規模を拡大、強化していくという主張もある。これは分権を担う受け皿論と重なるものであろう。

集落、村落を経て、近代国家の自治体として確立、定着していくプロセスのなかで、エレメンタリーな教育を行いうる施設を維持できるものを、たとえば「村」とするといった形で、自治体の事務と規模が連関する形で進展して来た。しかし高度成長と軌を一にする福祉施策、公害対策などの環境行政の拡大など自治体の担うべき事務は飛躍的に拡大した。そうすると、単独の自治体で担うには厳しい事務も散見されるようになって来る。

もちろん、地方自治制度の中には、他の自治体と共同処理するシステムもあるのだが、これには馴染まないものもあり、結果的に人口一万人未満の町村の運営は厳しい状況にあるのが現実である。

福島県矢祭町のように「合併しない町」を宣言し、行政の町役場職員と町民が一体となって、簡素合理化と創意工夫をし、自立の道を模索している自治体もあるが、やはり交付税は欠かせない状況であることに変わりないことからすると、声援を贈りつつも、やはりその自立にはカッコを付けざるをえない。

国も地方もこの収入の側面の他、もう一方の歳出の側面においても種々の削減案が模索され、試行錯誤がなされている。ここで中心となるのは先にも見たように、やはり国・地方を通じて公務員の人件費の問題であろう。国・地方それぞれの性質別歳出規模から明らかなように、このことに手を付けずに歳出の合理化はあり得ない。換言すれば、長く続いたデフレ経済の状況下での民間企業の経営合理化の影響も受け、他の歳出項目はすでにかなり削減合理化がなされてしまっているのである。

しかし、このような歳出の削減も一つの整理の手段であり、また過程にすぎず、それ自体が目標なのではない。したがって、さらに全体的な視点に立った対応が模索されなければならない。

四　義務教育改革のゆくえ

今、見てきたこの国と地方の税財政関係の見直しを行う、いわゆる「三位一体の改革」の残された課題で焦点の一つとなっていたのが「義務教育国庫負担金制度」をめぐる問題である。

これについての議論は、二つの場で争われて来た。その一つが「国と地方の協議の場」であり、他の一つが文科相の諮問機関である中央教育審議会（中教審）の特別部会である。

まず、前者において、地方側は国庫負担金という名の補助金が続くと文科省の「口出し」が残るだけだと、税源移譲とセットとなった教育の自由度の拡大を求め、国から地方への三兆円の税源移譲の完全実施、問題の本体である公立小中学校の教職員給与を国と都道府県が折半する「義務教育費国庫負担金」八五〇〇億円の廃止の履行、そして政府が決めていない補助金改革の残り六〇〇〇億円の実施などを要求した。

これに対し国・政府側は、「地方案を十分踏まえて、尊重して努力したい」「三兆円の税源移譲は既定方針、必ずやらないといけない」と対応したが、残り六〇〇〇億円の扱い等をめぐって結論を持ち越した。

つぎに、後者の中教審では「負担金をなくしただけでは、地方の自由度は高まらない」、子供に何を教えるのか、どのようなクラス編成をするのかは、この負担金の議論と関係なく別の法律や仕組みによるものであるとし負担金を廃止すれば教員の数や質に地域差が生じ、「平等な教育」が実現できない恐れがある、補助金は「今後も維持されるべきだ」とし、国の関与を堅持する姿勢がしめされた。

地方の意見としての知事たちの発言は、公立小中学校の教員給与の国の負担を止め、それに見合った財源を地方に移譲を求める改革を主張するものと、「義務教育とはそういうものではない」

と国家的課題としてのありかたを主張するものに大別された。

だが、義務教育費国庫負担制度をめぐる知事達の論議はいつしか義務教育論争になっていた。そもそも「義務教育とは何か」という国家的課題を十分に議論することなしに、その財源の適否を論じるという、順序から言えば、逆の歩みをしたことからすれば当然である。むしろ条件的に不十分であるとは言え、地方分権を担うという意志の下で、白熱の議論が闘わされたことは極めて、意義のあることだと考える。

義務教育費国庫負担金をめぐる議論によって、義務教育に対する改革なるものがゆっくりと全貌を現しつつあるのかもしれない。ある意味では、構造改革特区の申請などを通して声は上げ続けられていたのだと思う。何もこの分野に限らないが、教育委員会の制度さえも、その形骸化を指摘する声が多くなっており、教育委員会を廃止し、「教育審議会」を設置しようとした自治体も出て来たが、大勢は政治的中立性や首長に権限が集中することへの危惧などから、現行制度の改善で対応すべきだとされ、その上で教育委員の数、任期、選任方法の弾力化、さらに、文化、スポーツ、生涯学習支援は、自治体の判断により、首長が担当できることの検討が求められているのである。

市町村は、学校設置者であるにもかかわらず、そこで教鞭をとる教師の任命権はない。保護者がナーバスになる通学区域いわゆる学区の問題、少子化に伴い必然的に生じて来る学校の統廃合、通学時も含めた学校の安全の問題などを省みた場合、学校というものは紛れもなく地域のなかでしか適正に機能しないのだ。また阪神淡路大震災時のように、教師の適切な役割分担を通して学校が災害時のコミュニティの拠点となり得ることを実証してくれたことも極めて重要である。

住民の意向や児童・生徒の保護者の意見には、最前線である市町村が対応することになる。が、一体的な運営を通しての問題解決は難しいのが現状である。まず、設置者としての責任が明確である以上、教員の任命権も含めた権限が一体的に整備されることが、学校で育ち、利用し、そして支えるという地域住民の視点からも、実際に運営する管理者側としても好ましいことであろう。そしてそのことは、国と地方の問題と共に地方における、広域的自治体としての都道府県と基礎的自治体としての市町村の事務の整理が課題として横たわっていることを示唆していると言えるであろう。

五　生活保護のあり方

三位一体改革の一連の残された課題のなかで、義務教育費国庫負担金問題に次いで焦点となっていた、憲法第二五条の生存権に由来する生活保護費の国の負担割合をめぐる問題について、国・地方協議会の場で熱い議論が闘わされた。

まず、地方側である全国知事会・全国市長会は「生活保護制度等の基本と検討すべき課題―給付の適正化のための方策」と題された提言書において、この生活保護制度が先にも述べた「憲法二五条の理念にもとづき国の責任において生活に困窮する全ての国民に対し、健康で文化的な最低限度の生活を保障する制度であり」「国民の最低限度の生活水準の内容については地域、個人によって実質的な差が生じることがあってはならない」という考え方から、平成一二年度に制定された地方分権一括法において、生活保護を生存にかかわるナショナルミニマムとして統一的に公平・平等に行う給付金支給の事務と位置付け、法定受託事務に分類し、国と地方の役割について、厚生労働大臣がその責任と権限において、制度の枠組みである保護基準等を決定し、地方はその枠組みのなかで基準に従った事務を執行している。これらのことから、地方が自由に創意工夫を行う裁量がない事務について、その国庫負担の引き下げは地方への単なる責任転嫁だとした。生活保護の実態は、〇五年一月には一〇一万三〇〇〇世帯、人口比は一％を超えた。保護費の支給総額は二兆三八八一億円へと増高している。そしてこの四分の三を国が、残り四分の一を地方自治体が負担する。

地方の側は、このような保護費及び保護率の上昇並びに地域間較差（〇三年度の保護率は、最高の北海道の二・二％に対し最低の富山県は〇・二％と一〇倍の格差がある）は、実施の場に起因するのではなく、経済的・社会的要因に影響されるものであり、厚労省が言う地方負担率によっては、生活保護費は削減されず、国と地方の役割分担の枠組み変更など、生活保護制度の根幹的な制度改革を行おうとするならば、我国の社会保障制度全体を見据えた専門的審議が必要とした。

これらの地方側の認識を喚起した国側の主張はどういうものなのであろうか。厚労省は、生活保護等の費用負担の見直しの理由を、国庫負担率の引下げが自動的に保護率の低下といった適正化に結び付くという単純な理由ではなく、自立支援プログラム導入等による自治体の役割と裁量の拡大に伴う費用の負担の見直しに加え、生活、住宅、医療の各扶助毎にそのあり方を見直すことが「地方にできることは地方に」という三位一体改革の趣旨に合致するとしている。さらに見直しの考え方について、生活保護が我国の社会保障制度のなかで年金、医療、介護、福祉等の他法他施策を適用しても、なお最低限度の生活ができない場合「最後のセーフティネット」として、それを保障する機能を果す制度と位置づけた上で、社会保障制度が国、都道府県、市町村による重層的役割分担により、国民個々の需要に応じた医療保障、福祉に務めていること。また生活保護基準は、国が設定し、その四分の三の費用負担を行い、地方自治体が保護の支給決定、被保護者の自立助長を行い、残りの四分の一の費用負担を行っていることを述べた後、保護基準の問題点として、消費水準、家賃等は地域により格差が大きいことから、この保護基準の設定を地方が担って行くこと。被保護者の実情把握、評価、自立に向けての支援・指導の方法は、自治体毎に工夫を凝らし得るものであり、また自立助長に活用可能な社会資源やネットワークも地域毎に多様であることから、自治体の役割が極めて大きいとの認識を示した。

これらの観点を踏まえ、見直しの基本的な方向を、第一に、都道府県や実施自治体への権限委譲や役割・責任の拡大、第二に、これらの権限や役割・責任に応じ、他法他施策の国庫負担率・補助率と整合の取れた地方の財政負担の二つとした。そして具体的には、生活扶助等、扶助の種類別に現状の課題を踏まえ、国と地方の役割と責任、それに伴う財政負担の見直しを試みた。

これら国と地方の双方に、旧来の経緯を踏まえたそれぞれの言い分があることは分かるが、しかしそこに見え隠れしているのは、先行きの負担増の問題であろう。仮に、生活保護費の国庫負担割合を現行の四分の三から二分の一にすればその差は、六〇〇〇億円以上となり、地方への税源移譲額の省別目標額の厚生労働省分五〇四〇億円以上の確保も可能となる。厚労省内で、保護費の過半を占める医療扶助を保険診療に切り替えた上で、市町村が保険者となっている国民健康保険に加入させる案も検討されたが、「国保財政をさらに悪化（国保の七割が赤字）させるもので到底受け入れられない」（岡崎高知市長）と反発を受けた。また、先に述べた各扶助毎の見直しのなかで、家賃を賄う住宅扶助を一般財源として地方に移すことで二四五〇億円、医療扶助や生活扶助の国庫負担率を二分の一に引き下げることと合わせて八一〇〇億円の補助金削減へつなげる案も模索された。

これらに対し、地方からは、すでに〇五年一〇月からの全国一四の政令指定都市分の生活保護統計のデータ報告の停止、さらに国庫負担割合が引き下げられれば、法定受託事務である生活保護事務を返上する可能性もあるという強硬論も出た。

このような国と地方の応酬の中、地域の実態を訴えた論調もある。それによると、ここ数年、全国的に都市部の生活保護率が急増しており、それは景気低迷に伴う失業者の増加、大病院の偏在、住民の急速な高齢化と単身世帯の増加などが要因である。そして受給者の多くは六五歳以上の高齢者、障害者、傷病者であり、具体的に高知市では、この三者でケース全体の九〇％を占め、さらに母子世帯も九％を数え、実際に働ける「稼動世帯」は二・四％しかなく、厚労省が金科玉条のように「自立支援」を打ち出しているが、働ける年齢層の受給者が三％にも満たない状況の下では、自立支援だけでは保護率の急増に対応できない側面を指摘している（岡崎高知市長、〇五年九月一四日、朝日新聞「私の視点」）。

この生活保護費の国の負担割合をめぐる問題は、厚労省案が給付の適正化につながるのか、地方六団体案より三位一体改革の趣旨に相応しい理由を求めて協議が行われていくものと思われる。しかしそこでの議論の視点は、まず所得再配分を通じて所得保障する金銭給付は国が（年金、生活保護）、つぎに地域ニーズに合った対人社会サービスは地方が（介護、保育など）という切り分けのようである。本来の地方分権の趣旨に沿うものとなるか、検証が必要であろう。

六　産業廃棄物の不法投棄問題

地方の問題を考える時、一つの大きな陰をもたらすものがある。それが地域の谷津田、里山、時には水源近く、あるいは河川敷に投棄され、地域の風景を悲惨なものにしている、うず高く積み上がった産業廃棄物の山である。

二〇〇五年九月環境省が発表した産業廃棄物の不法投棄の全容を把握するための緊急調査の結果によると、推定も含めた一万立方メートル以上の不法投棄は、全国で二三三件、その残存量は一五三二万立方メートル、これは東京ドーム十二杯分にもなる。〇三年までに同省が把握していたものより、件数で五六件、量で三一二万立方メートル多かった。

新たに分かったもので一〇万立方メートル以上の規模のものは五件、その量は約一一五万立方メートルに上った。

その最も大きなものは、静岡県沼津市の三六万五〇〇〇立方メートルであり、〇四年一一月これに関係した中間処理業者らが不法投棄の疑いで逮捕されている。このことを報じた新聞記事の末尾に、環境省が〇五年六月三重県の産廃処分場で、同県の報告の四倍も上回る不法投棄が発覚したのを受けて、調査に着手した旨が明らかにされている。

ここで分かるのは、少なくとも〇四年までは、全国の不法投棄の残存量の明確な調査がなされていなかったのではないかと言うこと。またその調査についても、いわゆる不法投棄と確定していない「疑惑」段階のケースを報告に含めていなかったことである。これは不法投棄だと見られるものについて「保管しているだけ」、「産業廃棄物ではなく有価物である」などと主張する事業者が多く、この解釈をめぐり初動の対応が遅れ問題になってしまうのである。

ここで、この調査のきっかけとなった、三重県四日市市の産廃処分場の件について見てみよう。朝日新聞社説でも取り上げられたこの事例は、同県が一九八一年から九四年に最終処分場として許可していた場所に、その許可した量一三〇万立方メートルをはるかに超える二九〇万立方メートルが投棄されたことが、今回の県の初めてのボーリング調査で分かったものであり、規制が緩い七〇年代からの産廃もあり、全国的に見ても最大級の不法投棄ではないかと言われるものだ。いくつかの報道記事によれば、産業廃棄物の不法投棄となった現場は、高さ五〇メートル程の山になり、周りの田畑にもはみ出し、ポリエチレン袋などが散乱するとともに、地中からは、廃プラスチック類、木くず、ガラスくず、金属くずそして瓦礫類が見つかり、近くのため池にはヘドロが溜まり、地下水からは発ガン性のあるベンゼンや有害な砒素が環境基準を超えて検出されている。さらに、処分場の一〇〇メートル先には、住宅地も広がっている。

目を覆いたくなるような現場は、ここだけではない。マスコミでも大きく取り上げられた、香川県土庄町のいわゆる豊島問題は、同町の産業廃棄物処理業者が金属くずを買い取り、回収を偽装し、五六万トンもの自動車のシュレッダーダストなどを不法に受け入れ、野焼き処分を行っていたものである。

このような悲惨なまでの現状を目の当たりにして、では一体、何故このような時には復元が困難なまでの状況に陥ってしまうのであろうか。これらの事例を伝えた報道にもあったように、産業廃棄物処理業者が言う投棄量や産廃埋立地の汚染が明らかであったとしても「敷地内だけだ」などの言い分を鵜呑みにしてしまったり、初期の段階で産廃の撤去を命じたのにもかかわらず、無視され、そのまま放置してしまったことがあげられる。結果、青森、岩手県境二七ｈａで行われた違法な廃棄物埋立て事件のように、両県の行政代執行により六六〇億円もの支出を余儀なくされるのである。

これらの事例から学ばなければいけないのは、現行法体系の処理のなかで問題があった事例もあるが、国・県では、それぞれの行政主体が日夜、努力し活動を行っている。しかし、これらの手続き、執行の厳格化・強化が、適正な処理を行っている事業者の負担となり、適正な費用を負担しない事業者のルートへと一部の廃棄物を導いてしまうこと。さらに、不法投棄の手段・方法もよりゲリラ的なものとなって来ていること。また、事業者への指導とは言っても、現場の職員は、つねに危険と隣り合わせであり、産廃処理に係る事務が所掌となっている都道府県の事務部局では、対応に苦慮することが多く、警察本部から警察官の出向を仰いだり、警察本部内に対応組織を設け、不法投棄の取締りなどを行わなければならないことなどであろう。

つぎに、これらの事例、そして各地で起こされている、産廃処分場の建設をめぐる差し止め裁判からの教訓として、いわゆる県という広域的自治体が産業廃棄物処理行政を所掌することの問題がある。産廃処分場は県域に設置されることは当然であるが、それは同時に、基礎的自治体である市町村の行政区域に建設されるのであり、このことは実際の建設の種々のリスクを市町村そして地域の住民が負うことを意味する。しかし、それらは、意見と同意でしか対抗できず、これらの過程で決定的意味を持つ許可は、住民と距離がある県が行う。その地域の土壌・地下水汚染、産廃処分場の堆積物の火災による危機は、その地域に最も速く、かつ深刻な影響を及ぼすことからも、その地域住民はもとより当該市町村にとっても、産廃処分場の建設あるいは不法投棄の処理の問題の解決は、最大の課題の一つであろう。警察力の応援体制の点が課題として残るが、地域の問題は、基礎的自治体の市町村の事務と位置付けることを検討すべき、喫緊の問題の一つではないかと考える。

七　市町村合併による地域再生

二〇〇五年一〇月一日、この日二八道県で、三二市一八町が新たに誕生した。同じ日にできる自治体数としては、いわゆる「平成の大合併」では、最大規模となった。

この平成の大合併ではいくつかの特徴が挙げられるが、その一つに規模の問題がある。今回の合併のなかで、高山市二一七九Km²、浜松市一五一一Km²と一〇〇〇Km²を超える面積を持つ市が軒並み出現した。広域的自治体といわれる都道府県のうち香川県の一八七五Km²、そして大阪府の一八九二Km²を超える基礎的自治体が誕生したことにより、「広域的自治体」よりも広域な基礎的自治体ができてしまった。このことは本質的事項ではないにしても、市町村と呼ばれる基礎的自治体とは何なのか、都道府県と呼ばれる広域的自治体とは何なのか、そしてこの両者はどういう関係なのか、どういう関係にあるべきなのかという問題へと疑問を拡大させるものである。一つの基礎的自治体で一つの広域的自治体を埋め尽くしてしまうような時、そこにいう「広域」の意味とは何なのか。

また、人口の面においても人口三五五万人の「市」である横浜市を超える人口を持つ「県」は、わずか一〇県であり、政令指定都市中位の人口である一五二万人の神戸市を超える「県」は二四県である。ちなみに北欧の福祉先進国といわれる、スウェーデンは八九八万人、デンマーク五四一万人、フィンランド五二一万人であり、大阪府の八八三万人、兵庫県の五五九万人が参考となろう。

「広域」とは、広域的自治体に存在する基礎的自治体である市町村間の「調整」の意味なのであろうか。もちろん自治体の区域は、農村等集落を端緒として、時の中央政府の地方政策のあり方として、変遷を重ねて現在に至っている。

先にも述べたように、近代国家を確かなものとする礎としての教育のエレメンタリーとしての、小学校を維持できる規模の行政区域を、さらに中学校を維持できる規模の行政区域をと、行政の需要が発展、整理されて、「市」の要件ともなって来る。

このような外観を呈する平成の大合併はその動機、その進め方において、問題はなかったのであろうか。否、むしろ基礎的自治体の側、なによりも住民の側にその意義が理解されていただろうか。

地方分権を推進して行く上で、その主体となるべき地方自治体が、それを受けて行けるのかという、受け皿論とでもいう論議があった。一つは税財源など財務力の面の指摘であり、他のひとつは職員の事務遂行能力の面の指摘である。

個々の基礎的自治体としては、この財務力の面を強化し、年々厳しさを増す歳入状況の変化に対応できる自治体経営を行おうという意図、他方、低成長を続ける我国の経済状況のなかで、積み上げられた膨大な国・地方の負債の増加を減速させるためにも、財政支出を抑制する必要に迫られた中央政府が、地方への経費を合理的に縮減させる意図も含みつつ、強制という形は採れないなかで、地方の自主判断という合併推進策を進めて来たといえる。ここに住民の意志は反映されたのであろうか。当然のことながら、合併は「合併特例法」等にもとづく一連の手続きにより進められるのであり、住民の意思の結果としてあるとされる。しかし、同法による合併協議会の手続きが順調に進んだにもかかわらず最終の住民投票の段階において覆ってしまうケースが多々あることからすると、そのように言えるのか疑問であり、そのなかで自ら地域を創る住民の視点がどれほど議論され、反映されたのであろうか。積年の課題の再燃、新市町名をめぐる意見の相違、ひいては新庁舎の位置やそれへの距離の問題など合併に対する不満の声を上げたらきりがない。しかしこれらは、先に述べた視点からは遠い所にある問題のように思える。

地域住民が、国内の厳しい経済情勢、安全までもが脅かされるなど悪化する社会環境のなかで、地域の種々の人のつながりの力を通し、また行政の財政的補助などその庇護を脱して、これを乗り越えようとする動きが、NPOなどにより各地、各所で起こっている。合併は、これらの動きと連動し、この延長線上に新しい形の行政体像が構築されるべく、住民側からの最大の機会といえる。それにもかかわらず、生き長らえるための財政力の立直し、強化、補強が第一義となり、どう生きて行くのかの広義のプランを創造して行く部分が相対的に弱かったのではないか。その結果として、初期の合併では、新たな庁舎の建設なども見られた。新たに目指されるべきは、住民の活力を引き出すことにより、旧地区を新たな街へと生き生きと結合させ、安全、安心に裏付けられた真に豊かな地域、基礎的自治体への再構築・リニューアルであった。

住民から徴する使用料等はどちらに合わせる？　職員の給与はどちらに合わせる？　法定のことは言え、地方議会の議員が議場に収まらないほど異常に膨張する事態も現れている。

もちろん合併によるメリットも多々ある。前述したとおり、行政組織的に、スリム化が図られ易くなり、電子自治体等の動きも加勢して総務、企画といった内部管理部門を合理的に編成できる。またこれにより職員の専門分化化が可能になり、より緻密な住民サービスが図られる余地がでる。さらに合併の勢いによる公共施設の乱立を招かなければ、元の自治体から見れば、広域行政を行うのと同じになり、住民の側からは多様な施設の利用が可能になるなどである。

しかし現行の地方自治の基本法である、地方自治法にもとづく広域行政あるいは公の施設の共同利用等においてもこの点の対応は可能であったはずである。現に合併反対派、慎重派から、地域に大きな軋轢が生じ易い合併という手法よりも、現行法にある広域行政の制度、共同処理の制度の手法を執って、合理的な負担のなかでこれらの課題を解決すべきではないかとの声が多く出たことも事実である。だが現実的には、これらの制度は必ずしも活用されているとは言えず、それほど広くない地域において、同様の施設いわゆる箱モノが建ち並ぶことになった。

高度成長期、自治体とその首長は、その行政成果をこぞってこの箱モノの物理的な態様で表し、推し量らせようとした。一自治体にはそぐわないデラックスなものも数多くあった。過疎地域のデラックスな雪除け施設、道路、橋梁といったインフラ整備とそれを誘導した強い政治家の件がマスコミを通じて話題になるが、これらとはニュアンスを異にするいわゆる箱モノは、インフラの緊急度を考えると、さらに浪費度は高いと言える。もちろん、それはそれで地域の住民に種々の文化、情報をもたらしてくれたり、他に誇れるような独創性等を持つことにより、地域の誇りや連帯につながるということもあるであろう。

しかし、これらの建設には補助金が使われていることはもちろん、その時の財源では賄えない部分を後世にも恩恵が及ぶとして地方債という借金が充てられ、二〇年、三〇年と債務の返済をしなければならないのだ。これがどれほど重荷になっていることか。

そしてさらに重要な点は、この二〇年なり三〇年の債務の終わる頃、否、その前にこれら箱モノの修繕の連続に悩まされることになるのだ。新しい施設を立ち上げることは華やかであり、なにかと話題に上る。しかし数年後から始まるであろう小規模な修繕、そしてやがて訪れる大規模修繕の問題。一つの施設が終わると翌年にはまた次の施設と無間地獄のように負担の連続が自治体の財政を襲うのである。このことは、今でこそ当たり前になっているが、評価になりやすいイニシャルコストにのみ眼を奪われて、その後のランニングコストの考え方、償却の考え方の欠如によるものと言える。

高度成長期の終焉とともに、この華々しい箱モノの建設を売りにするハード中心の行政は、後退を余儀なくされた。住民の種々の満足度もハードの数や豪華さだけでは満たされない領域がいくつも生まれて来た。これからは「ソフトの時代だ」とまで言われた。

このような変遷を踏まえて今一度、合併の問題を整理してみたい。

国と地方の膨大な債務残高と、このことが金融秩序を撹乱することを回避し、またその時の破壊的な衝撃を幾分なりとも緩和するため、先に述べた国と地方の財政関係、地方財政計画を通じて、地方の歳入・歳出が厳しく見直されている。そのことにより地方交付税、国の補助金は、今までのようには地方、とりわけ町村の財源を補填するものではなくなりつつある。

自らの税収等で運営することが困難となる、自主財源が少ない自治体では、財政力強化のため、先に挙げたような効果を求めて合併への道を進まざるを得ないかの岐路に立たされ続ける。このような場合にあって、法定手続きを進めるための合併協議会に加えて、地域住民による市民委員会的なものを編成し、当該地域にあるべき基礎的自治体として、どのような制度を備えて行くかが検討されなければならない。

再編された新たな自治体として、いわゆる自治基本条例的なものが検討され、そこには団体自治的確認に加え住民投票などの住民自治的な要素をもつ制度と共に、行政の透明性、説明責任を明らかにし、住民の監視を実のあるものにするのに不可欠な広義の情報公開制度、外部監査制度等が改めて視野に入れられるべきであろう。

つぎにこの条例を母なる条例として、従前の条例の再構築が必要となろう。この作業と並行して、言い尽くされた感はあるが、まちづくりのための条例が整備されるべきと考える。これについては、先の自治基本条例にこの要素を含める考え方もあるが、都市計画法との関連を含め、技術的要素があるので、別のものとするのが好ましいであろう。

このことにより、総合計画、都市マスタープランとの調整をはかりながら、それらを実現する強力な手段ともなる。もしこのような一連の制度が整備されていない場合、住民と開発事業者との紛争等の調整により多くの時間と労力を費やさなければならないとともに、何よりも、建築物の高さなどを要素とする、街の景観、公園等の公共施設の確保が困難となり、街は面的に崩れて行く恐れがある。合併という一つの画期は、これらを整備する、まさに適時と言える。

合併すると役所が遠くなって、きめ細かいサービスが受けられなくなる。身近だった行政が遠くなってしまう気がする。これらの意見も、合併に反対する一つの大きな流れである。さらに、馴れ親しんだ市名・町名がなくなる。相手方の市・町にばかり公共施設があるなどが反対の声として寄せられるが、先に見た、住民の目線から新たな街をそして自治体を再構成するという視点から見ると、いずれも技術的、現実的対応が可能なものが少なくない。地方自治法における地域自治区、合併特例法における合併特例区のような合併前の旧の地域、集落を一つの大切な纏《まとま》りと見て対応する制度が考慮されたものもあり、新市・町の行政の窓口も人員や情報機器の合理的配置、民間への委託を上手く組み合わせることで、問題を解決あるいは緩和させることができることも多いと考える。

平成の大合併前三二〇〇を超す自治体の種々の行政の取組み事例は、これらの模索の光明となる。住民にとって合併とは、まさにこの作業の連続である。地域で合併の話が持ち上がった時はもちろんのこと、これらの事は、常日頃からの行政への参加と監視を通して、提起をし続けなければならないことである。この参加と監視を行っていくなかで、情報の公開、各種施策決定のプロセスへの参加、現行地方自治法上の直接請求制度、住民監査請求制度そして近年より一層整備された住民訴訟等諸制度を適切に駆使することにより、多面的に情報が明らかになるとともに、住民の目線から行政の適切な執行を確保することが可能になる。これらを通し、自らの団体が合併するべき状態なのか否か、そして合併後は従前の問題点を克服すべく、先にあげた、それができる制度を構築し、その適切な運用に参加あるいは監視を行うことにより、初めて、本当の地域とその住民のための基礎的自治体の再編成としての合併となると考える。

エピローグ　新しい地域像と自治体

去る平成一七年一一月三〇日、国と地方の税財政改革いわゆる三位一体の改革に関する政府・与党の協議会が開かれ、〇六年度の予算編成を通して地方交付税を見直すとともに、六五四〇億円の補助金を削減することが合意された。税源移譲に結び付く国庫補助負担金改革の金額は〇三年から〇六年で三兆一一七〇億円程度に、これに対応する地方への税源移譲額は、〇五年合意分の六一〇〇億円を加え〇四年から〇六年で三兆九〇億円程度となり、〇六年度税制改正において国税である所得税から地方税である個人住民税へ恒久措置として行うこととなった。

これにより「第一期」の三位一体の改革は、ひとまず決着となる。九五年の地方分権推進法成立から一〇年で、今の地点に到達した。この到達点についての評価はいかなるものであろか。基礎的自治体に身を置く者の視点からすると、まず三兆円を超える金額の税源が基幹税で移譲されることは、やはり画期的と言わざるを得ない。つぎに、地方がまとめた三兆二二八四億円の補助金削減額に対し、その回答額は一兆二三六〇億円で三八%の達成率とされる。しかしその中において、その財源が建設国債であることを理由に、税源移譲が困難とされていた中、公立学校施設整備、地域介護・福祉空間整備などの整備費について、その五割が移譲されることになったことは、今後の分権推進の一つの大きな足がかりといえる。

補助負担金の改革に対する地方案は、その実現率という視点からは一二・一%と厳しいものであったが、義務教育改革あるいは生活保護を含む社会保障制度改革をめぐる、国と地方の役割を整理する方向での制度本来の議論が十分なされないままで、廃止の結論にいたらなかったことは、将来の根本的解決にとってはむしろ幸いだったと言えるのではないか。

三二〇〇余りあった市町村は平成一八年三月には一八二一となり、平成の大合併による基礎的自治体としての市町村の形が見え始めて来たなか、これらを束ねていた広域的自治体としての、都道府県の再編をめぐる種々の構想が提案されて来ている。

国と地方の関係の考え方を垂直分業とでも言うべきものから、対等・協力の水平分業へと膨大なエネルギーで変革しようとしている一方、その地方の都道府県と市町村は広域的と基礎的と言われているが、そこには垂直分業の関係は否めないものがあるであろう。行政の区域が重なり、所掌する事務が錯綜するため種々の問題の対応に微妙なズレが生じ、それが後々拡大するような事例もある。それらを実感しながら、引き続き二層制構造を踏襲するような道州制であったなら、課題を解決するどころか、再び山積させる恐れがあるのではないか。

限られた条件のなかで見てきたように、地方分権という言葉、意識により、いくつもの問題点が浮かび上がって来ている。

従来は問題とされなかった行政の執行方法、仕事の仕方が、住民の関心の行政への傾斜、さらに参加による実践的な問題解決への志向と職員の業務遂行の習熟、方法の蓄積、評価制度の導入などにより、反省的に見直され高次化している。

ここにおいての課題は、日々、生起する問題を国、広域的自治体としての都道府県、基礎的自治体としての市町村のいずれかが、どのような形でかかわり、この問題に対応することが住民として満足度が高いものとなるかの視点からの整理であり、さらには、将来に向かっては、国家的見地から制度そのものを考える「国」とそれを直接に実施し、その制度の問題点をフイードバックさせる実施主体としての「基礎的自治体」という形での整理の考え方が、国民・住民が直面する問題に最もリアルに対応できるものではないかと考える。

少子化社会は本当に危機なのか

田中史郎

このところ、人口問題、なかんずく少子化問題にかんする議論が話題をよんでいる。その多くは、現在の日本は少子化社会であり、また、近未来ではそれがさらにエスカレートし最悪のシナリオでは日本人は絶滅するといったものである。やや茶化していえば、日本人は「絶滅危惧品種」だというわけだ。いうまでもなくその最大にして唯一の根拠は、毎年発表される「合計特殊出生率」がきわめて低いという点につきる。政官界でも認識に温度差はあるものの、この点はほぼ一致しており、矢継ぎ早に少子化対策が打ち出されている。

一　戦後の人口論と問題の所在

（1）戦後の人口論

ところで、人口問題は労働力問題と絡めて議論されることが多いが、こうしたことに関心が高まったのは、古くは敗戦直後からであろう。長期にわたる戦争による全産業の疲弊と復員や引き揚げによる人口増に対して大量失業はもとより、食糧不足さえ危ぶまれた[1]。だが、こうした事態は、当時まだ色濃く残る農村の共同体的経済によってかろうじて破綻を免れたといえよう。農村の人口吸収力は思いの外に強力であったといえる。

朝鮮戦争の特需で一息つきその後の高度経済成長によって、こうした問題は忘れ去られ、反対に労働力不足が問題視された。一九六五（昭和四〇）年不況はその最大の要因が労働力不足にあったといわれている。こうした状況は高度経済成長が終焉する一九七〇年代中葉まで続いた。

いわゆるニクソンショックとそれに続く二度のオイルショックによって、高度経済成長は過去のものとなり、減量経営の疾風のもと一時は失業問題が俎上に上った。しかし、その後の中程度の成長率、諸外国に比較してむしろ相対的に高い成長率によってこうした点は焦眉の経済問題とはならなかった。この頃に大幅な貿易黒字を記録し、「強すぎる日本」として諸外国から避難される状況だった。

そして、一九八五年の猛烈な円高とそれによる不況（円高不況）で失業問題が深刻に受け止められた。だが、その直後から始まったバブル景気によって、逆の意味で労働力問題が議論の対象とされた。そのさいに問題にされたのは、失業問題ではなく、高齢化と少子化である。一方で日本の平均寿命が世界一になり高齢化社会が、他方で八九年には「一・五七ショック」(2)という表現で少子化が話題になったのである。当時は、とりわけ前者の問題が大きく採り上げられた。世界一の長寿国、すなわち高齢化社会によって生ずる年金、医療など社会保障の財源問題や高齢者を介護する人手不足の問題が主な議論の対象となったのである。外国人労働者の受け入れはもとより、果てはアジアから看護婦を大量に導入しなければ老人のケアが儘ならないとさえいわれた。バブル景気を背景にこうした議論が続出したのであった。

(2) 少子高齢化論と本稿の構成

いわゆる少子化問題に関しては先の「一・五七ショック」が契機となったとはいえ、そのための様々な対策が打ち出されるのはバブル崩壊による大不況になってからである。一九九四年に「エンゼルプラン」が発表されたのを皮切りに、以下、九九年には「新エンゼルプラン」、〇二年には「少子化対策プラン」、〇三年には「少子化対策基本法」や「次世代育成対策推進法」、そして〇四年には「少子化社会対策大綱」および「子ども・子育て対応プラン」といった実に多くの施策が発表されている。これらが実効性を持っているか否かは、これからの推移を見守るしかないが、その間にも合計特殊出生率は下がり続け、〇三、〇四年では、連続してそれは「一・二九」になっている。そして、日本の総人口も、二〇〇四年をピークとして減少をし始め、二二世紀初頭の人口は現在の半分かそれ以下という予測も出されている。

こうした様々な数字を前にして、政界においては与野党を問わず、そしてマスコミの主流でも少子化を日本の有史以来の危機と捉えているかのようである。先の様々な少子化対策プランとその報道のされ方がそれを示している。だが、少子化や人口減少を必ずしも危機とは考えず、むしろそれを歓迎する諸説もなくはない。しかし、それは少数派であろう。[3] ともあれ、何が何でも「少子化を阻止せよ」という議論と、反対に「少子化を歓迎する」ないし「少子化を容認せよ」という議論に分かれるわけである。

ところで、このような人口減少や合計特殊出生率そのものを疑問とする説も考えられる。多くの議論は、政府の発表する数値を鵜呑みにして、それを前提として議論を開始しているといってよいが、たとえば、「合計特殊出生率一・二九」という値それ自身を疑う必要はないだろうか。

本稿は、そうした根底的な問題に取り組んでみようとするものである。少なくとも過剰な少子化論に冷静な立場から批判を加えたい。われわれは、高齢化社会論が華やかしきころそれを批判的に把握すべきことを展開した二編の論考を発表したことがある。[4] いうまでもなく少子化問題は高齢化問題と繋がった一体の問題であり、少子高齢化問題ないし少子高齢化論として議論されている。それゆえ、まず、われわれの高齢化社会論批判を振り返り、それを踏まえて件の問題に迫りたい。

二　高齢化社会論とその批判

(1) 通説的な高齢化社会論と伊東光晴による批判

まず、通説的な高齢化社会論、あるいは高齢化社会問題とは何かを確認しておこう。それは、六五歳以上の人口を高齢者人口と定義することから始まる。そして、この部分の全人口に占める割合、すなわち高齢化率が近年に急拡大しているという事実を指摘し、こうしたことから様々な問題が発生するというわけである。たしかに高齢化率は、一九八〇年代中頃までは一〇%以下だったが、漸次上昇し近年では二〇%近くになっている。

そして、こうした統計値から、高齢者のケアを誰がするのか、あるいはその財源をどうするのかといった一連の問題が深刻に受け止められた。経済的な問題に限定していえば、増大する高齢者を支える財政運営が今後困難になるといわれているのである。以上が「通説的な高齢化社会論」であり、またその核心といえよう。

ところで、こうした通説的な高齢化社会論を批判した嚆矢として伊東光晴の説があげられる。(5)伊東の主張は、いわゆる高齢化率の上昇は必ずしも危機ではないというものである。

というのも、なにゆえ六五歳以上の人口の相対的な増加が問題視されるのかといえば、その層が「従属年齢人口」だということにつきるからだ。しかし、従属年齢人口はこの年齢層ばかりではない。高齢者を六五歳以上とするという定義は、一五歳未満を年少者とすることと対応している。人口を一五歳と六五歳との分割軸で三分割するのだが、その意味は、一五歳未満の年少者と六五歳以上の高齢者をともに「従属年齢人口」として把握し、その中間である一五歳から六五歳未満の層を「生産年齢人口」とするところにある。すなわち、「生産年齢人口」が経済的な富を生産し、それによって「従属年齢人口」が養われているという想定に他ならない。

このように、人口を年齢で三区分し、年少者と高齢者とを従属年齢人口、そしてその中間の層を生産年齢人口とした場合、問題になるのは従属年齢人口と生産年齢人口の比率に他ならない。そうした観点からすると、確かに近年は、六五歳以上の人口は増加しているが、同時に一五歳未満の人口も減少しているのであって、両者を合計した従属年齢人口の割合は増加していない。むしろ、それは減少し、生産年齢人口の割合が増加しているのである。戦前の生産年齢人口の割合は六割に達しておらず、戦後の推移をみても、それは一九五〇年代では六〇%台の前半であったが、その後は徐々に増加し七〇年代以降では六〇%台の後半の値で安定している。

すなわち、問題とすべきは非生産年齢人口と生産年齢人口との割合であり、高齢者人口の増大だけではなく年少者人口の減少をも考察の対象にすべきであって、生産年齢人口の構成が減少しないかぎりは問題は無いというのが伊東の主張する高齢化社会論批判に他ならない。伊東は「高齢化社会の重みというのは、実は世代間の再分配問題で、絶対的な重みの増加ではないのです。」(伊東[一九八五]、一一頁)と述べている。

このような議論によれば、少なくとも経済的には、いわゆる高齢化社会問題というものは、さほど大きな問題(「絶対的な重み」)ではないということになる。通説に対するこの批判は、先の通説よりもはるかに説得力があるといえるのである。

とはいえ、このような伊東による通説批判にも疑問は残る。というのも、この議論では、生産年齢人口と従属年齢人口という視点から年少者の問題も視野に入れているとはいえ、先の通説と同様に、年少者と高齢者の年齢基準を固定して把握しているからに他ならない。時系列的に社会的考察を行おうとする場合には、何らかの社会的な要因を基準として分析をすべきではないかと思われる。一方で高等教育の就学率が飛躍的に高まり、他方で平均寿命も著しく伸びていることを何らかの形で加味する必要があろう。

(2) 伊東光晴説を超えて

そこでわれわれは、根底的な高齢化社会論批判のために、二つの試算を行ってみた。

その第一は、いわば「ゴム紐の論理」とでも呼ぶに相応しいものである。すなわち、平均寿命の伸張によって、第一期（年少者）・第二期（生産年齢）・第三期（高齢者）人口の年齢基準を、あたかもゴム紐を引っ張るように変更するという考え方に他ならない。平均寿命が伸びたのだから、それに応じてそれぞれの年齢区分も変わって当然であると考えるわけだ。もちろん、こうした操作は、必ずしも社会的な要素を加味したとはいえないが、平均寿命の伸びは、経済成長と密接な相関関係があり、その意味で社会的なものの反映と考えられる。こうした操作は先の固定的な年齢区分よりも社会的な考察には相応しいといえよう。

そこで、平均寿命の伸びにしたがって、第一期・第二期・第三期人口を区分する年齢基準をこの「ゴム紐の論理」により変更し試算してみた。(6) それによれば、第一期人口の上限年齢は、一九五〇年代の一六歳から九〇年代では二〇歳に上昇し、同様に第三期人口の下限年齢は、同時期で六六歳から八〇歳に上昇する。そして、同時期で各期の人口割合は、第一期年齢層が三七%から二四%に減少、第二期年齢層は五八%から七三%に上昇、したがって第三期年齢層は五%から三%に減少するという結果になる。

第一期・第二期・第三期人口の年齢区分に関して、第一期人口の上限年齢は、後にみるように、そしてわれわれの生活実感からして、ほぼ妥当と思われるが、第三期人口の下限年齢は、近年に近付くほど高くなり過ぎている感も無いわけではない。それだけ平均寿命の伸びが近年に著しいということの反映に他ならないが、しかし、平均寿命の意味をも考慮に入れなければなるまい。周知のように、平均寿命というのは、〇歳児の平均余命に他ならないが、これは、主に乳児などの年少者の死亡率に大きく左右されるので、この死亡率が大幅に減少した近年においては、(7) 平均寿命は高くなりやすい傾向にあるからだ。

だが、ともあれ、このような試算では、先にみたように、第一期人口の比重はかなり小さくなり、また、第三期人口のそれもやや減少している。したがって、第二期である生産年齢人口の割合は著しく増加したことになる。この結果が示すイメージは、高齢化社会とはあまりに隔たったものであろう。

とはいえ、右のような統計処理はやや機械的という感を免れない。いうまでもなく、これは「ゴム紐の論理」によって平均寿命の伸びを単純に加味したに留まるからである。

それゆえ、再度これに社会分析に相応する要素を加味しなければならない。まず、第一期人口の上限の年齢であるが、これを「まだ職についていない年齢の限界」として捉え、さらに、第三期人口の下限の年齢も、「まだ十分に就労可能な年齢の限界」として捉えてみたい。こうした基準によってそれぞれの人口構成を再度修正してみようというわけである。これを「修正されたゴム紐の論理」と呼ぼう。

すなわち、まず、第一期人口の上限の年齢基準は、高校・専門（各種）学校・短大・大学への進学率を基に推計してみた[8]。つまり、たとえば、「同世代人口の五〇％が四年制の大学に進学したならば、同世代人口の全てが二年間修学したことになる」というように、高校・専門（各種）学校・短大・大学への進学率によって再計算したわけである。こうした試算は驚くべき結果をもたらした。第一期人口の上限の年齢は、先にゴム紐の論理によって計算したものとほぼ一致しているのである。この点は、高校や大学などの高等教育問題を考えるうえできわめて重要な問題を投げかけていると思われるが、ここでは立ち入らないことにする[9]。

そして、第三期人口の下限の年齢基準は、平均余命がほぼ一五年になる年齢として試算してみた[10]。すでに述べたように、〇歳の平均余命である平均寿命には乳児死亡率などの若年期の問題が大きく左右するので、高年齢層を捉える場合には適当ではない。そこで、平均余命から逆算したわけである。平均余命が一五年になる年齢というのは、平均的にいえば、ほぼ一五年の余生があるということである。ちなみに、一九五〇年代では、六五歳の平均余命は、男性が約一〇年、女性が約一二年だったのである。こうすることによって、本来の高齢者という意味も明確になるであろう。

こうして導かれたものが「修正されたゴム紐の論理」である。前者、第一期人口の上限年齢に関しては完全に社会的な要素を基準にした値といえ、また、後者、第三期人口の下限年齢も退職後一五年は余生を送るという想定になり、「修正されたゴム紐の論理」は、かなり社会分析に適合したものといえよう。

このような方法によって求めた人口の三区分とその構成は次のようになる。第一期人口の上限年齢は、一九五〇年代の一七歳から九〇年代では二〇歳に上昇し、同様に第三期人口の下限年齢は、六〇歳から七〇歳に上昇する。そして、同時期で各期の人口割合は、第一期年齢層が三九%から二四%に減少、第二期年齢層は五三%から六六%に上昇、したがって第三期年齢層は八%から一〇%に増加するという結果になる。

第一期年齢層は、就学前の幼児か、現に学校で学んでいる者であり、第三期年齢層は、平均的には一五年間の余生を送っている文字どおり高齢者ということになる。そして、そのあいだの第二期年齢層は、まさに就業し何らかの意味で経済的価値を生産している者ということになる。このような「修正されたゴム紐の論理」により統計処理を行っても、いわれているような高齢化社会とはかなり違った人口構成であることが明らかであろう。

以上がわれわれの高齢化論批判の核心に他ならないが、この要点は以下のようである。高齢化社会や少子化社会が問題視されているが、それはあくまでも人口構成における生産年齢人口と従属年齢人口との割合の問題であって、それが大きく変化しなければ、経済原則的には何ら問題ではないということ、これに他ならない。(11)社会保障などの種々の制度をそれに合わせて修正すれば対応可能なのである。そこで、昨今の少子化社会に関しても、基本的にはこのような考え方で処理できるものと考えられる。

とはいえ、報道されている合計特殊出生率や日本人の人口減少をどう考えるべきか、という疑問も生じよう。そこで、この点に関して以下に検討しよう。

三　少子化社会論とその批判

(1) 発表されている「合計特殊出生率」の推移

最新の『少子化社会白書』(〇五年版)によれば、合計特出生率は、第一次ベビーブームの一九五〇年前夜においては四以上であったが、その後減少しつつも、五〇年代中葉から七〇年代中葉までは、六六年の「ひのえうま」を例外として、二以上を保ってきた。しかし、それ以降は漸次下落し続け、〇三年、〇四年では一・二九になっている。

前節でみたように、これまでは出生率が減少しても、それは人口構成の変化ではあったものの社会的には問題はなかったが、ここまで出生率が下落しては、そしてそれが長期化したら日本の総人口そのものが大きく減少するのではないかという危機感があろう。

実際、『少子化社会白書』(〇四年版)では、出生率の将来について中位、高位、低位の三つのケースが推計されている。中位推計とは最も妥当だと判断される値であり、その合計特殊出生率は一・三九（二〇五〇年）とされているが、〇三年、〇四年の合計特殊出生率は一・二九になっているのであって、むしろ低位推計に近いのではないかといわれたりしている。ちなみに、低位推計では合計特殊出生率は一・一〇（二〇五〇年）とされており、この値だとすると、総人口は二一〇〇年で四六〇〇万人、三〇〇〇年ではほぼ〇人になるというものである。

ここまで人口が減少するといわれれば、誰しも危機感を感じるかも知れない。最近は「合計特殊出生率一・二九」という数字が一人歩きしているような感さえする。しかし、このあまりに低位の合計特殊出生率の値は正しいのだろうか。ここに根本的な疑問を感ずる。というのも以下のような統計が存在するからである。

（2）平均出生児数と生涯未婚率からみる出生率

『少子化社会白書』（〇四年版）に、既婚女性（妻）の出生コーホート（集団）別の平均出生児数の統計が掲載されている。これは出産可能とされる四五～五〇歳における出生児数を示したものである（図表1）。

この統計では出生コーホートが必ずしも連続していないが、まず、出生児数割合の推移をみてみよう。妻の出生コーホートが「一九一一～一九一五」年以前の世代においては、一方で、全く子どもがいない妻も平均して一割近く存在しており、その後の世代よりも割合が高いといえるものの、妻の六割から七割は四人以上の子どもを産んでいたといえる。それに対して、「一九二一～一九二五」年の世代では、最も多い出生児数割合は三人であり、次いで四人である。そして、

［図表１］　出生コーホート別妻の出生児数割合と平均出生児数

出生コーホート	調査年次	調査時年齢	出生児数割合(%)					平均出生児数(人)
			無子	1人	2人	3人	4人以上	
1890年以前	1950	60歳以上	11.8	6.8	6.6	8.0	66.8	4.96
1891 〜1895	1950	55〜59	10.1	7.3	6.8	7.6	68.1	5.07
1896 〜1900	1950	50〜54	9.4	7.6	6.9	8.3	67.9	5.03
1901 〜1905	1950	45〜49	8.6	7.5	7.4	9.0	67.4	4.99
1911 〜1915	1960	45〜49	7.1	7.9	9.4	13.8	61.8	4.18
1921 〜1925	1970	45〜49	6.9	9.2	24.5	29.7	29.6	2.77
1928 〜1932	1977	45〜49	3.6	11.0	47.0	29.0	9.4	2.33
1933 〜1937	1982	45〜49	3.6	10.8	54.2	25.7	5.7	2.21
1938 〜1942	1987	45〜49	3.6	10.3	55.0	25.5	5.5	2.22
1943 〜1947	1992	45〜49	3.8	8.9	57.0	23.9	5.0	2.18
1948 〜1952	1997	45〜49	3.2	12.1	55.5	24.0	3.5	2.13
1953 〜1957	2002	45〜50	4.1	9.1	52.9	28.4	4.0	2.20

(注)網掛けの部分は出生児割合の最も高いところ
(資料)『少子化社会白書』(2004年版)より一部修正

「一九二八〜一九三二」年以降の世代では、出生児数割合は二人がもっとも多い。このように出生児数割合からみると、子どもの数は、戦前では四〜五人が大勢を占め、三人を経て、その後では二人が主流ということであろう。

ところで、ここで平均出生児数に注目したい。平均出生児数の推移をみると、それは、かつて四人以上であったが、その後減少したとはいえ、戦後は一貫して二人以上を保っているといえる。統計上の最後の「一九五三〜一九五七」年の世代の実際の出産時期は一九八〇年代と推測されることから、すくなくともそれまでは平均して二人以上の出生児数であったのである。このことを念頭に置いて、次のグラフを吟味してみよう（図表２）。

ここでは、生涯未婚率と平均初婚年齢が示されている。まず、後者の平均初婚年齢をみてみよう。初婚の夫と妻の年齢差はほぼ一貫して二〜三歳であり、初婚年齢は大まかにみて男女とも高年齢傾向にある。妻の初婚年齢は、戦前では二一歳くらいであったが、直近の二〇〇〇年の値では二八歳を超えている。戦後だけをとっても、一九五〇年と比較する

［図表2］生涯未婚率および平均初婚年齢

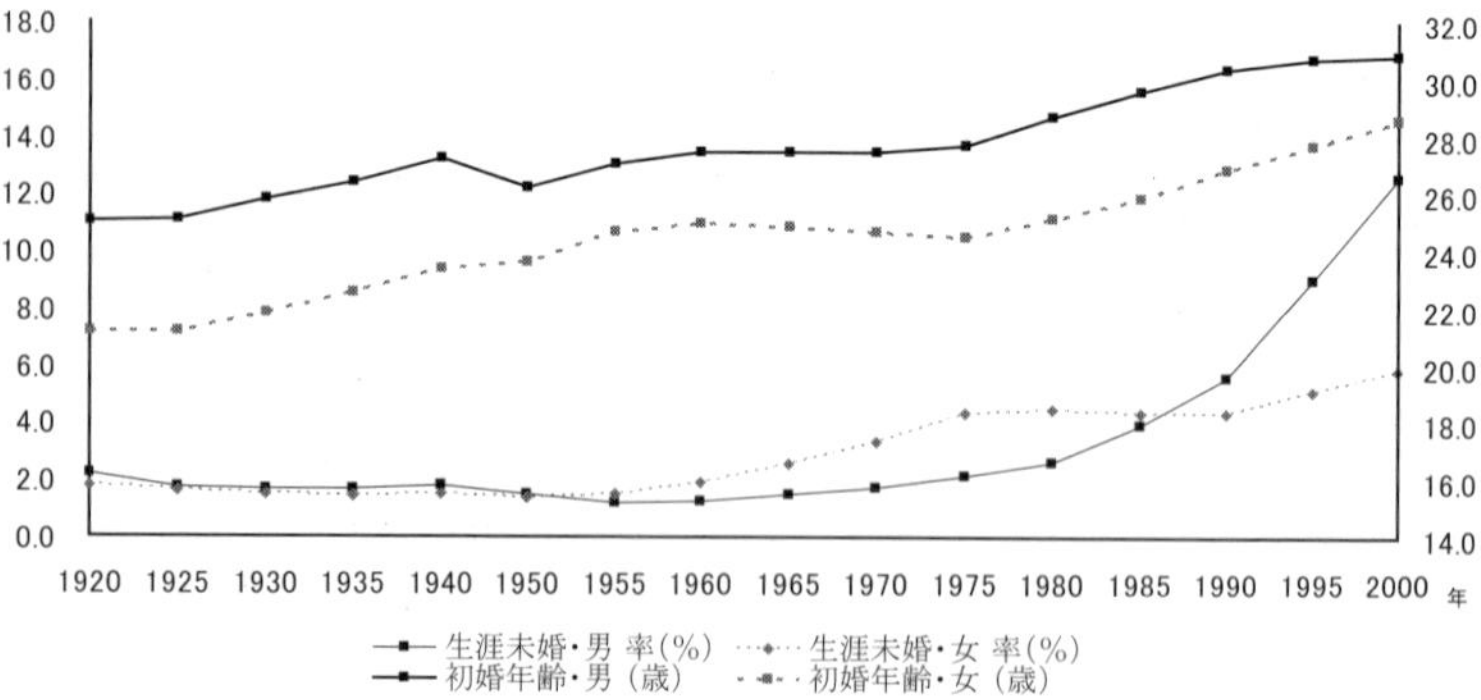

（注）生涯未婚率とは，45〜49歳と50〜54歳未婚率の平均値であり，50歳時の未婚率を示す。
（資料）「一般統計−−人口統計資料集−−」(2005年版) 国立社会保障・人口問題研究所、より作成

と、妻の初婚年齢は五歳ほど高くなっているのである。周知のように晩婚化傾向が顕著であるといえる。とはいえ、こうした現象は、これまでのわれわれの分析から推察すれば至極当然である。すでに前節でみたように、平均寿命が格段に伸張したのであって、いわゆる「ゴム紐の論理」と「修正されたゴム紐の論理」からこうした事態は容易に説明がつけられる。

さて、次いで生涯未婚率の推移である。ここでいう生涯未婚率とは、四五〜四九歳と五〇〜五四歳未婚率の平均値であり、五〇歳時の未婚率を示す。これは出産可能年齢に基づいているといえる。女性の生涯未婚率は、戦後徐々に上昇していることは周知のことだが[12]、もっとも、その値が高い二〇〇〇年でも五・八二％である。逆にいえば、九四・一八％の女性は五〇歳までに結婚をしているといえる（図表2）。

そこで問題になるのは、先の合計特殊出生率との関係である。合計特殊出生率は、一九七六年に二・〇〇を割り、以降は低下し続け直近では一・二九になった

ことを再確認しておこう。そして、これまでみてきたように、九四・一八%の女性は五〇歳までに結婚しており、結婚した女性は平均して、二・二〇人を出産していた[13]。そうだとすると、生涯未婚者も含め平均して一人の女性が出産する人数は、二・二〇×〇・九四一八≒二・〇七二〇となる。平均して一人の女性が生涯にわたり出産する人数とは合計特殊出生率に他ならないが、もし仮に、この約「二・〇七」という値が真実であれば、いわれている少子化社会なるものはその根拠を失うことはいうまでもない。

それにしても、これら二つの値はあまりにも乖離してはいないだろうか。いずれも政府の発表する数値であるにもかかわらず、である。平均出生児数と生涯未婚率から導出した合計特殊出生率と発表されている合計特殊出生率との大幅な乖離はなにゆえ起こるのだろうか。

(3) 二つの合計特殊出生率

じつは、このように二つの合計特殊出生率が乖離するのにはそれなりの理由が存在する。そして、このことは『少子化社会白書』(〇四年版)で以下のように述べられている[14]。一般にいわれている合計特殊出生率を「期間合計特殊出生率」といい、先にわれわれが算出したようなそれを「コーホート合計特殊出生率」というが、それらについて次のような記述がある。

「期間合計特殊出生率は、毎年変動する。丙午の年(一九六六年)のように、極めて特異な出生行動が行われると、前後の年とは異なる特別な数値になることがある。これに対して、コーホート合計特殊出生率は、安定した数値となるが、その世代が一定の年齢(五〇歳)にならない

［図表3］ 期間合計出生児数とコーホート合計出生児数

	0年	3年	6年	9年	12年	15年	18年	21年	24年	27年	30年	33年	36年	コーホート合計出生児数
A世代	**20**	**23**	26	29	32	35	38	41						2
B世代		**20**	**23**	26	29	32	35	38	41					2
C世代			**20**	**23**	26	29	32	35	38	41				2
D世代				20	**23**	**26**	29	32	35	38	41			2
E世代					20	23	**26**	29	**32**	35	38	41		2
F世代						20	23	**26**	29	**32**	35	38	41	2
G世代							20	23	**26**	29	**32**	35	38	2
H世代								20	23	**26**	29	**32**	35	2
期間合計出生児数	*	2	2	1	1	1	1	1	2	2	*	*	*	

（注）Aから順に出生が3年ずつ遅い出生コーホートを想定する。
ABC世代…20歳と23歳の時にそれぞれ1人を出産
D世代…23歳と26歳の時にそれぞれ1人を出産
EFGH世代…26歳と32歳の時にそれぞれ1人を出産

と確定しない。そこで、簡便な数値として、毎年算定が可能な…期間合計特殊出生率が、「合計特殊出生率」として一般に用いられている。／理論的には、各年齢の出生率が、世代（コーホート）に関係なく同じであれば、この二つの合計特殊出生率は同じ値になる。しかし、晩婚化や晩産化といった出生に関係する行動が変化している状況では、…各年齢の出生率が世代により異なるため、すべての世代の出生率を合計している期間合計特殊出生率は、コーホート合計特殊出生率の値から乖離することになる。」（『少子化社会白書』〇四年版、一一頁）と。

この点を分かりやすく図表を用いて補足しておこう（図表3）[15] 仮に、全ての世代で生涯にわたる出生児数は二人とする。これをいわば「横に」合計したのがコーホート合計出生児数であり、この場合には二人となる。そして、これを元にして算出したのがコーホート合計特殊出生率である。それに対して、ある年の女性の年齢別出生児数に着目して、いわば「縦に」合計したのが期間合計出生児数であり、これを元に算出するのが期間合計特殊出生

率である

いずれの世代であっても生涯にわたる出生児数に変わりはないが、しかし、出産年齢が遅くなったり、第一子と第二子との出産間隔が離れたりすると、統計上の値は変化する。みられるように、コーホート合計出生児数は変わらない（二人）ものの、期間合計出生児数は一定期間にわたり大きく低下する（一人）ことになる。すでにみたように、初婚年齢は戦後一貫して上昇しているという事実がある。こうした傾向が継続するかぎり、二つの合計特殊出生率は乖離し続けるのである。むろん、真の値はコーホート合計出生児数ないしコーホート合計特殊出生率で示される数値である。

では、実際のコーホート合計特殊出生率はどのような値になっているのか。その点について、「たとえば、二〇〇三（平成一五）年の合計特殊出生率は一・二九と過去最低となったが、これは、期間合計特殊出生率の値である。コーホート合計特殊出生率をみると、一・二九よりも高い数値が見られる。二〇〇三年における三五〜三九歳（一九六四［昭和三九］年〜一九六八［昭和四三］年生まれ）のそれまでの出生率の合計では約一・五五となっている。」（同上、一一頁）と記されている。

今後、三〇歳代後半および四〇歳代以降の出生児数によりこのコーホート合計特殊出生率の値は変化するが、それは一・五五に加算されるのであって、それを下回ることは決してない。この後、一〇年が経過しないと統計数値は不確定ではあるものの、（期間）合計特殊出生率が一・二九であるという数値が一人歩きして、必要以上に危機感を煽り、異常事態であるかのように騒ぎ立てる昨今状況は、それこそが異常事態であろう。[16] コーホート合計特殊出生率は、既婚女性の平均出生児数と生涯未婚率（正確には「一ー（マイナス）生涯未婚率」）とによって決定されるが[17]、前者はみられるようにほぼ安定しており、後者が著しく上昇しなければ、その値は安定していくものと思われる。

（4）人口転換と人口増減

これまで、二つの合計特殊出生率の定義やその値を検証することで、巷でいわれているような「合計特殊出生率一・二九」の数値は必ずしも真の値ではないことを示してきた。しかし、仮にそれが二・〇〇以上であってもかつての高い出生率より低ければ、人口は今後しばらくは減少し続ける。

これは「人口転換」といわれるものである。一般的にいって、文明化ないし近代化により、それまでの多産・多死の時代から少産・少死の時代に移っていくことが知られている。多産・多死であっても少産・少死であっても出生率と死亡率がほぼ等しければ、総人口は変化しないが、前者から後者への移行期においてはそれが変動する。多産・多死から少産・少死への移行期において、死亡率がまず減少し遅れて出生率が減少した場合、出生率と死亡率とに差があるあいだは総人口は増え続け（人口増加期）、それらがほぼ等しくなってしばらくは、たとえ出生率が一定でも、総人口は減少し続け（人口減少期）、その後に定常状態になる（図表4）。この「しばらく」というのは、出生率・死亡率がともに低位に安定したころに出生した世代が寿命を全うするまでのあいだである。

［図表４］　人口転換モデル

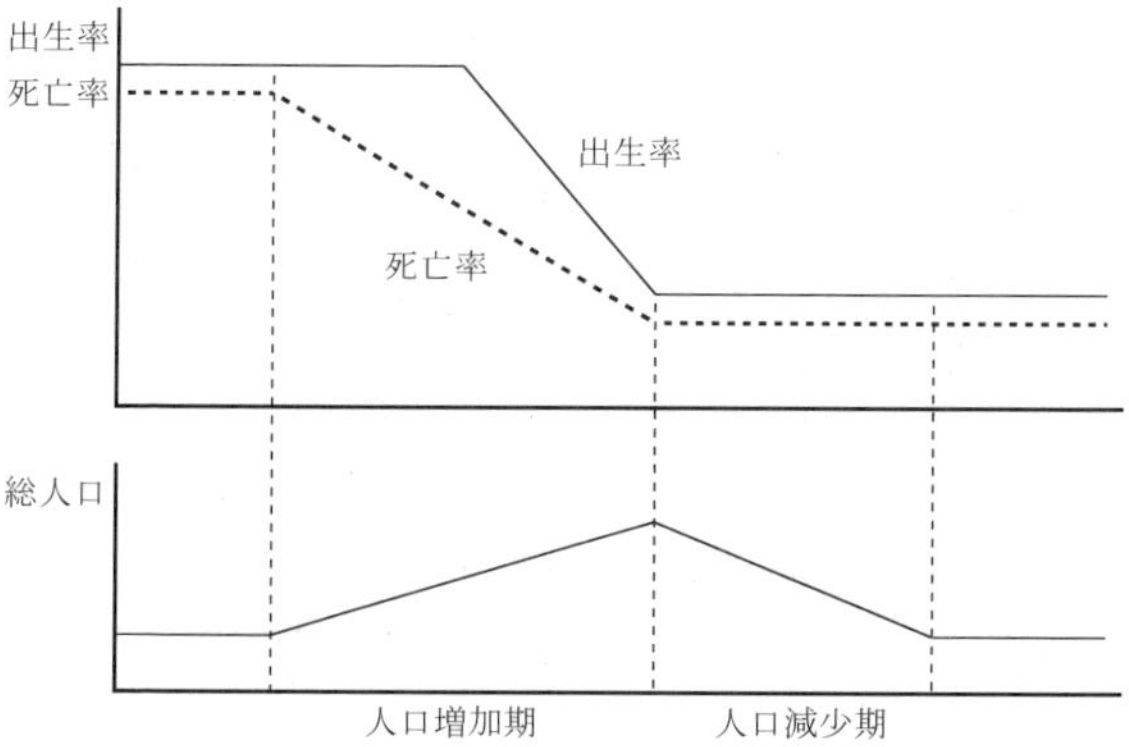

近代の日本は人口増加期にあったが、今日それが転換し、人口減少期に入ったといえよう。したがって、しばらくは総人口が減少することは当然であるが、その趨勢が未来永劫に続くわけではない。平均出生児数が二人台になってから生まれた最初の世代、つまり、一九五〇年代半ば以降に生まれた世代がこの世を去るころまでは人口減少は必然的であるが、その後は安定するものと思われる⑱。いわば増えすぎた人口が元に戻ろうとしているともいえるのである⑲。

しかし、ここで強調したいのは、前節で展開した老齢化社会論批判の論理を用いれば、生産年齢人口の構成比はさほど変化しないだろうということである。「ゴム紐の論理」あるいは「修正されたゴム紐の論理」は、経済原則を満たすうえで不可欠であるとともに、それによって経済原則は十分に満たされると考えられる。そして、そうであるならば、それに則して様々な制度を柔軟に設計すればよいということに他ならない。

四　むすびにかえて

かつて高齢化社会論批判で、通説的な高齢化論は、国民に危機感を煽ることによって格差のハッキリしてきた今日の状況において[20]、社会的不満を隠蔽する働きをしていると述べた。また、福祉の切捨てや増税の根拠ともされてきている、と。たとえば、一九八九年に消費税が導入されたときに高齢化論がまことしやかに喧伝され、幻に終わったとはいえ九四年六月に当時の細川首相により突如「国民福祉税」案が示されたときにも、その背後には高齢化社会云々という議論が見え隠れし、そして、九七年からの消費税の税率アップのさいもまた然りであると述べたのであった。

こうしたことは、昨今の少子化論をめぐる議論でも同様であると思われる。ここでは全く触れることはできないが、一方における自己責任・規制緩和といった新古典派イデオロギーと相まって、この一連の高齢化論・少子化論は年金や福祉などの社会保障の切捨ての布石として喧伝されているともいえよう。あるいはこれまでの政官の利益誘導の実体や政策的な失敗を隠蔽するための議論ともいえる。

ところで考えてみると、政府や体制派が危機を叫び、それに批判的な者がむしろ冷静に振る舞うことを提唱するのは、奇妙な感じもする。だが、それは経済原則と経済法則にかかわる問題でもあり、ここで明確にしておくべきことであろう。いわれている高齢化や少子化は、経済原則的にみれば何ら危機ではない。とはいえ、経済原則的には危機ではないが、経済法則的には危機であろう。この点を最後に付け加えておこう。

換言すれば、こうした高齢化や少子化は、資本主義にとって根深いところで、危機なのかも知れない。敗戦直後に国内の人口が急増し食糧危機をはじめとした根源的な問題が懸念されたが、それは結果からみれば大きな社会問題化せずに乗り越えられたことを述べた。そしてその際に、当時まだ色濃く残る農村の共同体的経済による人口吸収力の大きさを指摘した。

翻って今日の状況をみると、いうまでもなく農村の共同体的経済の多くは解体し、都市においては無論のこと、いわゆる農村にあっても商品経済化が極限的に膨張している。そうした状況にあっては、人口の僅かな伸縮であってもかなりの矛盾を露呈する構造にあるのではないか。商品経済化が極限的に膨張している現代の資本主義は、人口の包容力が極めて小さいものになっているといえる。その意味で、根源的なところで現代資本主義の危機なのかも知れないのである。そうした危機意識の現れか、「少子税」や「独身税[21]」の導入論までは至ってないが、子育て「フリーライダー」論はすでに聞こえつつある。

［注］

（1）日本の総人口は、一九四五年には七二〇〇万人であったが、一九五〇年には八四〇〇万人に増加した。率にして、一六％の増加である。むろんこの中にはベビーブームによる人口増もあるが、一五歳未満の人口が三三一万人増加したのに対して、一五歳から六四歳未満のそれが八三五万人増加したことは注目すべきことである。

(2) 戦後の出生率の特異点である、一九六六年「ひのえうま」の合計特殊出生率が一・五八であるが、八九年の合計特殊出生率はそれを下回った。これを「一・五七ショック」というわけである。

(3) 赤川[二〇〇四]、原田・鈴木[二〇〇五]、藤正・古川之[二〇〇五]などがその代表であろう。なお、川本[二〇〇一]は全体を鳥瞰するのに便利である。

(4) 田中[一九九八a]、田中[一九九八b]を参照されたい。

(5) 伊東[一九八五]を参照されたい。なお、本稿で示されている高齢化社会論批判のための数値は全てこの二論文からのものである。

(6) 平均寿命には男女差がかなりあるが、分かりやすくするために、男女の単純平均の値を用いた。

(7) 乳児死亡率は、一九五〇年代前半には四〇〜六〇‰内外だったが、その後は減少し、二〇〇〇年には三・二‰まで低下している。この値は、世界でもっとも低いものである。

(8) 進学率には男女差があるが、ここでは男女を平均した値を用いた。

(9) 平均寿命の伸張によって求めた第一期人口の基準年齢(ゴム紐の論理)と、高校・専門(各種)学校・短大・大学への実際の進学率から計算によって求めた年齢基準(修正されたゴム紐の論理)とがほぼ一致しているということは、平均寿命と高等教育の進学率とのあいだには何らかの相関関係があることを示唆している。進学という個別的・ミクロ的なものの総和があたかも平均寿命に規定されているかのようである。この点に関しては、田中[一九九八b]を参照されたい。

(10) 各年齢の平均余命にも男女差がかなりあるが、ここでも、男女を単純に平均した値をとった。

(11) 「経済原則」とは、宇野弘蔵の提起した概念であり、それは、人間と自然との物質代謝の円環をさす。それと資本主義を律する「経済法則」とは似て非なるものである。

(12) 一九五五年から八五年までは女性の未婚率の方が高い。初婚年齢は男性が女性よりも二〜三歳高齢であるので、出生児数が増大しつつある時期に生まれた男女では、女性の方の未婚率が高くなるのである。
(13) やや年次がずれるが最も新しい統計値という意味でこの値を用いた。
(14)『少子化社会白書』は二〇〇四年版が最初で、すでに二〇〇五年版も出されている。しかし、ここで問題とする「コーホート合計特殊出生率」については記述が削除されている。
(15) この図表の作成には、迫［二〇〇五］を参考にした。
(16)『少子化社会白書』の巻頭言に、「一・二九」が二年続けて強調されている。
(17) コーホート合計特殊出生率は、それ以外にも未婚出生率によっても左右されるが、それは今後増大するとしても、大きくは変化しないと思われるので、ここでは無視した。
(18) 人口が安定するというのは、長期的には合計特殊出生率が「人口の置換水準」に近くなるということである。人口の置換水準は死亡率によって変化するが、今日のそれを満たす合計特殊出生率は二・〇七だといわれている。なお、通常いわれているように、少子化社会という用語を用いてきたが、正確にはこの「人口の置換水準」を基準として、それを下回れば少子化、それを上回れば多子化ということであろう。いうまでもないことだが、数学的に超長期的にいえば、人口の置換水準を若干でも下回っていれば人口はゼロになり、反対にそれを若干でも上回っていれば人口は無限大に増加することになる。
(19) 人口転換の前後で、総人口が増減するか否かは一般的に確定できない。ここでは、その前後の人口が一定だとしても転換期には人口の増加と減少が存在することを示したのである。
(20) この点に関しては、田中［二〇〇五］を参照されたい。
(21) 戦中において「産めよ増やせよ」のスローガンのもと「独身税」が構想されたが、導入には至らなかったという経緯がある。

〔参考文献〕

内閣府［二〇〇四］『平成一六年度版　少子化社会白書』
内閣府［二〇〇五］『平成一七年度版　少子化社会白書』
赤川学［二〇〇四］『子どもが減って何が悪いか』ちくま新書
伊東光晴［一九八五］『転換期の資本主義』ＮＨＫ市民大学
大淵寛［一九九七］『少子化時代の日本経済』ＮＨＫブックス
金子勇［二〇〇六］『少子化する高齢社会』ＮＨＫブックス
川本敏編［二〇〇一］『論争・少子化日本』中公新書
迫一光［二〇〇五］「出生タイミングが経済厚生に与える影響に関する一考察」東北経済学会第五九回大会、配付資料
社会政策学会編［二〇〇五］『少子化・家族・社会政策』法律文化社
田中史郎［一九九八ａ］「高齢化社会論批判」、『東北経済学会、第五一回大会報告論文集』東北経済学会
田中史郎［一九九八ｂ］「人口構成の変容と教育問題の根本」、『経済学教育』経済学教育学会、第一七号
田中史郎［二〇〇五］「戦後日本における階層構造の変容」、ＳＧＣＩＭＥ編『模索する社会の諸相』御茶の水書房
原田泰・鈴木準［二〇〇五］『人口減少社会は怖くない』日本評論社
藤正巌・古川俊之［二〇〇五］『ウェルカム・人口減少社会』文春新書
松谷明彦・藤正巌［二〇〇二］『人口減少社会の設計』中公新書

有機農業の現場から「食と経済」を考える

大越正法

はじめに——有機JAS法で何が変わったか

二〇〇一年四月より施行された有機JAS法により、有機農産物は法律に従って認定された作物だけが、市場に流通できることとなりました。有機農産物の国家による規制が始まったわけですが、こうした法律ができるまでには、有機農産物が一般に広まり出してから実に三〇年以上の年月がかかっています。

有機農産物への関心の高まりといえば、七〇年代前後の公害問題の反省を抜きにしては語れませんが、それを決定づけたのが、七〇年代中期に新聞への連載が始まった有吉佐和子著の『複合汚染』でした。当時、非常に大きな反響をもたらしたこの連載によって、工場からの廃液、煤煙等による公害だけでなく、そこで製造された農薬、化学肥料による中毒症状、土壌、水質汚染の実態が広く国民に知れ渡ることとなりました。さらに表題の通り、漫然と使われ続ける化学物質による、複合的な化合物の影響となると、これは現代に至ってはさらに環境ホルモンの問題までも発覚させつつ、その実態にいたっては、いまだに解明できてはいません。こうした事実に衝撃を受けて、急速な盛り上がりを見せたのが、食の安全を求める有機農業運動でした。

さて、こうした問題はなにも日本に限らず世界各地でも起こっていて、とくに欧米では早くから法律が制定され、有機農業の保護育成が国家によって行われてきました。この一〇〇年で人類が新たに作り出した化学物質は二万種類にも及ぶとされますが、そうした過去に経験したことのない物質に対しては、何よりも慎重に、できるだけ生活空間からは排除しようという思想が彼らにはある。マウスを使った三世代くらいの実験など、安全性に関してほんの参考ぐらいにしか考えてないわけです。ところが、日本ではこうした法律の制定に三〇年もかかった。地力の回復や、持続的な農業を続けるためには、できるだけ農薬、化学肥料の使用は控えようという動きが活発になってきたときに、日本は反対の政策を取りました。いわく、高温多湿で国土面積の小さい日本では、農薬、化学肥料の多用で生産力が保たれるのだと。こうして日本は、先進国から遅れること二〇年目にしてやっと有機ＪＡＳ法が作られたわけですが、しかしその法律の中身が日本の現状に合ったものなのかどうか？　つまり、こうした法律を制定することで、本気で有機農業を普及育成して行こうという気があるのか？　ということになると、流通という立場で、有機農業の生産者、消費者双方に、二〇年以上かかわってきた私には疑問が多いのです。

実際、法律制定後の有機農業認定農家は四六〇〇戸ほどでしたが、それは法律の制定から五年たってもあまり変わらない。むしろ新規参入者よりも脱落していく農家の方が多いという声も聞く。それはなぜか？ 世間では、食の安全を求める声は大きいのに、実際の有機農産物の流通はというと微々たる物（〇・一％程度）でしかないのは、どこに原因があるのか？ 日本で有機農業を普及させることの意義とは何か？

こうした問題意識で、有機農業と、その背景をなす、日本の農業近代化の変遷を考察してみたいと思います。

一 近代農法の普及

日本で、最初に化学肥料の製造が始まったのは、今から一二〇年ほど前、文明開化から日も浅い明治の初期、一八八〇年代からです。想像されるよりもずっと早い。当時、欧米列強諸国に対抗して富国強兵路線を進める日本にあっては、産業の近代化が急務だったわけですが、農業生産力の上昇に対しても、早くも自国産化学肥料の使用が始まっていました。ただし、当時の地主、小作制度のもとでの、安価な化学肥料の普及による農業生産力の上昇は、農家の生活向上には向かわず、むしろ逆に高額の地租、地代となって小作農から収奪されることで、産業の近代化をさらに推し進める原資となっていきます。下層農民は更なる零細農へと追い込まれていくことになる。

当時の日本は、すでに世界が帝国主義の段階に入るなかで、その資本主義化を推し進めなければならず、結果、欧米からの近代技術の輸入によって、重化学工業を発展させるのですが、こうした先進の資本主義の導入にあたっては、すでに産業の機械化が進んでいるため、労働力への需要の度合いが非常に低いのが特徴です。イギリスなどで資本主義が成立した当初の、工業制手工業の段階であれば、農村を解体しても、そこからの労働力を大量に吸収することもできるのですが、発展した近代工業の導入によって資本主義社会を開始した場合、むしろ農村内部に成年男子労働力を滞留させる圧力の方が高くなる。これが明治以後、アジアで唯一先進資本主義国の仲間入りを果たしつつも、昭和に入ってからも八割もの農村人口を抱える原因となり、過剰となった労働人口は、わずかな土地を求めて隷属的な状況に置かれたまま小作料の高騰を呼びました。

こうして地主、小作制度が維持されたまま、むしろ資本主義化以前の幕藩体制下にあったよりも高額の地代を収奪されつつ、少量の化学肥料（※注）によってかろうじて生産力を保つ小農経営が第二次世界大戦終了まで続くことになります。このとき、戦前の自作農の割合は三割を切り、経営規模面積でいえば、〇・五ヘクタール以下の零細農家が四割にも達して、多くは工場へ働きに行くなど兼業化することで生活を支えていました。戦後は、そこへさらに戦地からの復員兵、旧植民地からの引揚者が加わり、日本全国を未曾有の混乱と食糧不足が襲います。

※石炭などを原料として作られる化学肥料は、化学工業の廃物利用の側面もあるため、同じく、油を絞った後の廃物利用である、魚粉、菜種カスなどの有機質肥料に対して、安価であるため。

戦後のこうした状況にあって、急務とされる食料の増産、防共をも兼ねた農村部の民主化政策として行われたのが、GHQ主導による二度にわたる農地改革でした。戦前からの土地所有制度に大ナタをふるって、不在地主を一掃し、高額地代の解消、最終的に在地地主からも一ヘクタールを越える農地を売却させ、小作地を減らして自作農中心の農業へと転換することになります。戦前の日本が軍事大国へ向かった原因の一つに、窮乏化する農村部の存在と、その原因を隷属的な地主、小作制度にあると見ていたアメリカにとっては、強権をもってしても行わなければならない改革でした。この改革によって小作地は大幅に減少、約九割が自作地となります。これによって、高額の小作料の重圧から逃れられた農民の、農作物生産への意欲が高まり、日本は戦後の食糧難から脱出することに成功するわけですが、このとき戦後の化学工業の復興も、化学肥料の製造に特化した形で、再生がはじまっていることに注意してください。

日本の戦後は、アメリカの国際戦略と密接に結び付いた、エネルギー政策の転換（石炭中心から石油中心への移行、メジャーに支配された中東原油に依存した工業立国の展開）が高度成長への前提となりますが、その前段階として、日本の復興事情に合わせたかたちで、農村部へ向けた、化学肥料、農薬の製造、販売によって、その工業立国化への資本の蓄積が始まるわけです。このことが、その後の世界でも突出した農薬、化学肥料消費大国へと日本の農業が変貌をとげる背景として見逃せません。

具体的には、戦前の軍需物資工場、無煙火薬や燃料の製造工場は、戦後賠償によってGHQの管理下に置かれていたのですが、じつは、こうした工場は容易に化学肥料の製造工場に転換できます。石炭、石油から合成されるアンモニアは、無煙火薬と共に窒素肥料の原料ともなるからです。食料不足の日本にあって、この賠償指定を解くことで、戦争を背景に発達した軍需産業が、戦後の平和産業として息を吹き返すこととなり、日本政府による手厚い保護を受けながら、化学肥料工場として再生します。昭和の二〇年代は、化学工業界は、売上の約四割を化学肥料の販売に頼っていたといえば、その占める割合の大きさがお解りになるかと思います。食料の増産はまた、化学工業復興のための化学肥料の大量消費でなければならなかった。

さて、GHQ主導のもと、あらたに創出された小規模自営農主体の農村はその後どういう変貌をとげていったのでしょうか？　当初、焼け野原だった日本で、戦後の一〇年ほどは、食料事情の改善、増産要求に答える形で、農産物は生産を伸ばしていくのですが、それも六〇年代に入るころには頭打ちとなり、逆に農産物価格は低迷してきます。圃場の整備、施設園芸の拡大、機械化への補助、低利の融資などによって生産量を延ばしたことが、逆に市場での作物のだぶつきをもたらしました。急速に進展する工業化、都市開発に伴って、これまた急激に上昇する地価にあっては農地の拡大もままならず、また、山間部等の耕作条件の悪い農地では、耕作放棄、集落放棄が続くことになります。戦後六割を越えた独立自営農が減少傾向を見せ、逆に兼業農家が農村の主体となる転換がこの時期に始まる。農作物の販売だけでは急速な上昇を見せる都市部の生活水準に追いつかないため、やむを得ず農村外へと働きに出なければならなくなったからです。出稼ぎが長期にわたり、家庭崩壊、農村崩壊が問題とされたのもこの時期からです。自営農であれば土作り、地力の維持に励むことが出来ても、工場に務め、あるいは出稼ぎで家を長期間空ける農民に、手間暇かかる堆肥を作る余裕はありません。こうして、粗放な農業を行わなければならない現状がまた、農薬、化学肥料への依存を高めることとなり、耕地の地力の低下に拍車をかけます。

この時期、同じく農村部への化学肥料販売により蓄積をすすめ生産力を伸ばして来た化学工業界では、農村需要の伸び悩みから化学肥料一辺倒をあらため、太平洋ベルトラインにコンビナート群を建造し、原料の石炭から石油への転換を進めるなかで、化学肥料だけでなく、プラスチック、化学繊維、合成ゴム等、石油を原料とする高分子化学工業へと生産の多様化を図っていくことになります。

日本は、戦後もまた、国民にとっての農業をどう育成し未来へ永続させるかの明確な位置づけを持たないまま、農村から資金（肥料代金と作物の低価格化）と労力（コンビナート建設など、雇用の不安定な土建作業員として）を収奪しつつ工業社会への蓄積を進め、その後の高度成長の時代へと突き進むことになる。そこでは、都市部での物質的な繁栄の蔭で、農村では人的荒廃とともに、農地の荒廃をも同時に進行させることとなりました。

二　堆肥の経済性

ここで、農業の近代化に対して、それまで伝統的な土作りの要と考えられていた堆肥作りについて、簡単にふれておきますと、まず有機質資材、下草や落ち葉、稲ワラ、モミガラ、油カスなどを家畜の糞と交ぜて、堆肥小屋に積み上げ発酵、切り返し（撹拌作業）を繰り返し、いわゆる完熟堆肥に仕上げるのですが、それにはだいたい半年ほどはかかります。相当の重労働であることが想像つくかと思いますが、その間に重量も、最初の原料からすると十分の一ほどに減ってしまいます。発酵途上に熱で分解して窒素や水分が空気中に飛んで行ってしまうからですが、畑の栄養分としてみればこれはマイナス要因に思えます。しかし、完熟させない堆肥を畑に撒くと逆に土壌の栄養バランスが崩れ、窒素過多となって、病気や害虫を呼ぶだけなのです。

堆肥というのは、肥料分だけが問題なのではなく、畑土の物理的、化学的特性の改善やミネラルなどの微量栄養素の補給など、土作りとして総合的、多面的に見なければならず、肥料分だけを目的に作るわけではありません。堆肥の投入により、農地は生物層の多様性が保たれ、害虫、益虫、病原菌、抗生菌が複雑に関係しあい、病気や害虫の発生を自然にある程度に押さえることができます。また、ミミズをはじめとする生き物の活動によって、土の通気性、排水、保水性などの物理特性が高まり、作物の根張りが良くなることで、様々な自然環境にも耐え得る強健な作物つくりに貢献します。

ただし、こうした地力を維持するには、畑の一アールあたり年間一トンの完熟堆肥の投入が、現在、有機栽培の目安といわれています。化学肥料ならこの一〇〇分の一の量で作物が育つ。さらにこの堆肥が、畑で微生物に食べられ、食物連鎖を繰り返しながら分解して、最終的に作物の栄養となって使われ切るのに三年以上、一〇年過ぎても土に止まるという農家もいます。遅効性の有機質に対して即効性の化学肥料と言われますが、経済効率だけからみれば、堆肥は投下した資金の回収に最低三年以上もかかるわけですから、一作ごとに作物に吸収され、費用を回収できる化学肥料からすれば、なんとも不経済ということになるのでしょう。

農村からの人手が少なくなる中、だれもがわざわざ大変な労力と費用をかけてまで堆肥を作ろうとしなくなるのも、無理もないかもしれません。しかし、土壌への有機質の供給を止め、化学肥料一点張りとなると、硝酸塩濃度の高まりは、土壌の生物を死滅させ、そうした生物の働きによって作られていた土の物理特性をも壊され、堅く締まった、作物の根張りに不都合な土となり、貧弱な根張りは更に多くの化学肥料を要求するという悪循環に陥ることになります。ではなぜ、戦前からも化学肥料は使われていたのに、戦後になって急激に、畑土を壊すまで、日本の農業は、農薬、化学肥料漬けとなってしまったのかを、もう少し別の角度からもみてみましょう。

三　農業の工業化がもたらしたもの

戦後の農地改革以後、新たに創出された自営農民ですが、単に土地を持ったからといって、それだけで誰もが農家経営を成り立たせられるわけではありません。戦後復興時の食糧不足で、作れば何でも売れた時代を過ぎれば、市場での競争が始まる。小なりと言えども土地所有者として独立した経営者になったわけですから、経営に失敗すれば赤字、倒産となるのが資本主義のルールです。特に畑作の場合、どの作物を、いつ頃、どの市場に向けて出荷するかで、収益に大きな差が付きます。つまり、農業を作業労働として行うことと、経営として行うことは、また別の能力が必要だということです。

一見、変わりなく見える農村集落も、明治以前の共同体経営から戦前の疑似共同体経営をへて、戦後の小資本家経営へと移り変わったわけですが、ここで、それまでの上下の支配関係から、並列の農家どうしの競争関係が新たに生まれることになったわけです。

こうした状況に対して、当時の農林省と県は、戦後新たに農業改良普及員の制度をはじめます。それまで、自立した経営経験の無かった農家に対して、農業試験場での最新技術を戸別に回って直接指導することで、最先端の農法を普及させ、農家の収入の増大、生活の安定を図ることが目的でした。普及員が技術指導し、その指導に従って必要な生産資材は農協が販売、出来た農作物も農協を通じて市場へという形が整います。こうして独立自営とはいっても、実態は生産資材の融資借り入れから生産物の販売、貯蓄まですべてを農協の管理下に置いた上での、生産物の主産地形成へと向かうことになる。

この結果、農村がばらばらに分断されて、個別に市場での競争を経て経営能力に勝った農家だけが残るという過程を経ることなく、戦後も、一種共同体的な、農産物の指定産地のまとまりをもった農村集落を維持して行くことになりました。先程も申しましたとおり、近代資本主義社会では、農村を一挙に解体しても、そこからの労働力を工業社会が全面的に受け入れることは出来ず、しかし必要な時には安価な労働力の供給源としての、農村集落は維持したいという要求があります。国の農業政策とは、農業政策と言いつつ実態は工業の発展のための農業政策であるというふうに、見直す必要がある。こうして見ると、この普及員と農協との連携は、農林省＝国の意向としての化学肥料、農薬の大量消費農業の推進にも絶大な役割を果たした点が理解しやすい。

普及員の指導では、経済合理性の観点からみて、製造と農地への投入に多大な労力を必要とする、しかも投入してから作物として回収するまでに時間のかかる有機質肥料、堆肥の使用は、前近代的で不経済であると、徹底して否定されてきたわけです。化学肥料であれば、少ない労力と金額で短時間に散布でき、しかも即効性で作物としての回収も早いと、いいことずくめであるとして推進しました。さらに、農薬、除草剤、土壌消毒の併用により、労力を減らし、連作障害を克服し、作物の栽培促成のための加温資材として、ビニールシートの使用を恒常化することで、戦後の近代農法は完成します。実は、この三つの、農薬、化学肥料、そしてビニール資材の使用は切っても切れない関係にあり、これらはセットで使うことで最大限に生産効率を高めます。

簡単に説明すると、まず畑の地面にマルチシートを敷き、その穴に、種や苗を植え、さらにトンネルをかけたり、ビニールハウスで覆うわけですが、真冬ですと、このビニールハウスの中でボイラーで重油を焚いてさらに加温することで、たとえ外では雪が降っていてもハウス内では二〇度以上の温度を保つことも可能です。こうすることで一年中、季節に関係なく、たとえ真冬でも真夏の作物、トマト、ナス、キュウリが取れる。ただし問題は、こうした閉鎖された空間で、高温、多湿状態というと、それは、作物の病気や、害虫のまたとない発生条件となることです。

また、鉄骨のハウスを立てると、それは容易に場所を移動することはできませんから、償却が済むまで何年もそこで同じ作物を作り続けることになる。なぜ栽培作物の種類を変えないのかというと、先程も言った主産地形成のためで、特に高速道路流通網が発達した七〇年代以後、市場では産地間での競争が激しく、地域の農協主導でトマトならトマトの指定産地となって、特定の市場に安定供給することで、経営の安定化を図ろうとします。市場で、それなりの価格で取引されるためには、指定産地になって特定作物のブランドを確立することが必要となりました。こうして地域ぐるみでの単品作物の連作が必然となってしまっているのですが、すると連作障害の問題が起きてくる。

作物は同じものを何年も続けて作り続けると、その作物の生育に悪影響を及ぼす病原菌やセンチュウなどがその畑の土壌に好んで住み着くようになり、また、土壌の栄養バランスも、同じ作物によって特定の栄養素ばかり吸われ続けるため、ある年をさかいにパタリと収穫が落ちてしまうことがあります。ではどうするか？　まず畑土は、土壌消毒を行って、燻蒸処理をすることで、極端に言えば無菌状態にする。それでも、病気や、害虫の発生は、空気や水を媒介して、いつどこから発生するか予測がつきませんから、その作物ごとの防除暦に従った農薬の散布が欠かせません。

農薬というと「薬」という字を書きますから、人間の病気のように症状が出てから散布するように思われがちですが、基本は予防散布です。病気が出てから使用したのでは遅い。ですから、特にハウス栽培などでは五〇回、六〇回と農薬を散布することになります。閉鎖空間ですから、一度病気が発生するとあっというまに蔓延して完治が難しいのと、とくにナス、トマトなどの果菜類は苗を植えてからの収穫期間が長く、その分、病気、害虫発生による被害も大きくなるため、徹底した予防散布を指導されます。具体的には、地域の農協発行の防除暦に従って、この作物には何日ごとに、どの種類の農薬を撒くかを決められていて、農家はそれを機械的に繰り返し散布することになる。殺虫剤も同じく、目に見える被害が出始めてからでは遅いので、卵や幼虫の発生時期になると、その存在の有無にかかわらず、葉裏などに徹底して散布して駆除する。あるいは作物自身に農薬を吸収させて、その作物を食べたら虫が死ぬというタイプの殺虫剤もあります。

こうしてみると、農業改良普及員の指導のもと、市場が求める見た目のキレイな野菜（※

注）を作るためには、農協、農薬会社の指示に従って、徹底的な農薬散布を繰り返さなければならないわけで、主産地形成による農作物の安定供給の陰で、農家自身が、農薬被爆の最大の被害者にさせられていることがよくわかると思います。

※作物が恒常的に過剰気味となっている市場では、たとえば虫食い一つあっただけでB級品扱いで、極端に買い叩かれ、産地としてのブランド力の低下は村落仲間の足を引っ張ることにもなるので、皆必死で農薬を散布するわけです。

こうして、病気、害虫からはクリーンな状態が出来上がるのですが、繰り返しの土壌消毒を行った土、毎回の農薬が染み付いた土、こうした土では微生物をはじめとした土壌生態系が非常に貧弱になる、ということは容易に想像がつくかと思います。さて、有機肥料というのは、それそのものが直接作物に吸収されて栄養となる割合は低く、土壌中で様々な微生物の餌などとして活用されることで、二次的、三次的に栄養素に分解されて、何年もの時間をかけて、間接的に作物に吸収されることは先程も述べました。農薬に常に晒されている土では、こうした生態系の循環がうまく進まず、せっかく有機質堆肥を投入して、畑土の地力を高めようとしても、作物の生育となかなか結びついてこないという問題もおきています。

さらに、たとえハウス内の温度はコントロールできても、太陽光線までは人口では作れませんので、冬場の弱い光量の下では、やはり真夏のような光合成が行えない。本来、作物は、地上部分が育つまえに、地下で十分な根張りを行ってはじめて地上の葉や実に栄養を送れるのが、季節はずれのハウス内では貧弱な根張りのままです。そうした状態でも、半ば強制的に水と栄養分とで太らせよう、ということで化学肥料を多投する。結果、取れた作物は光合成が中途半端なままですから、化学肥料由来の硝酸塩の濃度が高くなり、残留農薬とはまた別の人体に有害な物質が増大します。また、この高濃度の化学肥料というのは、これもまた土壌の生態系を壊す原因ともなる。多量に施された化学肥料は土壌に滞留することで、硝酸塩による地下水汚染の原因にもなります。結果としてカンカンに堅くしまった土、さらに根を延ばすのに厳しい条件、それがまた化学肥料の多用に頼る、という悪循環が始まります。

まとめますと、日本の近代化とは、本来自然の循環の中で行われていた農業（※注）を、社会の工業立国化の中へと搦め捕り、最初は石炭、つぎに石油を原料とした化学工業製品としての農薬、化学肥料の大量販売先となる無機化学農業へと、戦後の三〇年をかけてほぼ完璧な転換を果たしました。そして高度成長期に入ってからは、地方農村から安価な労働力として青壮年男子を奪いつつ農業の兼業化を進行させ、その足りなくなった農村労働力不足を、同じく発達しつつある機械工業の生産した農作業機の購入で埋めさせようとしましたが、経営面積からすれば過剰な投資を行っての機械化、借金、補助金漬け農業を展開することになります。同時期、列島改造による高速道路網の発達と、ビニールハウスをはじめとする施設園芸の大規模化は、産地間での気象、気候条件の差をも埋めることで、逆に産地間の価格競争をより激化させ、相対的に安価な農産物の大量生産へと向かいました。しかしその実態はといえば、ハウス内での過度の農薬散布による中毒事故の多発、連作障害による収穫量ダウン、そして消費者からは農作物の安全性への信頼回復要求と、有機農業が求められ始めた当時というのは、そうした農村部の人も農地も工業化社会のために収奪され尽くしていた時代でもありました。

※明治初期より化学肥料の使用は始まっていましたが、農家の再生産もままならないほどの高額小作料にあっては、自家堆肥の不足分を補うために小量しか使えませんでした。これは主に経済的な理由からだったわけですが、結果的に化学肥料の使用方法としては、こうした有機質主体の地力維持に、不足分を補う程度に少量使うというのが正解で、こうした使用法であれば土壌生態系を大きく壊すこともなかった。

四　有機農産物の商品化が孕む問題

こうした農業のあり方に対する危機意識の高まりのなかで、有機農業運動は盛り上がりを見せたわけですが、そうした要求にもかかわらず、有機農産物が一般市場をすぐに流通し始めるかというと、決してそうはなりません。先程も申しましたように、指定産地化の進む市場では、作物の規格化も同時に進んでいるわけで、色、形、大きさを揃え、虫食いの無いキレイな肌など、見た目が価格決定のための重要な要素です。虫食いで生育が不揃いの有機野菜は最初から市場では相手にもされません。

農薬、化学肥料に日常的に晒され、その危険性を肌身に感じて安全な農作物を作りたいと願う農家と、そうして作られた有機農作物を購入したい消費者は、直接提携した市場外での産直運動という形を取るしか、生産物を流通させる方法がありませんでした。

では、作りたい農家と食べたい消費者が出会えば、それで問題は解決するか？　といえば、事態はそう簡単には進みませんでした。上記のごとく、戦後の日本の農業は、過剰なまでの農薬漬け、化学肥料漬けにされてしまっていたわけですが、そこから一切の農薬、化学肥料の使用をやめるとどうなるか？　病害虫の大発生です。とくにまわりに畑があってそこで農薬を散布している場合は、無農薬の畑は逃げ込んで来た虫たちの格好の餌場となってしまうということも起きました。

長年にわたって化学肥料だけに頼って作物を作り続け、有機質の投入は経済的に合わないと、あえて怠るよう指導されて来た畑では、土壌の栄養バランスも崩れ、通気性、保水性などの根張りに必要な物理特性も壊れてしまっています。それまで化学肥料の大量投与で、かろうじて貧弱な根張りからも養分を吸収していた作物が、それすらも断たれてしまったのでは、とてもまともに作物は育ちませんでした。

有機農業運動が始まって一番の難関が、この農法の転換をどう乗り切るかでした。結果からいいますと、農薬、化学肥料で徹底的に壊されてしまった農地が地力を回復するには最低三年。そこそこ作物が供給できるようになるには五年はかかる、というのが有機栽培への転換を果たした農家からの答えです。地力というのは、土の総合力ですから、一見すると同じに見える畑の土壌といえども、その構成する微生物だけで見ても、一つとして同じものは存在しない。有機農業を始めるからと、購入してきた有機肥料をパラパラ撒けばOKというわけにはいかないのです。堆肥の材料を吟味し、自分の畑に合った堆肥作りを行って、投入しつづけること三年以上かけてやっと展望が見えてくる。三〇年かけて壊して来たわけですから三年で回復すれば早い、といえるかもしれませんが、人間の生活時間からすればやはり三年は長い、と言えるでしょう。ここをどう克服するかが、当時より、有機農業普及の技術的な最大の問題です。しかし結論から言えば、答えはやはり地道な土作りを待つしかない、ということでした。当時は、自然食品の店などまだなく、無農薬の作物を得るには、農家との直接提携しかなかったとはいえ、穴だらけ、スダレのような作物にお金を払って、こうした志ある農家の自立を支えた消費者の方々も、本当に偉かったと思います。

戦後、独立自営農となって、当時の政府の政策のままに無機化学農法へと転換。当初は作物も順調に増産できましたが、しだいに投入する化学肥料に対して収穫量が減ってくる。地力が減退してきたわけですが、ここで、農業改良普及員も農協も、化学肥料を増やせとは言っても、減らして堆肥を施せとは一言も言いませんでした。国策としての、工業社会に取り込まれた農業を推進させるのが、公務員としての普及員の仕事ですし、農協もまた、より多くの化学肥料が売れたほうが儲かるわけですから、農家が自家製堆肥に戻ってもらっては困るわけです。

ところが、有機農業が注目され出した七〇年代を過ぎ、それまで無農薬では作物など作れるはずはないと、懐疑的だった近代農法推進派の農家も、八〇年代に入って、いよいよ自身の農地の地力の低下が顕著になって現れてくると、相次いで、圃場に有機物を施すようになります。追い風となったのが、八〇年代後半からのバブル経済と共に始まったグルメブーム。飽食の時代にあって、有機野菜は、無農薬での安全性とともに、化学肥料を使わない堆肥主体の肥沃な土壌から取れる、味の濃い、おいしい、グルメの野菜というイメージで脚光を浴びます。それと同時に、市場を流通する野菜にも一大有機ブームが起きました。当時は、市場のなかでも、有機と印刷されたラベルやテープ、段ボール箱が売られ、それさえ張れば、あっと言う間の偽装有機農作物が氾濫した時代です。

実はこれまで、農水省にしろ農協にしろ、有機農産物に対して非常に冷淡な態度をとり続けています。政府が安全と認めている農薬、化学肥料の使用を危険視すること自体を無意味として、その存在を快く思わなかったわけですが、さらには、日本の経済構造そのものが、工業の近代化を早めることを目的に、農業に工業製品である農薬、化学肥料の大量使用を強要する面があったことは述べてきました。

こうして、市場では有機農産物をめぐって生産者、消費者の間で大混乱に陥っていても、行政が対応するまでには長い時間がかかりました。ようやく、日本でも独自の有機農産物の日本農林規格＝有機ＪＡＳ規格が制定されたのが二〇〇〇年のこと。ただしその規格は、前年にコーデックス総会（国際食品規格委員会）で採択された国際有機農産物規格に準拠しているため、必ずしも日本の有機農業の実態、普及を後押しするものとは言えません。むしろ、商品としての有機農産物を地球規模で流通させよう、というのがそのコーデックス総会での国際規格の本質ですから、国内の有機農産物農家にとっては、むしろマイナスの法律ではないか？　とさえ思えます。

おかしな話ですが、七〇年代より始めて、今日まで四〇年近くにわたって無農薬、無化学肥料、有機質堆肥だけを使って作物を生産して来た農家でも、指定機関による認定を取らなければ市場で有機栽培とは名乗れません。そこまでは法律である以上しかたがないにしても、その認定方法が、栽培作物一品ごとで、認定料も五万円ほどはかかるとなると、これはもう、在来からの日本の有機農業の実態とはまるで合わないことになってしまいます。

農業は、同じ作物を続けて作付けると、連作障害が起きるため、休耕させるか、違う種類の作物を植えるかしなければならないことは先程述べました。無農薬栽培ならなおさらです。かりに、広大な農地を持ち、その地域に適した作物を、国内消費はもとより、輸出農作物として作るなら、何種類かの作物で輪作体系を組み、有機規格で作っても採算が合うのでしょう。つまり経営規模の大きな欧米型の農業です。日本ではそうはいかない。

アジアモンスーン地帯に位置するため、高温多湿という、病害虫の発生にもっとも適した気候の日本では、従来からの有機栽培農家は、同時に数種類の作物を栽培することで、そのリスクを回避して来ました。一〇種類同時に作って、そのうち仮に一品、二品、病気や虫で被害を受けても、残った作物でなんとかしのごうという考えです。さらに、四季ごとに気象が変化する日本では、春作、夏作、秋作、冬作とそれぞれの季節にあった作物が違ってくるので、かりに一〇種類ずつとして年間四〇種類の作物を作付けることになる。一～二ヘクタールの小規模経営が主流の日本で、畑にこのくらいの種類を作付ける有機栽培農家は珍しくありませんが、現在の規格では、この一品目ごとの、すべての作物で認定を取らなければなりません。認定料として二〇〇万円。これは経済的に言って不利、というか、こうした規格ができるはるか以前から有機栽培農家として消費者との信頼と提携関係を築いてきた農家にとっては、認定を取ることに、経済的負担以外に何の意味もありません。実際、法律制定以後の認定有機栽培農家は四六〇〇戸程度で微増に止まっていますが、産直や、自然食、生協、有機宅配などを通じて、広義の有機農産物を生産する農家は、無農薬栽培二七〇〇〇戸、無化学肥料三二〇〇〇戸と報告されています。

では、こうした個別の提携や契約による有機農産物の流通には、まったく問題が無いのか？

さきほど、グルメブームで市場では、大量の偽装有機表示が発生したことを書きましたが、実は有機農産物の規格をめぐる混乱は、運動としての広がりを見せはじめた当初からおきていました。たとえば、土作りが出来るまでの転換中に限るとしていた最低限の農薬の使用、報告を守らない農家。土作りの基本は堆肥にあるわけですが、これには相当の労力と、化学肥料と比べればはるかに費用もかかります。一〇〇所帯、二〇〇所帯と会員を持った主婦グループと提携すれば、ここへ独占的に農産物を供給できる。相手が都会育ちの農業を知らない素人だとすれば、騙すのはたやすい。土作りを怠って、未熟な堆肥を畑に投入すれば窒素過多の土壌はかえって病害虫を呼び、作物は穴だらけですが、そうした作物がほんとうに枯れてしまわない程度にひそかに農薬を散布して、無農薬はこれだけ大変なんだと偽って出荷する。あるいは流通の側からも、宣伝等がうまくいって急速に拡大する顧客数に生産農家が追いつかず、在来からの一生懸命に無農薬栽培で頑張って来た農家の名前を騙《かた》って別の農家から仕入れてきた一般栽培作物を流通させる。また、傘下の農家に対して、無農薬で栽培するにあたっての、漢方薬処方の安全農業資材と偽って、農薬の混入した薬液を売り付ける、等々。

こうした確信犯的な行為のほかにも、取引業者から、あまりに安い価格を提示されるため、堆肥のほかに化学肥料も単肥として（主に硫安などの窒素分を）プラスして使う分にはかまわないとする農家。実のなる作物であれば、実のなる前なら農薬を使ってもよいと判断していた農家。作物には駆けないのだから、除草剤はＯＫ、土壌消毒はＯＫと思っている農家、等々、有機農作物の規格が定まった現在では考えられないような混乱が続いていました。

こうした状況に、消費者は防衛手段があるのか？　実は農薬の検出というのはやっかいなもので、これは農薬に限ることではないのですが、ある物質に何らかの化学物質が付着した場合、それがクロルピクリンであるとかスミチオンであるとか分かっていて始めて何ＰＰＭ残留しているのかを調べることができます。クロルピクリンを使っていても、スミチオンの検査をしたのでは農薬は検出されないわけです。つまり、何だか分からないけれど、農薬を使ったかもしれない作物を持って来て、検査してくれといっても、一流大学の研究所レベルの高度な分析機を備えていればまだしも、一般の検査機関では検出不可能だということです。以前、中国から輸入した冷凍ホウレン草から基準値を越える農薬が検出されて大問題となりましたが、それは、現地で使用されている農薬が何であるか分かっていたから発覚した。これが、使用する農薬の種類が増えると、単純な検査では判明しない可能性が出てくるというわけです。

化学肥料となればなおさらで、たとえ有機質肥料であっても、分解され吸収されるときは無機の状態ですから、先程の未熟堆肥のような、窒素分の多い物を畑に大量投入すれば、化成肥料を適性投与した作物よりもよほど硝酸塩濃度が高くなることもありえる。実際、有機野菜がブームとなった当初、ある産地で、地域全体で有機肥料での高付加価値を狙って、畑に大量の発酵以前の牛糞を大量投与したところ、窒素分の過剰による青虫の大発生だけに止まらず、地下水から基準値を越える硝酸塩が検出されて大問題となったこともあります。要するに、無農薬といっても検査による裏付けは難しく、有機栽培といっても使い方をあやまれば毒にもなる。

では消費者からの信頼は、どうしたら確保できるのか？　最近、トレイサービリティということが言われだし、作物にＩＣ発信機のついたマイクロチップを付けて、生産から消費までをインターネットで追跡できる技術が進んできていますが、それで問題が解決できるのでしょうか？　しかしこれも先程の例のように最初から偽物を流通させて利を得ようとする確信犯の場合にはお手上げです。

生産者、消費者が、お互い都市と農村、別々の生活空間に暮らして、商品としての作物がその間を流通する形態。そこで消費者は、安価でキレイな作物を望み、それならと農村では農薬、化学肥料の多用に向かった。都市と農村が分断され、農作物の市場流通が進行するにつれ、お互いの要求、実情が、お互いの目に触れることのなかったことが一番の問題ではなかったか？

有機農業運動の歴史とは、そうした都市と農村に、物とお金の関係だけではない、人間どうしの絆の回復がもたらされることで、利益追求で規約を守らない生産者は排除され、食の安全と農家経営の安定を両立してきました。つまり、有機農作物というのは、栽培方法で農薬、化学肥料を使わないから有機作物だ、というだけでは片手落ちだ、ということです。いくら法律で縛りをかけようとも、金と物との関係だけでは、残念ながらそこに発覚しずらい利益があるかぎり、偽装品を完全に排除することは出来ません。生産、流通、消費の三者が、お互いに共生者だという信頼関係を作れてはじめて、安定した供給が築ける。地球規模での流通ではなく、地域内での生産と消費で十分だということです。

先程、無農薬で単作栽培を行う作物を供給することを要求する現在のJAS規格では、日本の在来からの有機農業の実情には不適合だと申し上げました。それまでの有機栽培農家は、欧米からすればはるかに小規模な圃場で、同時に数種類から一〇種類前後の作物を作付けることで無農薬栽培のリスクを分散しているからです。こうした形態では、市場での有機認定取得は経済的に負担が大きく、また大規模流通へ向けた主産地化もできませんから、結果として、市場外での産直提携が主体となります。ですが、こうした多品種、少量生産によって、消費者は、信頼できる生産農家から、幾種類もの作物を定期的に購入することができ、常に、食卓を何種類もの作物で賑わすことができる。

有機農産物流通において定期購入のメリットを農家の側からみれば、まず年間の作付けスケジュールを計画を立てて行えることにあります。大抵の提携関係の場合、作物の価格は市場連動ではなく、年間一定としている場合が多いのですが、こうすることで、農地の規模と消費者の数で、年間の売上予想が立てやすく、経営の安定化につながるわけです。私の経験では、一ヘクタールの農地から、年間約一〇〇所帯分の野菜の供給が目安となりますが、仮に二ヘクタールの農地を持って、約二〇〇所帯の顧客へ一週間に一回、作物を供給するとなると、一所帯あたり配送費込み平均一五〇〇円として三〇万円の売上。年間では一五〇〇万円の売上が見込めます。仕分けや配送、農作業機の償却、肥料、種代などで、かりに四割、六〇〇万円が経費としてかかったとしても、粗利益で九〇〇万円というのは、けっしてオーバーな数字ではありません。ところがこれが市場流通となると、せいぜい一般作物の市場価格（※注）の一割から二割増程度で、病気や害虫被害によるロス、草取りなどの手間を考えると、とても無農薬では採算に合わなくなるのが現状です。

※市場価格は、市場での取引価格で、そこから小売店、八百屋へ卸されたあとの最終小売価格は大体四割から一〇割増しくらい。市場流通の場合、農家の手取りは想像以上に少ないものです。

結び・有機農産物は有機的な関係で作られる

バブル崩壊以後のライフスタイルの多様化に伴って、有機農産物の流通も、専門に扱う自然食の店、スーパー、個配業者、インターネット産直と多様化が進んでいます。地力の回復に有機質の投入は当然という風潮も成り立ち、農村部を車で走れば、たいがいの農地で堆肥場のあるのが目につきます。化学肥料一点張りの時代には考えられない風景です。ですがこれにも、手放しでは喜べない面もある。

七〇年代の二度にわたるオイルショック以後、日本の省エネ技術は飛躍的に進み、この二〇年でエネルギーの石油依存度は大幅に低下しました。つまり、石油製品を作るにあたっての、副産物としての化学肥料を、もう農地に大量投与する必要がなくなった。逆に、豊かな経済力を背景に、肉、乳製品、卵の需要は伸び、穀物需給率の低下が話題になりますが、それはこうした家畜の餌が増えたからです。膨大な餌を輸入しているということは、膨大な量の糞尿が排出されるわけで、ほんらい、この国の農地から作り出されたわけではないこれら大量の有機質が、いま環境汚染となって噴出してきている。現在、堆肥作りが盛んに言われ出した背景には、こうした問題が潜んでいることに注意してください。先程も触れましたが、一口に堆肥といっても熟成の度合いによってピンからキリです。手間とコストをかけた完熟堆肥ほど、肥料成分は逆に少なくなりますが、それは畑の地力をトータルで高めるためであって、肥料成分と低価格だけに着目した未熟な堆肥の投与では、化学肥料を適性投与した以上の害悪を圃場と作物に及ぼすこともある。一口に有機栽培といっても、実態を確かめなければ何を食べさせられているか分かったものではないのです。

消費者との直接提携で自立への道筋をつけた有機農業も、ようやく三〇年を経て社会的に根付こうとした時点で、またもや流通にからめ取られようとしています。季節を問わず、有機質で育てられた作物を、安く大量に。農産物が商品となって、生産の現場に消費者が関心を持つこともなかったとき、農地では大変なことが起きていました。いま、有機農業の現場で、それとまったく同じことが起きようとしている。

結局、真に消費者の側に立った農業の生産者はというと、流通を人まかせにせず、しっかり自らの手中に収めることのできた産直提携につきると、結論づけてもよいのではないでしょうか。規模は小さくとも、生産者と消費者双方で納得のいく物作り（金銭的にも内容的にも）を行える関係。有機農産物とは、作物の生育過程に化学物質を使用しないということはもちろん、生産、流通、消費の過程にも、実は、お互いの有機的な包摂を必要とする。その意味で、市場原理のワクだけでは収まりきらない「新たな共同体生成の萌芽を含んだ関係」だ、とも言えるかと思います。

【追記】〇六年五月二九日より、食品衛生法の改正で、「ポジティブリスト制度」を導入することになり、従来よりも残留農薬に対する規制が強化される運びとなりました。農薬の残留を問題視してきた側としては歓迎されるべき法改正ですが、現場の農家にだけ法遵守を強要する仕組みでは、相当の混乱が起きるのではないかと危惧されます。裏を返せば、今までは使用基準が守られてこなかった場合もあるわけですが、これは流通、消費からの要求の反映でもあったわけで、こうした農産物のありように、国民的な合意形成がなされないままの法施行が今後どのような影響をもたらすのか、見守っていきたいと思います。ただ、こうした法律のおかげで、農薬のコストはグッと下がり、一検体二〇〇種類の残留農薬を検出する試薬が一〇万円ほどで販売されるというような状況も起きています。

Ⅲ　ポスト資本主義をめぐって

過渡期世界と唯物史観の再検討

降旗節雄

一 経済学の方法

宇野弘蔵は、マルクス主義理論に対して根本的な訂正をあたえた。それは主として経済学の領域においてであった。

マルクスに「経済学の方法」という論考がある。これは『経済学批判』の「序説」として準備された草稿の一部であるが、マルクスは『経済学批判』を刊行するにあたって、この「序説」をはぶいた。その理由について、マルクスは「自分の読者は個別から一般へ登っていくくらいの決心」をすべきであって、前もって方法を教えられるといった安易なやり方をとるべきではない、といっているが、それが本当の理由であったかどうかは疑わしい。私は、マルクスの「経済学の方法」がまだ完全には確立されていなかったからではないか、少なくとも彼自身にとって曖昧な点が残っていたからではないかと考える。

しかし、マルクスは「経済学の方法」について、まとまった見解を示した文章を、他にほとんど残していないため、この論考は後の研究者によってよく引用され、マルクス経済学の基本的方法を示すものとして理解されてきた。わが国でも、福本和夫や河上肇に始まって黒田寛一にいたるまで、この「経済学の方法」によってマルクス経済学を理解してきた研究者の系列をみることができる。

それに対して、宇野は初めてこの「経済学の方法」に根本的疑念を投げた。宇野「『経済学の方法』について」(一九五〇年五月『社会科学研究』第二巻第一号所載、宇野『価値論の研究』一九五二年、所収)においてである。

その要旨はこうである。マルクスは経済学の研究を、下向と上向という方法で考えていた。対象とする国の人口から始めて、階級、賃労働、資本、さらに価値、貨幣、労働などのより単純な概念へと抽象化してゆく方法と、この抽象的な概念から「再び後方への旅が行われ、終には再び人口へと到達」する方法とである。そして後者において到達した「人口」は、前者のそれとは異なって「多くの諸規定と諸関係から成る一個の豊富なる総体性としての人口」であるから、この「後の方法こそ明らかに科学的に正しい方法」である、というのである。この見解は、福本以来、わが国のマルクス経済学界では、下向・上向法としてマルクスの基本的方法として承認されてきた。

これに対して、宇野は反論する。要約するとこうである。マルクスの下向の過程においては、実は二重の抽象が行われたのではないか。つまり、複雑な概念から単純な概念への抽象と、具体的な国家・社会から普遍的な社会関係への抽象とである。したがって「マルクスの所謂〈後方への旅〉は、私の理解するところでは、先ずさし当たって少なくとも全く異なった二段階にわけられるべきもの」だというのである。

この宇野の批判から、いくつかの重要な命題が導き出される。まず商品から出発する「資本」の体系は、それ自体理論的に展開し、かつ完結する閉ざされたシステムであるとすれば、これは、マルクスが同時に構想していた資本から世界市場に至る六部門プランとは共存しえないことになる。さらにまた、経済学の体系が完結しても、それはあくまで抽象的な概念の体系でしかないということは、いわゆる理論的展開と歴史的発展との照応といった命題の存立を否定する。

宇野が、『資本論』を、一九世紀イギリス資本主義の純化傾向を素材とするとしても、現実の資本主義の発展とは切り離された、資本主義の原理論として再構成し、そこから帝国主義段階論や現状分析の問題を徹底的に排除したことは当然であろう。しかし、抽象的な原理論としての『資本論』体系の完成という作業のほかに、宇野は「経済学の方法」の批判的考察からもう一つ重要な論点を引き出していた。

二　富と貨幣と労働

マルクスは「経済学の方法」のなかで、「労働一般」についてきわめて注目すべき指摘を与えている。

「労働」は大変古くからある観念だが、富をつくりだすものとしての「労働一般」という概念はアダム・スミスによって初めて発見された。富の源泉は貨幣であるとか、あるいは商業的労働ないしマニュファクチュア的労働であるとか、いや農業労働であるとか（最近は株式の時価総額だという主張も現れ、この国の宰相もこれに賛同していた）さまざまな主張が時々の経済思潮としてあらわれ、漸く一八世紀後半にいたって、スミスによって「労働一般」こそ富の源泉だと理論的に確定されたのである。しかもそのスミスさえ、時によっては重商主義的立場に復帰していたのだから、「労働一般」という概念の把握の難しさは想像に難くない。

その理由はなにか。労働というきわめて単純な範疇であっても、それを「労働一般」、具体的な農業、工業、採金業、あるいは織布労働といった限定をもたない、それらに共通する人間労働一般として把握するためには、実際に「労働の一定種類に対する無関心」となるような社会機構が存在することが不可欠だということである。それがなければ、アリストテレス、トーマス・マン、ケネーといった天才でも、「労働一般」を認識することはできなかった。

「労働の一定種類に対する無関心」な社会的機構は、資本主義社会で初めて確立する。労働力の商品化をとおして資本が生産過程を把握すると、資本は社会的需要に応じて、必要な部門に流動的に移動し、商品を供給しようとする。この資本の動きとともに、「個人が容易に一つの労働から他の労働に移っていき、労働の一定種類が個人にとって偶然であり、したがって無関心であるような社会」が形成されるのである。

しかし、そう見てくると、また別の重要な問題が発生する。マルクスは、こう説きながら、同時にここで一般的・抽象的概念として「分業・貨幣・価値」「労働・分業・欲望・交換価値」などをあげている。これが、かれのプランにおける「資本一般」に先行する単純な諸規定を意味するとすれば、ここには重大な方法的混乱があるといわなければならない。価値・交換価値・貨幣などと、労働・分業などとは、全く異質な概念だからである。前者は、マルクスのいわゆる「単純な流通」に属する市場概念であるのに対して、後者は労働過程ないし生産過程という人間社会一般に共通する超歴史的概念である。マルクスはまだこの二つの概念の根本的差異に気づいていない。少なくとも、この二種類の概念の相違のもつ方法的重要さに気づいていない。

このマルクスの方法的混乱は、『資本論』の冒頭における価値法則の論証の欠陥となってあらわれ、最終的には、資本主義の原理の体系的完結性を見失わせ、この社会の歴史的限界を示す恐慌の必然性の論証の失敗をみちびくことになった。

「価値法則は単純商品生産社会の法則であり、資本主義の基本法則は剰余価値の法則である」といった、エンゲルスからレーニンをへてスターリンに到る誤ったマルクス主義正統派の経済法則の理解にたいしても、実はマルクス自身の思考が一班の責任を負っていたのである。

宇野はこの混乱を明快に整理し、商品・貨幣・資本の概念を、労働や分業とは区別した純粋な流通形態として把握し、労働や分業は、その資本が生産過程を把握した社会において始めて理論的認識の対象たりうるとした。これは、資本主義社会の構造を、労働力商品の売買を基軸として解明することを意味するものであって、それは同時に、マルクスにおいて強く意図されつつも失敗に終わった恐慌論にたいして、労働力商品の形成と消費、産業予備軍の運動をとおして全面的な解明を与えることにもなった。

結局、『資本論』の生産論・流通論・総過程論という三部構成は、宇野によって、流通論・生産論・分配論という三篇編成の経済原論に組み替えられることによって、純粋資本主義の原理論として体系的に完成されたが、これはマルクスの「最終目的」であった「近代社会の経済的運動法則」の解明の完成を意味した。

以上が宇野理論の積極面である。しかし、マルクスの業績のなかには、宇野がまだふれなかった幾つかの問題も残っている。さしあたりそれを、さきのプランにおける後半の体系、「国家・国際貿易・世界市場と恐慌」において見ていこう。

宇野は、マルクスのプランの「資本・土地所有・賃労働」までを原理論としての『資本論』の本来の領域であって、体系的に完成されるべきものとし、「国家・国際貿易・世界市場」の項目は原理論の外に排除する。「ブルジョア社会の国家形態での総括」は「必ず先進国における資本主義の発展の影響のもとに行われる後進国の資本主義化としてあらわれる」(『経済学方法論』四五頁)という理由によって、宇野のいわゆる段階論の領域にはいるというのである。つまり「国家・外国貿易、世界市場」という範疇は、資本主義の歴史的発展段階で取り扱うべき問題領域だとされるのである。

宇野が、マルクスのプランの前半を原理論へ、後半を段階論へと振り当てたのは、マルクスが商品から世界市場まで体系化しようとして挫折し、マルクス主義経済学者がこのプランを継承・

実現しようとしてすべて失敗してきたことを考えると、まことに鮮やかな解決だったといわねばならない。しかし、この宇野のプラン問題の解決には、なお大きな欠落があった。それはなにか？

三 「国家」について

それは「国家」範疇の処理をめぐってである。マルクスは、そのプランにおいて「ブルジョア社会の仕組みをなし、かつ基本的諸階級の基礎となっている諸カテゴリー……」に続けて「ブルジョア社会の国家形態での総括」を主張していた。

しかし、このプランは、もともと「ある与えられた国を経済学的に観察する場合」を想定し、しかもその「与えられた国」は資本主義国家であることを前提として、構成されたものである。とすると、商品ないし価値を最も抽象的な概念として出発するこの社会の仕組みは、市場経済の論理体系として構成される以外にない。

実際、このプランでも、国家以外はすべて市場経済の概念によって組み立てられている。労賃や地代も、市場経済による労働力や土地の商品化の結果であり、その意味で市場経済的概念である。しかし、国家は違う。これはいうまでもなく、政治的概念であり、マルクスの唯物史観の公式でも、土台としての経済にたいする上部構造として規定されていた。

土台としての経済の諸概念の系列のなかに上部構造を混入することは、そしてそれをブルジョア社会の内部構造と世界市場概念との媒介項とするということは、端的にいってマルクスの唯物史観に基づく経済学の方法の破綻を意味する。しかしこの点については、宇野はなんら問題として指摘していない。それでいいのだろうか。

国家と市場経済との関連を、唯物史観の構造との対応において、さらに詳しくたどろう。

四　二つの唯物史観

宇野は「唯物史観は歴史を科学的に解明しようとするものであって、自然科学的唯物論に対して、新たに人間の行動自身の唯物論的解明を求めるものとして、いわば唯物論を完成するものである」（『経済学方法論』一一六頁）という。

これはしかし、エンゲルスの『フォイエルバッハ論』における唯物史観の評価と位置づけのそのままの繰り返しであって、宇野独自の観点はない。ちなみに、エンゲルスはそこでは、近代における自然についての三大発見として細胞およびエネルギーの転換の発見と進化論をあげ、これらによって「自然の体系」はほぼ十分に科学的にたどれるようになったとし、この科学的認識を社会の発展史にまで拡大したのが自分たちの唯物史観である、としている。こういう主張はかなり問題も持っている。というのは、科学が発展し、DNAが発見され，相対性理論が支配するようになると、それに応じて社会科学ないし唯物史観も変わらざるをえないとする思考を生み出すからである。宇野はそこまでエンゲルスに同調したわけではない。では唯物史観の解釈における宇野の独創はどこにあったか。

宇野は言う。「マルクスが唯物史観を経済学研究のうちに確立し、また経済学の研究によってこれを科学的に確証しようとした点こそ、むしろ彼の方法を特徴づけるものといってよい。」（同上一〇七頁）

この「科学的確証」を、宇野はつぎの二点において具体的に指摘する。『資本論』において「一つは唯物史観にいわゆる経済的基礎構造が、それ自身に独立の過程として取り扱われている点」、「他の一つは、この独立の過程が、資本主義社会の一断面として体系化されている点」（『社会科学の根本問題』四四頁）、この二点である。確かにこれは決定的な指摘であろう。

経済的土台が自立的運動を展開し、上部構造はこの土台に照応して形成されるというのは、唯物史観の基本テーゼであるから、これが経済学によって論証されるということはきわめて重要である。しかし、唯物史観は、このテーゼを前提として、さらにいくつかの歴史的運動法則を説いていた。

唯物史観によれば、生産力の増大とともに生産関係が不断に変わるわけではなく、ある範囲において一定の生産関係が支配する。そしてこの範囲を超えた生産力の上昇によってその生産関係は解体し、さらに発展した生産力に対応した生産関係が形成されることになる。この土台と対応した上部構造の構成する社会システムは一つの体制を形成することになるが、これは世界史的には、ほぼアジア的、古代的、封建的、近代ブルジョア的という四つの体制の発展としてあらわれる。そしてそのそれぞれは、階級的敵対社会であり、ブルジョア社会の次の社会において、この階級対立は廃絶され、ここから人類史は漸く前史から本史に移るというのである。

一般には、これらの規定がすべて唯物史観のテーゼとして理解されているが、注意すべきはそれらの殆どは宣言はされているが、論証ないし実証されていないということである。宇野も、その点に注意をうながし、この歴史観は経済学によって始めてその科学的根拠を証明されるとしたが、その場合でも、証明の対象となるのは、経済過程がそれ自体自立的運動を遂げるという点にかぎられていた。

もっとも宇野は、後に自己の恐慌論を展開したさい、生産力の一定の発展は対応する生産関係の形成を導くという唯物史観の命題は、資本主義の景気循環の過程で現実的に論証されるとして、唯物史観と経済学との方法的関連をより具体化した。

それにしても、宇野にあっては、唯物史観自体は科学ではなく、経済学によって論証の裏づけを与えられない限りその科学性を保証されない、いわば歴史的仮説に過ぎない。しかも、経済学によって論証されれば、科学たりうるといっても、実際論証されたのは、経済過程の社会生活における土台としての自立性と、その土台における生産力と生産関係の対応関係だけであった。

唯物史観はそれだけではなく、さらに人類の歴史が資本主義にいたるまでに四つの発展段階をたどり、その各段階はそれぞれ異なった階級的対立関係で規定され、資本主義の後の社会においてこの階級対立は完全に取り除かれるとしている。事実、唯物史観は、一般的には人類史を階級対立において把握し、かつこの階級対立の廃絶によって社会主義社会への必然性を指示する科学的史観であると理解されてきた。

だが土台が自立性を持つとしても、また生産力が生産関係を規定するとしても、それだけではなぜ一定の発展段階で階級対立社会が形成され、さらに生産力の発展とともにそれが崩壊し、異なった階級社会が形成されるのか、そして資本主義とともに階級対立は完全に廃絶されるのか、こういったこの史観における基本命題は全く証明を与えられていない。その意味では、この史観は一つのイデオロギー的宣言ではあっても、科学的認識とはとうてい言えない。

エンゲルスは、この欠陥を、主としてモルガンの『古代社会』（一八七七年）によって補足・解明し、この史観に科学的裏づけをあたえようとした。『家族、私有財産および国家の起原』（一八八四年）がそれである。この『起原』でエンゲルスは、労働の未発達段階では、社会は「血縁の紐帯」で支配されているが、労働の生産性の発展とともに「私有財産と交換、富の差別、他人の労働力を利用する可能性が、こうしてまた階級対立の基礎が発展する」（国民文庫判、八頁）という。「以前のあらゆる社会段階においては、生産は本質的に共同的であった。……しかし、この生産過程のなかに分業が徐々に割りこんでくる。それは生産と取得の共同性をほりくずし、個々人による取得をおもな常則にし、それによって個々人のあいだの交換をつくりだす。……徐々に商品生産が支配的な形態となる」（同、二二六〜二二七頁）というのである。

つまりエンゲルスは、生産力の発展とともに共同体内部に分業が発生し、分業は交換と商品経済をつくりだすというのである。生産力の発展とともに共同体内部から市場経済と階級関係が発生するという分業史観といってよいが、これは明らかにマルクスの共同体と市場経済についての基本的認識と真っ向から対立する。

マルクスによれば「共同体のとる形態が家長制家族であろうと、古代インドの共同体であろうと、インカ国その他であろうと」「人々が手離されうる諸物の私的所有者として相対し、まさにそうすることによって互いに独立な人として相対する……このように互いに他人であるという関係は、自然発生的な共同体の成員にとっては存在しない」。したがって「商品交換は、共同体の果てるところで、共同体が他の共同体またはその成員と接触する点ではじまる」（『資本論』国民文庫版①一六二頁）というのである。

これは人間の歴史を理解するうえで決定的に重要な指摘である。マルクスはエンゲルスのように共同体内部から市場経済も、しがって階級対立も自然に発生したとは考えていなかった。共同体と共同体の間からしか市場経済は発生しえず、この市場経済の共同体内部への浸透、それによる共同体自身の変化と再編によってしか、共同体の歴史的変化もひきおこされないのである。

マルクスが明らかにしたように、市場経済はそれ自体のうちに拡大と自己増殖の積極的契機をもっている。貨幣がすでに盲目的蓄蔵の契機をもっているが、資本となれば増殖活動なしには資本として存立することもできない。これに対して、共同体の本質は体制維持である。共同体は必ず身分社会を作り出し、身分社会は体制を維持し、社会システムを再生産することを目的とする。

市場経済では、商品が価値を積極的契機とし、使用価値を消極的契機とした点に示されるように、量的拡大が本質である。ところが共同体では、使用価値が積極的であって、その量的拡大は消極的動因でしかない。市場経済の本質が増大・増殖であるのに対して、共同体の本質は既成秩序の維持とシステムの再生産にあるからである。

ところが唯物史観には、少なくともその公式には、この共同体と市場経済の概念が完全に欠落している。生産力と生産関係、土台と上部構造といった概念だけで人類史の基本的展開を説明しようというのがもともと無理だったのである。その結果、アジア的・古代的などの体制の転換、各体制における階級対立の成立、ブルジョア社会廃絶後の無階級社会としての社会主義社会などを主張しながら、それらの成立理由ないし根拠については全く説明ないし証明が与えられていない。

人類史においては、どんな社会においても、共同体と市場経済がどのような関連にあるかが決定的に重要であり、この両者の関係への配慮なしにはその社会の基本構造は明らかにならないだろう。奴隷制・封建制などの体制の支配とその転換、階級関係の支配とその廃絶などが語られながら、その根拠を単純に生産力の発展に負わせてしまったために、唯物史観は、宣言はあっても証明は欠ける空疎な公式の性格を脱しきれていない。

ところがマルクスは、その『経済学批判』の準備草稿『グルントリセ』において、共同体と市場経済の二つの概念を基軸として、人類の発展史を総括する試みを示していた。

『グルントリセ』では、人類の発展史は三つの段階に区分される。

第一段階は、「人格的依存関係」の上に立つ自然発生的な共同体社会であって、そこでは「人間の生産性はごく小範囲で、また孤立した地点で発展する」に過ぎない。

第二段階は、「物的依存性の上に築かれた人格的独立性」の社会、つまり市場経済社会である。そこでは「一般的な社会的物質代謝、普遍的な対外関係、全面的欲望、そして普遍的能力といった体制が始めて形成される。」家父長的・古代的・封建的といった古い体制は「商業、奢侈、貨幣、交換価値の発展とともに崩壊し、並行して近代社会が成長する。」そして、この第二段階が第三段階の成立条件をつくりだす。

第三段階は、「個人を普遍的に発展させ、その共同体的・社会的生産性を支配の下に置くことによって基礎づけられた自由な個性」の時代である。要するに、狭い人格的依存関係からも、物的依存関係（物神性に支配された関係）からも解放され、自由でかつ能力を全面的に発展させた人間社会である。（『グルントリセ』一八五七〜一八五八年草稿、七五〜七六頁参照）

これは明らかに、階級的唯物史観とは異質な歴史観である。もとより歴史の発展動力は人間の生産性ないし生産力にもとめられているから、これも唯物史観といってよいが、共同体から発して、市場経済に媒介されつつ、より高度な共同社会へと発展する図式は、むしろ共同体的唯物史観と呼ぶほうが適切であろう。

つまり、『経済学批判』の準備段階（一八五七〜一八五八年）において、マルクスは二つの唯物史観を構想しており、いわゆる唯物史観の公式として採用されたのは、その一つである階級的唯物史観の方であった。したがって、『経済学批判』刊行後は、マルクスの唯物史観といえばもっぱらこの階級的唯物史観のみがとりあげられてきた。しかも、この史観は、エンゲルスによって、ダーウィンの進化論とならぶ「人間の歴史の発展法則」、『資本論』とならぶマルクスの発見の一つとして称揚され、その評価がレーニンによってそのまま踏襲されるにいたって、唯物史観イクォール階級的唯物史観という認識は、マルクス主義者・マルクス批判者を問わず疑問の余地のないものとなった。

しかし、私は、人類史の概括的公式としては、階級的唯物史観よりも共同体的唯物史観のほうが、より犀利な分析とより広遠な展望を与えており、しかも二〇世紀を通じて明らかにされてきた歴史的現実とよく照合していると考える。

五　共同体的唯物史観

すでに多くの人々から指摘されているように、唯物史観は、近代ブルジョア社会の発展とともに形成されてきた史観である。

エンゲルスは言う。「以前のあらゆる時代において、歴史の起動的原因の研究は、原因と結果と連関がこみいり、かくされていたので、ほとんど不可能であったが、現代はこの連関を単純化したので、謎がとけるようになった。」（『フォイエルバッハ論』岩波文庫版、七一頁）

つまり、近代では、それまでと違って、すべての政治闘争が二大階級のあいだで、さらに進むと三大階級のあいだで展開されるようになり、闘争の第一の原因が経済的利益に収斂されてきた。「近代の歴史では……国家すなわち政治秩序は従属的要素であり、市民社会すなわち経済関係の領域が決定的要素である。」（同七四頁）

そして、この近代社会で明らかになった、経済こそが歴史の根本的起動力であるという認識を、過去の歴史に適用することによって唯物史観が構想された。

「巨大な生産手段と交通手段とをもつ現代においてさえ、国家は独立の発展をした領域ではなくて、その存在も発展も、結局は社会の経済生活の諸条件から説明されなければならないとすれば、人間の物質的生活の生産がまだ今日ほど豊富な諸手段をもっておこなわれておらず、したがって生産の必要がいっそう大きな支配力を人間に及ぼしていたに違いない以前のあらゆる時代にたいしては、このことははるかに多く当てはまらなければ成らない」（同七五頁）とエンゲルスは言う。

しかし、近代社会における関係を過去の歴史に類推・適用する場合、十分な注意を要する。人間の歴史においては、経済過程が起動因であり、したがって歴史の発展は生産力の増大に依存すると規定しうるとしても、近代以前の社会は多かれ少なかれ共同体社会であって、経済過程が市場経済として政治過程から分離されていたわけではない。この社会では、したがって土台による上部構造の規制も、資本主義社会のように明確に実現されることもないし、階級対立ももっぱら経済関係から発生するとはいえない。唯物史観の公式では、階級対立が人類史の基本的関係であるとされながら、その階級対立の根拠が明確でないのはこの点に由来する。

さらに重要なことは、市場経済の共同体に対する分解力と社会に対する支配力を過度に評価したためであろうか（その点はマルクスにも、古典派譲りの近代社会を理想化する観点は完全には払拭されていなかったとみるべきかもしれない）、唯物史観には、共同体に対する観点が殆ど全く欠落している。人類史における社会構成と生産様式の変化を説きながら、そこには全く市場経済と共同体の概念が現れないのである。

ほぼ同時期に、マルクスに、「資本制生産に先行する諸形態」と名づけられた共同体研究の草稿があることは事実である。しかし、この研究成果は、唯物史観の公式には全く反映されていない。世界史の発展は、最終的には資本主義の世界市場にたいする全面的支配と共同体の完全な消滅をもたらすという歴史観によって、マルクス自身支配されていたためであろう。

人類史の発展とともに、市場経済が拡大し共同体が崩壊するということは、身分関係に対して階級関係が取って代わるということである。上部構造に対する土台の規定性が決定的となるとする認識をこれに重ね合わせれば、単純な階級対立的唯物史観が成立することになる。この思考様式の特徴は、ブルジョア社会における階級関係の過度の一般化と見るべきである。

資本主義社会における人格的依存関係からの解放と個人の自立を理想化して、これを「歴史の出発点」におき、自立的小生産者としての猟師や漁夫を想定するという「錯覚」に陥ったとして、古典派イデオローグを強く批判したのはマルクスであった。しかし、階級的唯物史観では、マルクス自身、資本主義で初めて実現された純粋な階級対立を、近代以前の歴史に投入するという同じ「錯覚」に陥っている。

そしてまた宇野は、唯物史観を歴史的仮説とし、その科学的検証は経済学による論証をまたねばならないとしたにもかかわらず、この階級関係の歴史貫徹的一元化の方法や、さらに唯物史観の公式における共同体と市場概念の欠落という点にまでは批判を拡大しなかった。

宇野によるマルクス理論批判の範囲が、『資本論』を中心とした経済学の領域に限定され、唯物史観の全対象領域にまでは積極的に拡大されなかったということは、しかし宇野における経済学の理解にもいくつかの問題を残すことになったように思われる。

六　共同体の歴史構造

人間は一定の生産力を前提として、一定の生産関係を取り結ぶというのが、唯物史観の基本テーゼであった。ここから生産力の発展とともに、一定の生産関係が形成され、さらなる発展によってそれが崩壊し、また発展した生産力に対応した生産関係が形成されるという社会の発展と変革の図式も導かれる。

しかし、生産力の発展はなぜある発展段階において一定の生産関係を形成するのだろうか。換言すれば、なぜ生産力の不断の発展は生産関係の不断の変化を導かないのだろうか。二、三千年の間に三つないし四つの生産関係をつくりだしたのはなぜだろうか。

それが歴史的事実だったから、というのは答えにならない。ここではその歴史的事実の理論的根拠が問われているからである。

唯物史観の公式からは、これに対する答えは出てこない。しいて言えば、階級関係の形成と崩壊がそれに当たるのだろうが、公式では肝腎の階級関係形成の根拠が説明されていない。先にふれたように、エンゲルスは、この点を補足すべく『家族、私有財産および国家の起原』を書いたが、そこでは共同体の内部から発した分業の発展によって「私有財産と交換、富の差別、他人の労働力を利用する可能性」の成立を説いている。つまりエンゲルスは、共同体の内部からは商品交換は発生しないとするマルクスの基本テーゼを根底から否定することによってしか、階級関係の成立を論証できなかった。

マルクスの強調するように、歴史をさかのぼれば、人間はかならず共同体に属するものとして現れ、商品経済はつねにこの共同体と共同体の間から発生する。しかも共同体と市場経済に関するこのような認識は終生不変なマルクスの基本的歴史観であった。

唯物史観では、生産力と生産関係の対応は解けても、階級関係の成立は解けていない。そして生産力の高さに応じて特定の生産関係が成立し、この生産関係はかなり長期に亘って歴史を支配するのはなぜか、という点も説明されていない。これらの点は、唯物史観では宣言はされているが、解明はされてはいない。どうしてだろうか。

理由は明確である。人類の歴史は基本的に共同体の歴史だったということである。もちろん生産力の発展とともに、共同体間に商品経済が発生し、商品経済の発展は共同体内部に反作用を及ぼすことによって、多かれ少なかれ共同体を解体に導く。しかし、既存共同体の解体、既成体制の崩壊とともに、より高度化した生産力は新たな構造の共同体の構築を推進する。新たな共同体の形成は、当然新たな体制の成立となって結実する。この体制においては、発展した市場経済とそれに対応した共同体が組織化されて一つの安定した社会システムをなしているが、新たな共同体組織はこの社会の主体として、市場経済をこの社会の補足的機能として位置づけ、その活動範囲を厳重に規制することになる。中世における商人や職人のギルドないし座の存在とその役割を考えたらよい。

前近代における人間社会の歴史は、したがって基本的に共同体の歴史として総括することができる。人類史を階級対立の歴史とすることは、むしろブルジョアイデオロギー史観と見るべきであろう。

宇野自身はこの点について立ち入った発言を与えていないが、宇野の強い理論的影響のもとに、生産力の発展を基底において、前近代社会を共同体の変遷の過程として把握し、これを日本の歴史過程において実証しようとしたのが、中村吉治の研究業績であった。かれの主張は、いわば共同体的唯物史観の代表的見解といってよいだろう。

中村の業績は、『日本の村落共同体』『家の歴史』『封建社会』などの通史に始まって『近世初期農村史研究』『解体期封建農村の研究』などの個別研究にいたるまでの膨大な量からなっているが、ここではそれらをまとめて簡略化したテキスト『日本社会史（新版）』によってこの共同体史観の概要をたどっておこう。

七　中村・共同体史観による日本社会史の解明

中村はその共同体史観によって日本の歴史を次のように区分している。

一、古代社会……一〇世紀ごろまで
①原始社会……三、四世紀まで
②氏姓社会……四、五世紀から七世紀まで
③律令国家……七世紀から一〇世紀まで

二、中世社会……一〇世紀から一五世紀まで
三、近世社会……一五世紀から一九世紀まで

普通マルクス主義史観では、前近代は原始共産制から始まってアジア的、古代的、封建的生産様式として画期されているが、中村の歴史区分はそれと全く異なる。日本のマルクス主義史家のなかには、律令国家までを奴隷制とし、武家社会の成立以後を封建制として、唯物史観の公式にあわせようとした研究者（たとえば松本新八郎など）もあったが、中村はこういった解釈を全く退けている。

その基本的理由は共同体の理解にかかっている。各時期について具体的に見ていこう。

(a) 古代社会

原始の人間集団を、血縁による家を基礎単位とする結合組織としての共同体とし、農業生産によって集団と農地が固定的に結びついてくると、地縁的共同体となり、村落共同体となる。この血縁から地縁へ、氏族から村落への転換をもって古代社会発展の基軸とするのがマルクス主義史学の主張であったが、中村はこれを徹底的に批判して、独自の共同体論を提起した。

「生産力の低い段階においては、生産手段と生産者は密着している。……集団として場所や道具にくっついていた。……血がかよっていた。ここでは個人の存在はありえない。……集団員は相互に団体的に結びついていた。」（前掲書、一九頁）この身分社会としての血族という概念こそが、

中村・共同体論の核心であった。その意味で「地縁的だが、同時に血縁的だ」というのが「共同体の基本的原理である」（同、三二一頁）と中村は言う。

中村は、この「共同体の基本原理」で日本前近代社会史を整理する。すでに縄文文化民は、氏族と家族という「二重の社会で構成された生活体」（同、二五頁）をもっていたが、弥生文化民となると、水田段階という生産段階に規定されて、その社会は「村」と「家」という「二重構造」をもつことになる。

要するに、原始社会は身分社会であった。共産制から階級社会へ移行したのではなくて、共同体社会の構造が変質し、それとともに身分社会のあり方が変化したと見るべきである。共同体にも支配・被支配の関係は存在するが、これはしかし直ちに階級的支配を意味するものではない。純粋な階級的支配関係は、実は資本主義社会の確立とともに一般化したのであって、市場関係と同様、人類は階級関係をもって始まったわけではない。

弥生文化につづく古墳文化（または祝部《いわいべ》文化）は氏姓時代である。氏は農村村落で同属社会であるが、その内部に家をふくむ血縁社会でもある。この氏は連合体として大氏族を形成し、大氏族が連合して、大国家を形成する。氏はクニとも呼ばれ、ヤマト、シキシマ、アキツシマなどのクニグニは集まって、大和の国を形成する。

氏は氏のまま大和の朝廷の下に、職務を分担させたのが部の組織であり、大和国家は、下部の君主たちを姓によって各種の職掌に組織した。国家は氏を統一し、各氏の姓を定めて組織化するから、これは氏姓国家である。国家といっても、基本的には共同体の連合体で、上級君主は下級君主を支配してはいるが、統一的な領土や領民ができたわけではない。その意味で、階級国家も階級分化も成立したわけではない。

（b）律令国家

生産力の増大とともに、家族の構成も変わり、土地との結合も強化され、村落共同体も強化された土地所有のうえに組織化される。大陸との交流によって律令制が輸入され、世襲的豪族支配の私地・私民制から、官僚制による公地・公民制へと変わる。しかし、統一君主のもとでの領域国家、公地を班給され、租庸調を納める法規範のうえにたつ官僚制国家というのは、あくまでたてまえである。祭政分離の名目のもとで天皇の神権支配が確立し、官僚制をとりながら族長や姓をもった者が新官僚に任命され国造や郡司となるといったように、官僚制のたてまえをとりつつ身分制的世襲制は維持・強化されてゆく。

班田制のもとでも村落共同体は厳存し、保・里・郷という行政組織のもとで戸と家は氏族的共同体としての基本構造を維持する。官僚群が実は、同属的身分社会を根底におく氏族的権力群だったのである。

（c）中世社会

身分社会の基盤としての村落共同体は、班田制下でも解体せず、天武朝の八色、桓武朝の氏姓をとおして社会の表面に現れる。源・平・藤・橘の氏姓の隆盛は、四つの氏姓集団にまとまった身分社会の発展型であった。

氏姓の規範は儀礼化する。家としての同族団が結合して、大同族集団を形成するが、これは家長たちの主従関係をとおして実現される。

律令国家の崩壊とともに、共同体は貴族の私地化するが、これは実は氏姓の復活を意味した。とくに地方貴族にあっては、郡司以下は、氏族の君主が任命されていたから、土着の勢力が強く、かれらは官名をもっていても事実上は私権力であった。

律令制下では、外国からの農業技術の輸入をテコとして、生産力は急速に発展したから、家の土地所有とその共同体の組織的結合が強化され、班田農民制は崩され、大一族が形成された。ここでも氏族の復活がみられたのである。かくて公田は私地化して、不輸・不入の荘園が成立する。同時に、名主は武装し、地方貴族も武力をもつ。武家の成立である。

律令国家は空洞化して、貴族や武家に権力は分散し、身分社会としての中世社会が成立するが、その基礎に、生産力の発展に応じて再組織された家と共同体があった。いくつかの村落共同体をあわせた集団の首長が、さらに上級集団の長と主従関係を結ぶというかたちで、共同体は何段かの重層となり、全体として家と同族の性格を維持する。

最高君主が土地を順次に下級君主に分割給付するというのが、幕府を頂点とする一族であり、これと並んで、公家や社寺を最高地主とする同族が、重層的に構築されているのが中世の社会であった。結果として、領域社会とはならない共同体の構成する地域社会の存在ということになる。

（d）近世社会

室町時代以後の生産力の発展はめざましかった。対外貿易の拡大をともなう市場経済の発展がその原動力であった。とくに鉄の大量生産による武器の発達に鉄砲の普及が加わり、戦争の内容と規模が一新された。

軍兵常備、居城の武家常駐、在地武家の土地離脱は、土地・人民の大名支配を進行させ、大名の戦争をとおして、大名領国を成立させることになる。共同体首長の連合が、大名をうみだし、大名は共同体を超えて百姓一般を支配する領国君主となる。在地の名主が土地・人民の支配者であり、かれらは武装して上部に君主・幕府をもつ。武家は共同体と不可分だから、所領を安堵させることになる。この意味で、中・近世社会は基本的に共同体社会だった。

しかし、大名が名主をとおしてではなく、直接に土地と農民から矢銭や兵糧を徴するようになると、中世の社会構造は崩れる。土地・戸口調査がすすみ、武家は離村し、貫高制とならんで石高制が拡大する。

大名の領土拡張戦がはげしくなるが、それが極限まですすめば、一大名が支配する一国家が出現するはずである。しかし事実はそうならなかった。当時の市場経済、とくに外国貿易をふくむ市場経済の発展が、まだ制約されていたための生産力的限界とみるべきであろう。大名を領国支配者として、その大名を統一する中央政権・幕府が成立した。徳川氏による大名支配体制としての幕府という近世武家政権の体制である。

領国の統一、統一度量衡制、法定統一貨幣が実現され、検地が実行され、石高制が確立する。

解体しつつある村落共同体を、郷村制度でおさえこみ、土地売買禁止をはじめとする封建的制限を強化したところに、近世の大名領的石高制土地領有制の本質があった。いわば、市場経済の強力な浸透力によって、自給制を崩され、解体しつつある共同体の上に立ちながら、強力な封建的規制によってその分解を阻止し、安定的体制たらしめようとするのが、幕府の基本的政策であり、したがってその社会構造はもともと大きな矛盾をかかえていた。つまり、古代から続いてきた共同体の上に立つ身分社会の緩慢な解体過程こそが、近世幕藩体制のもつ歴史的意義であった。

明治維新によって、この社会構造が根本的に解体され、身分社会から階級社会に移行したことはいうまでもない。

以上の中村の日本社会史の概観は、すくなくとも日本にあっては、前近代社会は共同体の変遷を基軸として展開されてきたことを示している。共同体の社会関係は身分関係であって、階級関係ではない。もちろん、身分関係のなかに階級関係が浸透することはあっても、それは社会の基本構成としてはあくまで副次的にとどまる。社会関係が全面的に階級関係で規制されるのは、上部構造の関与なしに純粋に経済過程のみで階級関係を維持することができる資本主義社会をおいてない。これは『資本論』の教えるとおりである。

八　共同体的唯物史観と資本主義

マルクスは、唯物史観を「導きの糸」として、経済学の研究にはいっていった。この唯物史観が、従来の階級的唯物史観ではなく共同体的唯物史観として理解されると、それによって導かれる経済学はどのように変質するだろうか。

人類の「経済的社会構成発展」の「一般的結論」が、階級対立の歴史として単純化されるのではなく、共同体と市場経済の関係をとおして、身分関係から階級関係への発展の歴史として具体的に把握され、階級対立の歴史的根拠の解明があたえられるのである。

階級的唯物史観では、四つの社会構成があげられているが、その社会構成相互の質的相違、とくに前近代社会と近代社会との質的相違については考察されていない。共同体と市場経済の概念の導入なしにはそれは不可能である。そのために、なぜ近代ブルジョア社会をもって階級対立は全面的に廃絶されるのか、さらには階級関係成立の根拠はそもそもどこにあったのかが解明されていない。一般的には、この欠陥を、エンゲルスにならって、私的所有の成立をもって補おうとするため、生産手段の私的所有を国有へと切り替えれば、社会主義社会が成立するといった幻想をうむ。そうなれば、生産手段さえ国有化すれば、ノーメンクラツーラが支配しようが、権力が世襲されようが、それは社会主義社会であり、人間は階級的抑圧から自由になっているという「動物農場」がつくりだされるのは当然である。

ところで、共同体的唯物史観を採用した場合、変化するのは前近代社会についての理解だけかといえば、かならずしもそうとは言えない。資本主義体制についてもかなり違った認識を持たざるを得ないことになる。とくに資本主義における国家と家族についてその点を立入って見ていこう。

資本主義の成立は封建社会を前提とする。商品経済の世界市場的発展とともに、封建社会は解体して、絶対主義的統一国家の形成へとすすむ。マルクスは「教会地の横領、国有地の詐欺的な譲渡、横領と容赦ない暴行とによって行われた封建的所有や氏族的所有の近代的所有への転化」といった「本源的蓄積の牧歌的方法」について詳細な記述をあたえているが、これらはすべてヘンリー七世以後の「血の立法」によって強行された。イギリスの本源的蓄積は「一七世紀末には、殖民制度、国債制度、近代的租税制度、保護貿易制度として体系的に総括」されたが、いずれの方法も国家権力という「組織的暴力」を必要としたのであって、この時代には「暴力は、それ自体が一つの経済的な潜勢力なのだ」(『資本論』第一巻、二四章「いわゆる本源的蓄積」)とマルクスは強調している。

前近代の時代には、つねに経済過程は農村共同体を基盤として展開されてきたが、商品経済の世界市場的拡大によって、この共同体は徹底的な解体過程に導かれるとともに、経済過程は市場経済によって包摂されていく。この経済過程の市場経済による包摂は、絶対主義国家という新たに形成された共同体に枠づけられてのみ可能だったのである。

前近代の農業共同体は、必ず家族を細胞とする有機的な村落共同体として組織化されており、その内部に経済過程をほぼ全面的に包摂していた。この経済過程が市場経済によって包摂され、共同体の外部に排出されると、共同体は経済という実体を失ったいわば形式的社会関係としての共同体へと変質せざるを得ない。それが国民国家としての近代国家と単婚家庭としての近代家族だった。資本主義社会では、経済過程は市場経済という自律的運動体となって自己展開してゆくが、その外枠は近代的国民国家という共同体によって擁護され、その内部には労働力の再生産を実現する近代的家族を共同体として包摂せざるをえなかった。『資本論』あるいは『経済原論』では、資本主義経済は自律的運動を展開するシステムとして解明されているが、このシステムは当然近代国民国家という共同体的外枠と近代家族という共同体的労働力再生産機構を前提としている。資本主義的生産は、宇野の強調するように、労働力の商品化を基軸として構築されているが、この経済機構が保障しているのは労働者の生活資料の再生産だけであって、労働力自体の再生産は市場外の家族という共同体の中で行われている。

『資本論』では、家庭内の女性の労働についてはふれていないが、ここにマルクス経済学の限界があると批判した高名な女性評論家がいた。彼女は、経済学はスミス以来市場経済を対象とし、商品経済の外部である共同体の内部には立入ることができないという、経済学の基本的方法について無知だったのである。

国家という大共同体と家族という小共同体にはさまれた市場経済を扱うのが経済学であり、一方では国家の経済過程への積極的働きかけなしに（レッセフェールの自由主義）、他方では家族の再生産が市場によって保障されている（近代的単婚家族の世代的再生産）ということを条件として、市場経済の構造は自立的資本主義の運動体系として解明される。これが『資本論』であり、宇野の『経済原論』であった。その意味では、「近代ブルジョア社会」も共同体的唯物史観によって包摂されている。

人類は、結局共同体を形成することなしには存立しえない。前近代には共同体によって直接経済過程を包摂し、近代社会では、国家と家族という二つの共同体に条件付けられつつ経済過程を市場に委譲するというかたちで歴史を展開してきた。この近代社会が、いまや生産力の限度を超えた発展(それはすでに化石資源の過度の乱費と地球環境の破壊によって理性を具えた何人によっても理解されている)によって、いたるところで、構造的破綻を示しつつある。

唯物史観に従えば「人間はつねに自ら解決しうる問題のみを問題とし」かつ「問題はつねに、その解決の物質的条件がすでに存在しているか、すくなくともその生成の過程にある場合にのみ発生する」はずである。

では、破綻し、解体しつつある資本主義に代わって出現する社会はどんな社会で、その社会形成の物質的条件はどこに、どのような形で整えられつつあるのだろうか。

九　過渡期社会と混合経済

近代ブルジョア社会は、これまで見てきたように、近代的国民国家と近代的単婚家族という物的生産=再生産の基礎をうしなったいわば形式的(幻想的)共同体に枠づけられて成立する市場経済社会であった。その典型的構造は、『資本論』ないし『経済原論』が明らかにしたように、なんら国家の政策的関与なしに成立し、景気循環を繰り返しつつ拡大再生産をとげる資本主義社会である。細部に立入って言えば、この社会では金本位制が確立し、利子率は中央銀行の準備金の動きと連動し、労働組合はもとより、社会保障制度や福祉政策を欠き、なによりも産業企業における株式会社制度は一般的に禁止されていなくてはならない。

生産力の発展とともに採用された帝国主義段階の諸政策、諸制度は、この資本主義の基本的条件を次々と放棄し、この体制を変質させていった。重商主義段階には暴力が経済力に転化したが、帝国主義段階には経済力が暴力に転化するのである。したがって国家も国民国家から「帝国」へと変質し、生産力増大の主軸は生活資料や生産手段の生産ではなく、戦争のための武器生産に変わる。戦争が生産力を激増させ、戦後はこの膨大な生産力を消化するために高額な耐久消費財をファッションとして労働者に消費させねばならなくなる。

大衆消費社会の開幕である。

アメリカから発したこの大衆消費社会の世界的普及の過程において、資本主義社会は大恐慌をひきおこし、長期不況に陥るが、それによって金本位制の廃止と管理通貨制の採用が必然化される。つまり、この時から資本主義は、資本の運動の骨髄を抜かれ、国家が市場経済の神経系統を管理する新たな体制へと変質したのである。国家の政策の主軸が景気と通貨の安定と完全雇用にむかえば、もはや経済は資本によって支配されているとはいえない。国家と資本の共同管理体制へと移行したとみなくてはならない。これと対応して、労働力の商品化も変質する。社会保障と福祉政策によって、大量失業と大衆的貧困を克服しようとする福祉国家においては、労働力はもはや純粋な商品として売買されているとはいえない。通貨や資金とともに労働力も国家によって管理されることになる。

第二次世界大戦後、この混合経済と呼ばれる福祉国家体制は、アメリカの金＝ドル本位制を基軸とするブレトン・ウッズ体制として、世界的に拡大された。第二次大戦でさらに高度化された生産力を基礎として、自動車を中心とするアメリカ型耐久消費財乱費経済はアジアでは日本、ヨーロッパでは西ドイツへと移植・培養され、世界的な長期高度成長を実現する。だがこの世界的な生産力の高度化は、ブレトン・ウッズ体制を桎梏として崩壊させた。一九七三年以後、国家は、資金・通貨の管理機能を失い、それを変動相場制にゆだねざるを得なくなった。国家の管理からはなれた資金は、いまやあらゆるバリアーをのりこえて自由に世界市場を駆け巡り、インターネットとコンピューターの発展のつくりだした情報革命と結びついて、グローバルに生産・流通・金融・証券などあらゆる部門を支配することになる。いわゆるグローバリゼィションの時代である。一六世紀、国民国家の形成とともに始まった資本主義的生産様式の時代は、ここに漸く終焉をむかえようとしている。その端的な兆表は、国家的バリアーのいたるところにおける低下過程と、価値増殖を本質とする資本主義における価値基準の喪失、そして世界的に進行しつつある家庭の崩壊現象である。

しかし「旧社会そのものの母体内で孵化」するとされる「新たな・より高度な・生産関係」なるものはどんな形で形成されつつあるのだろうか。

結び・新しい共同体としてのコミュニズム

マルクス主義における社会主義は『共産党宣言』や『共産主義の原理』をみるかぎり、私有財産の廃止による階級関係の廃絶という点に目標がおかれていた。

実際、エンゲルスは、唯物史観の基本命題を次のように要約している。「生産、それについでその生産物の交換が一切の社会制度の基礎である。歴史にあらわれるどの社会でも、生産物の分配、さらにまた階級あるいは身分というような社会編成は、何がいかに生産されるか、その生産物がいかに交換されるかによって決まる。」(『フォイエルバッハ論』岩波文庫版、六五頁)

唯物史観の基本命題は、生産力による生産関係の決定である。エンゲルスのように、生産と交換を社会制度の基礎におけば、これはむしろ市場経済史観というべきであろう。しかも「階級あるいは身分」というように、かれには階級と身分の区別がない。つまりエンゲルスは、「一切の社会制度」を生産物の交換関係に媒介された階級関係に一元化しているのである。

このような階級関係史観にたつかぎり、社会主義の目標は次のように構想されることになる。「全ての資本、全ての生産、全ての交換が国家の手に集中された場合には、私有財産制は自然に消え去り、貨幣は無用のものになり、旧社会の最後の交易形式もなくしてしまえるほどに生産がふえ、人間が変化するであろう。」(『共産主義の原則』新潮社版、六五頁)

私有財産と市場経済の廃止を前提とした国家による全面的な計画経済の実現、これがエンゲルスの描いた社会主義社会の青写真であった。二〇世紀のマルクス主義正統派は、このエンゲルス的唯物史観と社会主義をマルクス・レーニン主義として体系化し、ロシア革命、東欧革命、中国革命などをとおして次々とこの国家管理型社会主義を実現した後、世紀末に大崩壊を起こして、消滅した。

今日になっても、歴史の唯物論的理解としての唯物史観になお存在理由があるとすれば、初期マルクスが構想しつつも、永きにわたって見失われてきた共同体的唯物史観をもってエンゲルス的階級的唯物史観に代える以外にないであろう。

実際、市場経済の行き詰まりの中から孵化しつつある新たな社会関係とその組織形態は、たとえばＮＰＯ、ＮＧＯなどの組織的展開、危機におけるさまざまなボランティア集団の形成、国家を超えた地域統合の拡大、地域共同体の強化、国境を超える医師団などの世界的組織の族生などにひろく見られるようになった。さらにパソコン・ネットを媒介とする自営型労働者の協働関係をもって新しい共同体組織の成立とみる論者もあらわれている。しかし、いずれをとっても、まだ資本の支配を完全に突き崩して、経済過程を全面的に組織化するには程遠い状況にある。

そしてまた、一方で過度の資源乱費や環境破壊をコントロールしつつ、他方で資本の支配する場合の生産力の上昇と対抗しうるような、合理的経済管理システムを人間はまだ発見していない。一部地域や産業には、確かにそのような試みは現われてはいるが、グローバル資本主義に対抗しうるためには、新たな共同体自身グローバルな組織たらざるをえないであろう。その意味では、新しい共同体形成という「課題を解決するための物質的条件」はまだ「生成の過程にある」という以外にない。

しかし、以上の考察によって、われわれには、次のことだけは明らかとなった。

社会主義社会成立の条件は、私有財産の廃止・経済の国家管理・市場経済の廃絶・計画経済の実現・そのための国家権力の奪取などなどにあるのではなく、経済過程を基礎におく新たな共同体・つまりコンミューンの形成以外にないということ、これである。この新たなコンミューン形成は、まず近代的国民国家と近代的単婚家庭の解体を前提としてしか遂行されえない。コミュニズムとは、このような新しいコンミューン形成のための思想と運動の総体以外の何物でもないというべきであろう。

グローバル市場と国家の現在

片桐幸雄

はじめに

降旗節雄教授の呼びかけで「現代世界体制研究会」（その後、名称を「ポスト資本主義研究会」と変えた）が発足したのは一九九九年四月のことだが、その年の七月の例会で教授は自ら「マルクス主義はいかに修正されるべきか」という刺激的タイトルの報告をされた。

このとき降旗教授は、「唯物論的社会認識からは唯物史観は論証されない」とされたうえで、「生産力と生産関係の関連を枠組みとし、階級関係を機軸とする歴史観に対して、共同体と市場経済の関係を主軸とする人類史へ組替えを提示することが、この作業［マルクス主義の歴史の総括］の目標となる」とされた。教授は、人類の歴史は共同体を市場が蚕食していく歴史であり、現代はその蚕食の最終段階であって、グローバル化した市場は、二つの最後の共同体である国家と家族——それは資本主義が拠って立つ共同体でもある——をも崩壊させ、そのことによって資本主義そのものを変質させているとされる。

降旗教授のこの歴史観はまだ完成されたものとはなっていないように思われるが、そのことを考慮しても幾つかの疑問がある。一つは、「市場」と「市場経済」の関係である。市場は先史時代から、人類が共同体の内部に余剰を持った時から存在していたといえる。しかし、市場経済が現れたのははるかに後のことである。極論すれば、市場はもともと交換という機能しか持っていなかった。そしてここで交換されるモノが商品となり、その生産を介して、商品が共同体内部の生産と分配をも捕捉し、交換が流通に転化したときに初めて市場経済が成立した。そしてそれは現実には資本主義の成立と同時のことである。したがって、市場経済と共同体との関係から人類史——その一つの過程としての資本主義の生成・発展・没落——を説くことは困難である。

しかし、市場経済を市場と置き換えればこの問題が克服されるわけではない。先に述べたように市場は先史時代から存在したが、それは共同体の隙間にあって、共同体の余剰を交換する場所に過ぎなかった。巷間言われるように、市場には「自由と平等」が最初から存在していたわけではない。共同体の隙間に発生したというその出自からして、市場には本来共同体の規制は及ばない。市場は無政府性をその基本的特質としていたのである。「自由と平等」が市場に存在したのは、利潤獲得を唯一の目的として市場で対峙した参加者達の力が均衡する場合だけである。それが常に実現されるという保証は当然、ない。したがって市場は無政府性とともに不安定性をその特徴としているといえる。
このような市場がどうして強固な規制を持っている共同体と対等な関係を持つことができるのか。歴史的事実は国民国家という共同体の手によって国内市場が形成され、国民国家間の国際市場も基幹的国家のヘゲモニーのもとにあったことを示している。市場経済においても、市場は国家という共同体の規制のもとでその無政府性と不安定性をコントロールされて、はじめて「自由と平等」を実現できた。その限りにおいて市場経済といわれるものが登場したのも市場に対する規制力を持つ国家という共同体の存在を前提にしていたのであり、同時に国家はこの無政府的で不安定な市場の暴走を食い止める義務を負っていた。

市場と共同体、あるいは市場経済と共同体の関係を考える場合には、こうした事実を無視できない。そしてこのことを考えれば、降旗教授の言う、「共同体と市場経済の関係を主軸とする人類史」を構築することは、決して市場と共同体を対等なものとして、あるいは市場が共同体のような堅固な実体的構成要素を持つかのように擬制して両者の角逐を見ることではないであろう。

近年におけるグローバル市場の登場もまた、この見方を変化する理由にはならない。市場は、先に述べた無政府性、不安定性とともに、二重の意味での「世界性」を本来的に持っている。市場に規制が及ばない限り市場は無限に拡大する。しかし、それは自己増殖というよりは、市場参加者の明示されない共通の意志とでもいうものに起因する。市場の規模が大きければ大きいほど市場参加者には都合がいいからだ（取引の多様化と大量取引の利点を想起すればいい）。そして、市場は参加者と場所を特定しようとはしない。取引が行われるならば市場はどこでも開かれる。市場のグローバル化は異常なことでもなんでもない。

しかし、この市場のグローバル化に対して、これまで市場をみずからの規制下に置いてきた国家が逆にその変容を迫られている感がある。降旗教授が「共同体と市場経済の関係を主軸とする人類史」を構想された一つの要因もこの現象にあると考えられる。上述のように、交換の場としての市場はそれがローカルな市場であれ、グローバルなものであれ、本来無政府的なものであるが、共同体が、あるときはその誕生や成長に手を貸し、あるときはそれを厳しく規制してきた。それはある意味では共同体としての国家の自己保存本能によるものだったといえる。なぜそれが、グローバル市場の出現によって困難になったのか。最後の共同体たる国家の規制の困難なグローバルな市場が何故登場したのか。国家はこのグローバルな市場にどう対応しようとしているのか。

グローバル市場と最後の共同体としての国家の関係の検討はこの観点から、市場と共同体の関係についての大きな手がかりを与えるといえる。だが現実には、グローバリゼーションは一種の神話であり、グローバル市場に対する国家の力は巷間いわれるように衰退しているわけではないという主張も根強い。そのような認識からは市場と共同体の関係を考える契機は生まれないであろう。降旗教授の報告があったころ、偶然に、グローバル市場に対する国家の力の後退を否定的に考えていた知人から、この問題を巡る相当な量の資料が送られてきた。それを読んで長い返事を書いた。その手紙の一部を抜粋（修正）し、グローバル市場と国家の関係をどのような視角から検討すべきかを改めて考えてみたい。

一　グローバル化を見る視角

結論から言えば、国家の力はグローバル市場に対してはまだ衰えていないという主張には、違和感を覚えます。

古い話から始めます。いうところの経済のグローバル化は、別に最近生じたものではないし、また過去の水準に比べて進んでいるわけでもないと、早くに指摘した論者にクルーグマンがいます。クルーグマンの主張は以下のようなものです。

「経済の本質を考えれば、一八九四年当時のシカゴは現在のロスアンゼルスと同じくらいグローバル化していた。……／……なぜグローバル市場がつい最近できたものだと思われているのだろう。それは最初のグローバル経済を政治が抹殺したからである。一九一四年から一九四五年にかけての戦争と保護主義によって、それまでシカゴと世界各地と結んでいた貿易、投資の緊密なつながりや、故国の家族との絆が断ちきられてしまったのだ。ある意味では、世界はいまだに回復していない。あまり知られていないが、世界生産に対する世界貿易の比率が一九一三年の水準に回復したのは、意外にも七〇年ころのことである。さらに意外なことに、ネットの国際資金フロー（つまり、実物投資をともなわない複雑な金融取引を除いたフロー）の世界貯蓄に対する比率を見ると、ここ数年の「新興市場」ブームの期間ですら、第一次世界大戦以前にはるかに及ばない。」（ポール・クルーグマン『よい経済学、悪い経済学』一九九七年、二四一頁）

つまり、貿易と資金フロー（最近の論文では、海外直接投資をもってそれをとらえるのが一般のようです）の面で見るなら、近年の水準は過去のものに比べて決して高いものになっているわけではないということになります。また多国籍企業のR＆D（調査開発）戦略を考えるならば、多国籍企業は決して根無し草にはなっていないとされます。そしてこれらを論拠にグローバル化は神話であるとされ、「グローバル化の前で国家の力が衰退した」とする考えを退け、ある意味では反対解釈的に、国家の力はまだまだ衰えてはいないとされます。

こうした判断に見られる問題（上述した私の違和感はここから生じたとも言えます）は、大きく分ければ、次のようになります。

・一九一三年以前の貿易、資金フローと一九七〇年代以降のそれとを単に量的に比較することになってしまっているが、このように見てしまうと、インターナショナリゼーションとグローバリゼーションとの違いが見失われる恐れがあること

・多国籍企業がR＆Dの面で依然として母国に根を降ろしていることをもって、根無し草になってないとすることは、多国籍企業が、生産面、販売面で世界市場を睨んだ戦略を展開していることを見失う恐れがあること

・グローバル化を神話として退けることをもってして、直ちに国家の力の衰退を否定することは、グローバル化と国家の関係の議論にとって生産的とは言えないこと（実際には、経済のグローバル化との関係で、国家の力の変容が議論されることになるのではないでしょうか）

冒頭に触れた違和感を整理することを目的に、次のウェードとワイスの論文を主たる対象とし

て、これらの問題について思いつくことを幾つか述べてみたいと思います。

Robert Wade, Globalization and Its Limits: Report of the Death of theNational Economy Are Greatly Exaggerated: in National Diversity and Global Capitalism (ed. by Suzanne Berger and Ronald Dore) Cornell U.P. 1996

Linda Weiss, Globalization and the Myth of the Powerless State: in New Left Review No.225 Sep./Oct. 1997

二　インターナショナリゼーションとグローバリゼーション

クルーグマンの言うように、貿易と資金フローに関してみれば、そのウェイトは一九一三年以前の方が高かったということになりますし、その限りにおいては、近年の「グローバル化」なるものは「神話」にすぎないということにもなります。しかし、国境を前提として、その国境を越えたモノとカネの流れが大きくなることをもって「グローバル化」ということ、それ自体に実は問題があるように思います。国境を越えるモノとカネの流れが大きくなること自体はインターナショナリゼーションとでもいうべきものに過ぎないからです。

ウェード自身、「世界経済はグローバルというよりはインターナショナルなものである」といっていますが（六一ページ）、これはウェードが現代においても国境というものが堅固な壁となっていて、経済活動はなお国家単位（国民経済単位）で把握されると理解していることの裏返しのように思います。次の発言はそのことを示しているといっていいのではないでしょうか。

国家の経済的国境は今なお、資本蓄積システムの境界を規定している。（八六ページ）
国家の経済的国境を越えると、資源の動きは相対的に鈍くなる。（八七ページ）

この国家の経済的国境はウェードの言うような堅固さをもっているのでしょうか。それが「グローバル化」を論じるにあたってまず検討の対象となるとともに、おそらくは最も根本的な論点だと思います。問題はこの堅固さを何によってはかるかということです。そのことはまた、インターナショナリゼーションとグローバリゼーションとの違いを認識することにもつながります。コックスがかつて次のように言ったことがあります。

グローバル経済は領土上の境界を越えるグローバルな生産システムとグローバルな金融ネットワークとによって特徴付けられる。これにたいして国際経済は領土を持つ主体（国家）間の貿易、投資、資金の流れでもって理解される。考えなければならない問題の焦点はこの両者の関係にある。（Robert Cox, Approaches to World Order, Cambridge Univ. Pr., 1996, p.175）

インターナショナリゼーションとグローバリゼーションの切り分けについていえば、この通りではないかと思います。そして「国境を越えるモノとカネの流れが大きくなること」はインターナショナリゼーションをいうにすぎませんから、これをもって「グローバル化」とし、それが量的に過去の水準よりも低いということから、近年の「グローバル化」を否定するのは、問題の見方自体が間違っているように思います。これが最初の違和感です。

「グローバル化」はあくまで、コックスの指摘した、領土上の境界を越えるグローバルな生産システムとグローバルな金融ネットワークについて検証すべきではないのかと思います。そしてこの検証は、ウェードのいう資本蓄積や資源の移動によってなされるのではなく、他国籍企業、国際金融業（銀行等）の行動様式や戦略によって行われるものでありましょう。かつて私は次のように書いたことがあります。

金融と生産の国際的ネットワーク化が第二次世界大戦後に急速に進んだ。担い手は多国籍企業である。一九八五年には多国籍企業が本国以外で生産した「国際生産」は世界の貿易量を上回り、上位三五〇社の売上総額は先進国全体の国民総生産額の三分の一に達した。こうした巨大化した多国籍企業の行動はもはや国民国家と当該国の資本という関係では捉えきれない。（拙稿「国際通貨の何が問題か」、『経済理論学会年報第三五集』一九九八年所収）

もし、グローバル化が神話であるというのであれば、この国民国家の国境を超越する（すり抜けてしまう）「金融と生産の国際的ネットワーク化」の進展を否定しなければなりません。ウェードのように、「国家の経済的国境は今なお、資本蓄積システムの境界を規定している」ということと根拠にグローバル化を否定するのではなく、「領土上の境界を越えるグローバルな生産システムとグローバルな金融ネットワーク」の形成の中でなお、「国家の経済的国境は今なお、資本蓄積システムの境界を規定している」と言えるかどうかを検証しなければなりません。現実を見れば、多国籍企業は国家の設定した領土上の境界を越えた国際的ネットワークのなかで資本蓄積を行っているといわざるを得ませんし、そしてその限りにおいて「グローバル化なるものは神話である」というウェードの主張には賛同はできません。

三　バッファ国家と調整国家

違和感の第二は、国家の力の見方に関するものです。ワイスの論文は、表題（「グローバリゼーションと無力な国家という神話」）のとおり、主として、グローバル化によって国家の力は衰退したかということを巡って論じられています。その主張をまとめれば、次のようになると思います。

・国家の機能が低下したというよりは、国家が「調整」機能を持つようになったというべき
・国家はインターナショナリゼーションの犠牲者というよりは、その推進者である（「政府自身が「グローバル化」の一部となっている」という趣旨の記述もあります。ただしワイスの論文では、インターナショナリゼーションとグローバリゼーションの区別ははっきりしません）
・国家は、貿易と投資の国内的および地域的ネットワークを強化するための「媒介役」になっ

ている。つまり、国家は統合国家（integral state）から触媒国家（catalytic state）へ移行している

こうしたことを論拠にワイスは、「グローバル化によって国家の力が衰退した」というのは「神話」だとします。ただし、ワイスはウェードのようにグローバル化そのものを否定するのではなく、グローバル化と国家の力の維持は二律背反的なものではないとし、グローバル化のもとでも国家の力はなお強力であるとしていると言えます。

クルーグマンの主張に対する疑問をまとめた際に、私は「実際には、経済のグローバル化との関係で、国家の力の変容が議論されることになる」と書きました。ワイスの主張はまさに国家の力の変容を論じたものであり、その限りにおいては、極めて当を得たものだと思います。しかし、問題はここから始まります。国家の力はなお強力であるとしても、国家の力は何に対して強力なのか、ということです。

国家の力が変容したのかどうかは、まずもって経済のグローバル化、すなわちグローバル市場の形成との関係において論じられる必要があります。ところがワイスは「国家はインターナショナリゼーションの犠牲者というよりは、その推進者である（政府自身が「グローバル化」の一部となっている）」とするだけで、国家がなぜそのような役割を演じることになったのかについて論じるという姿勢は見られません。

ワイスは、国家は経済の国際化（グローバル化）を推進するのに強力な力を持っているとし、そして「国家が強力な調整機能を持つ」とします。たしかに、国内だけを見てみれば、経済のグ

ローバル化のもとでも国家（政府）は、国民や内国企業（法人）に対してなお強力な力を持っています。しかし、それは国家としては当然のことなのであって、「グローバル化」の中での国家の力の変容ということを論じる場合、この国家の力が絶対的に低下したかどうかではなく、そのベクトルの方向が問題になるのではないでしょうか。

国家が「調整的役割を担うことになった」とか、「媒介的なものになった」とかいうワイスの叙述のなかにも、国家の力のベクトルが変化したのではないかということが垣間見られます。国家の調整（Adaptation）能力の有無、ないしその大きさ以前に、そのベクトルの方向が問題になるわけです。「国家はインターナショナリゼーションの犠牲者というよりは、その推進者である」とされていることから見て、調整は「グローバル化」との関連でおこなわれるのでしょうが、国家の力が「何に対して」強力なのかを明示しないと、この調整のベクトルが不明確になってしまいます。

現実の調整は、「グローバル化」と国家との間で相互になされるものではなく、「グローバル化」を受けてなされるに過ぎません。ここではベクトルは一方的なものになっているといえます。政府自身が「グローバル化」の一部になっているとするのは、結果記述的には正しいことかも知れませんが、そのことから直ちに、政府が自ら――市場の動きとは無関係に、あるいは市場の動きを誘導するような形で――「グローバル化」を推し進めていったと理解されてはならないでしょう。国際金融市場の「グローバル化」を一番うまく利用しているのは多分アメリカでしょうが、そのアメリカさえ、この「グローバル化」に当初は抵抗したのであり、抵抗が不可能と見て、逆にそれを利用する方向に「調整」を図っていったに過ぎません。この経緯については、ヘライナーが詳しく論じています（Eric Helleiner, *States and Reemergence of Global Finance*, Cornell Univ. Pr. 1994）。ヘライナー自身は、「グローバル化」は国家の手で進められていったと言おうとしているようですが、かれがこの本で叙述する経過的事実によってそれが否定されるという皮肉な結果になっているように見えます。

このベクトルの一方向性（非双方向性）は、世界市場の動きと国内の経済的安定とに、「ズレ」が生じたときに、はっきりします。たとえばワイスは「多くの国家は貿易、投資、生産における企業活動のインターナショナリゼーションを規制するというよりは直接それを促そうとしている」と言っていますが（一二三ページ）、国内安定の観点から企業活動のインターナショナリゼーションを規制することが必要になったとき、国家にはたしてそれが可能でしょうか。「国家の力は衰えていない」といないと主張するのであれば、この逆方向のベクトルが依然として強力であることを示さなくてはなりません。ワイスの論文からはこのことはほとんど窺えません。

これは、最初にも触れたように、「国家の力はなお強力である」としても「何に対して」強力なのか、ということをワイスが——意図してか、どうかは判りませんが——看過してしまったことに帰因しているように思われます。コックスは、この国家の力の変容を次のように述べています。

今世紀［二〇世紀——引用者］のほとんどを通じて、国家の役割は、国内経済の活動水準を国内の雇用と賃金とを適切に維持できるように鼓舞することができるよう、外からの破壊的力に対して国民経済を守るための緩衝物となることであると考えられてきた。国家は国内の福祉を優先したのである。しかし過去二〇年間［一九七〇年代以降――引用者］、優先度は世界経済が要求していると考えられることに国内経済を適合させることへとシフトした。（一九三ページ）

国家が「調整」機能を持つようになったというのは、プライオリティが国内安定から世界経済の動きに対応することに移った（そうせざるをえなかった）結果に過ぎないとさえいえます。だとすれば、はたして「国家はインターナショナリゼーションの犠牲者というよりは、その推進者である」といえるでしょうか。疑問といわざるをえません。

四　市場と国家（相対的力量の変化）

グローバル化とは生産と金融のネットワークが国家の領土的境界（国境）を超えてしまうものであるということは、換言すれば、生産と金融のネットワークが世界規模で（グローバルに）形成されるということです。そしてこのグローバルなネットワークをベースにした各企業（多国籍企業）の競争も当然のことながらグローバルなものとなっていきます。そうした状況下にあっては、多国籍企業はその母国にあっては母国政府の規制に従わざるをえないとしても、全社（全グループ）的戦略としては、グローバルな競争にうち勝つことがなによりも優先されることになります。

グローバル化の進展は、市場の参加者であり形成者である多国籍企業を強大なものとすると共に、それ以上に、世界規模での競争の激化によって、多国籍企業がもはや母国政府のコントロールに全面的に従って活動を行うことを、困難にするという特徴を持ちます。これこそが生産と金融のグローバルなネットワーク化の持つ大きなインパクトだと思います。グローバル市場の形成は決して国境を超えるモノやカネの量だけをいうのではありません。むしろ（世界）市場が本来的に持つ無政府性が大きく強まることこそが、グローバル市場の形成のもつ最重要な意味ではないでしょうか。経済のグローバル化と国家の力の変容を論じるときにおさえておくべきことは、（世界）市場のこの無政府性の強まりを許した（許さざるを得なかった）国家の力の相対的な低下ではないかと思います。ワイスが「国家はインターナショナリゼーションの犠牲者というよりは、その推進者である」としているのは、実際には国家がグローバル市場の手先になったということを意味するものでしょう。

ウェードは、国家の力は衰えていないとして、「多国籍企業は無国籍、根無し草、国家を超越するものというようなものにはなっていない」と主張しています（七九ページ）。おそらくウェードは国家（政府）と個別の多国籍企業とを比較してこのように言うのでしょう。その限りではウェードのいう通りだと思います。しかし、多国籍企業が参加・形成するグローバル市場の動きに対して国家はなお優越的な力を保っているとはたして言えるでしょうか。このことを確認しない限り、グローバル化のもとでの国家の力の変容にかかる議論はほとんど意味がありません。国家の力がためされるべきなのは、グローバル市場のコントロールの可否であって、個々の多国籍企業をコントロールできるかどうかではないのです。国家の力の衰退を、「神話」だとして退けようとする論者は、このことにおいて混乱があるように思えてなりません。これが私の三番目の違和感です。

そして、第一の問題（インターナショナリゼーションとグローバリゼーションの混同）も第二の問題（国家の力の変容のベクトルの見過ごし）も、結局はグローバル市場と国家を対比すべきなのに、これを多国籍企業と国家の対比に置き換えてしまったことから来ているように思われてなりません。つまり、

ア．貿易や資本移動を個別の多国籍企業の対外活動の総計としてとらえ、

イ．一方これらの多国籍企業がその母国での企業活動に関しては母国政府の指導に従うことから（国家の力に従属することから）、

ウ．国家の力は依然として衰えていないのであって、（国際化の進展はともかく）「グローバル化」なるものは「神話」にすぎない、

というふうに説くことになります。ここで、ウの前提とされるア及びイはそれ自体として間違っているわけではありません。問題はウという結論を導くのに、アとイが前提として妥当かどうかということです。上述したグローバル市場の強大化ということを考えると、アとイからウを導くということの方法には強い疑問を感じます。

なぜなら、資本移動や貿易（というよりは、国際生産というべきでしょう。多国籍企業の活動によっ

て、国境ベースの国際収支と国籍ベースのそれとが大きく違っているのが近年の特徴といえます。その典型例がアメリカです）は、国家が簡単にコントロール出来るものではなくなっているのであり、多国籍企業をその母国内で規制することが可能であったとしても、国際的競争の観点からその規制が受容しがたいと判断された場合、多国籍企業が海外でその規制を回避する手段を講じることを国家は防ぎえなくなっているからです。

そうした中で、国家がとりえる方策は、このグローバル化を与件として、グローバル化のもとで自国の――自国を母国とする多国籍企業の――競争力を維持・強化することしかなくなってきます。コックスはいみじくも次のように言っています。

> 国家は経済に従属していると考えられる。グローバル経済における競争性の維持ということが公共政策の究極の尺度なのである。（五二九ページ）

ここで「経済に従属している」とあるのは、文脈からすれば「グローバル経済に従属している」と読み替えられるべきでしょう。現実にはこのことは「規制緩和」という形で現れました。つまり、国家は自国内の活動についてはなおコントロール能力を持っているとはいえ、経済のグローバル化の中で、このコントロール自体を縮減ないし放棄せざるを得ない方向に向かっているということです。この規制緩和が時として国内経済にとっていかに大きな不安定要因となるかは、一九九七年のアジア通貨危機が如実に物語っています。

こうしたことを考えるとウェードやワイスのように、グローバル化や国家の力の衰退を「神話」として、はたして片づけられるか、なお疑問と言わざるを得ませんし、そこにまた違和感が残ることにもなります。

五　政府（政策決定者）のグローバル化への対応

ワイスは上述の如く、「国家の力の衰退」という主張は「神話」に過ぎないとして、これを退けます。そして、次に見られるように、「国家の力が衰退している」という話は、政策立案者が、選挙権者（＝国民）にとって人気のない政策を実行するにあたって、利用したものだといいます。

しかし、政治的指導者は――とりわけネオ・リベラル的経済思想が支配的となっている英語圏では――グローバルな経済潮流に対しては政府は無力であるという見方に彼ら自身が大きな役割を演じている。大衆に受けの悪い経費削減政策に対して支持を取り付けようとして、多くのOECD諸国の政府は、この政策は自分達ではコントロールできないグローバル経済の潮流によってどういうわけか「強いられた」ものであるとして、有権者を納得させようとしている。（一六ページ）

しかし、「国家の力が相対的に弱まっていることを、有権者（＝国民）にとって人気のない政策を実行するのに利用する」ということとグローバル化との関係はワイスのように見なければならないわけではありません。たとえば次のような紹介があります。

政府の金融当局者の影響力もまたグローバル市場自身の力が増大することによって強化された。エイドリアン・ハムは、イギリス財務省とイングランド銀行の当局者は「内閣の冷静な閣僚グループにとっては困難なものであった目標を達成するために、国際金融の〈制御不可能な〉力を利用した」と記している。（ヘライナー前掲、一三〇ページ）

ワイスとヘライナーの表現は微妙なところでズレがあります。ワイスは「グローバルな経済潮流に対しては政府は無力であるという見方に彼ら自身が大きな役割を演じている」として、グローバルな経済潮流の力は実際には政策転換を強要する圧迫要因ではなく、一種の口実に過ぎなかったということを言外に示唆します。これに対してヘライナーは、「グローバル市場の力の増大」を実際の圧迫要因とした上で、金融当局者はそれを政策転換に利用していったとします。これは、ヘライナーの次の文章が明確に示しています。

ネオ・リベラル的な思考方法へのシフトは、部分的には、グローバルに統合された金融システムのなかで国内のことだけを考えたケインズ的な考えを実行に移すことは困難性になっているという認識を反映したものだった。（一二九―一三〇ページ）

この文章からは、国家が従前の政策を遂行することが困難になったのは、経済のグローバル化に大きな要因があり、グローバル化に対応するために政策転換が必要だという認識が政策立案者にまずあったのではないか、ということが窺えます。さらに、こうした政策転換に先立って、イギリスでもアメリカでも、いったんは国内規制を強化し、グローバル化の流れをせき止めようとする試みがなされたことがあること、しかしグローバル市場の力に抗しきれずに、こうした試みを放棄し、政策転換のやむなきに至ったこと、等を確認するならば、「グローバル市場の力の増大」はやはり実際の圧迫要因であったというべきではないでしょうか。

政策当局者はこの圧迫を回避することは困難であると判断して、逆にこの圧迫を政策変更に利用しようとしたのでしょう。しかし、その結果がどのようなものなったか。我々は今その現実をこの眼で見ているわけです。

おわりに

降旗教授の報告も私の手紙も前世紀の終わりのものである。しかし、グローバル市場と国家をめぐる状況に基本的変化はない。グローバル市場の持つ無政府性とその（共同体に対する）負の影響が鮮明になっただけである。

西谷修氏は、映画『ダーウィンの悪夢』（フーベルト・ザウパー監督）を紹介するエセーのなかで次のように言っている。

…やがてこの肉食魚［ナイルパーチ――引用者］は他の魚を食い尽くし、「ダーウィンの箱庭」と呼ばれるほど多彩で豊かだったビクトリア湖の様相を一変させてしまったという。ダーウィン流の「適者生存」という考え方に照らしてみるならば、ナイルパーチはみずからが「適合種」であることを示したということだ。

自然環境におけるこの適合種（勝ち組？）は、湖の外の更に広い人工的な環境のもとでも「適合種」だということがわかった。つまり「グローバル市場」という競争の激しい環境で、ナイルパーチは優れた商品たりえたのだ。そしてそれを言うなら、グローバル市場の原理そのものも、社会主義と資本主義との競争の果てに勝ち残った「適合システム」だとされている。その意味では、ナイルパーチの加工産業周辺の人びとの「生態」を扱ったこの映画は、最近のグローバル化した世界における三重の「適合種」をめぐる映画になっている。ただ、それは同時に「ダーウィンの箱庭」が「悪夢」へと転じる物語でもある。（「人みなそれぞれの「アフリカ」を……」『ダーウィンの悪夢』から」『ＵＰ』二〇〇五年一一月号）

ナイルパーチは外来の肉食魚である。それが一方でビクトリア湖（「ダーウィンの箱庭」）の固有種を一掃し、他方でグローバル市場の適合商品としてビクトリア湖周辺の経済を支配していく。この過程で、ビクトリア湖のもたらす自然の恵で生計を立てていた共同体は完全に崩壊し、絶望的な飢餓と貧困が支配することになった（「ダーウィンの悪夢」とはこのことを指すのであろう）。

このことはグローバル市場が適合システムであって、共同体システムはそうではないということを意味する。ただこのグローバル市場というシステムは、一方でビクトリア湖周辺に象徴的に見られるような、かつての共同体的再生産構造を解体し、これを「負け組」にすると同時に、すでに資本家的生産様式が支配的であり、表面上はシステムのなかの「勝ち組」となったはずの先進資本主義諸国のなかにも「負け組」を作り出す。市場のグローバル化の進展の中で先進資本主義諸国内にも膨大な「負け組」（貧困層）が生み出されていったのである（岡田幹治氏が「はたして「小さな政府」で良いのか」（『Verdad』二〇〇五年一〇月号）で紹介しているOECDの報告――それによれば、貧困層の占める割合の大きさではアメリカが世界一であり、日本が第三位となっている。また、この一〇年間で日本の貧困層の割合は八・一％から一五・三％に急増している――を見よ）。これが「グローバル経済における競争性の維持ということが公共政策の究極の尺度」（コックス）となった結果であった。この意味では、グローバル市場というシステムは本来、大量にして悲惨な「負け組」を内包するシステムだということになる。

共同体は社会的弱者をも共同体の一員として抱えるという意味で「適者生存」の論理を拒否する社会集団である。ところが先に見たように、最後の共同体たる国家は、グローバル市場での競争性の確保をその政策の最終的尺度にしてしまっている。このことは一体何を意味しているのか。

またグローバル市場を含めて、市場は「強いものが勝つ」という論理が展開される場である。

「強いものが勝つ」ということは利潤率の均等化という経済の基礎の基礎ともいうべきものであることを考えるだけでも、市場に対する共同体の対応ははたして経済合理性から説き得るのであろうか。

この素朴な疑問が、降旗教授の「共同体と市場（経済）の関係を主軸とする人類史」のなかで明快に解かれることを心から期待したい。

資本主義批判——その批判スタンスの転換

青木孝平

一　資本主義の批判は可能か?

これまでの社会科学は、資本主義と呼ばれる社会の「科学的」解明をひとつの課題としてきたといってよいだろう。もちろん「科学的」という形容は、実証性や分析性、体系性から階級性にいたるまで、それこそ殆ど無内容といえるほど多様な含意をもっている。しかしながらそれがいかなる学派に属するものであろうと、対象を科学的に把握しようと試みるためには、少なくとも対象にたいする総体的で批判的なスタンスを保持していることが必要不可欠の要件となるはずである。だがこんにち社会科学を名乗る多くの理論、とりわけマルクス派の経済理論は現状肯定の官庁エコノミクスと見紛うまでに落ちぶれ、あらゆる批判理論は現代資本主義の強靭さの前に木っ端微塵に潰えてしまったかにみえる。

もはや資本主義に対して批判的に向き合う理論的スタンスは取り得ないのであろうか。この論文では、社会科学における資本主義への様々な「批判」スタンスをメタ理論的に「批判」することを通じて、これまでの資本主義批判がなぜ無残に失敗していったのかを検証したい。そしてこれを踏まえ、いま現代資本主義に対して残された「可能なる批判」のスタンスはどういうものであり得るのかを試論的に提起してみたい。

二　歴史理論による資本主義批判

(1) 史的唯物論による批判

第一の批判のタイプは、資本自身の歴史によって資本主義の批判を語らしめるものである。すなわち資本主義社会を生物生命体に模して生成・発展・衰退ないし死滅する一つの有機体として捉え、その歴史過程を理論的にトレースする客観主義的批判であるといえよう。こうした批判構想は、人間社会は神学型・軍事型・産業型段階をへて永遠の幸福の段階にいたるというO・コントやH・スペンサーの社会ダーウィニズムに典型を見るが、史的唯物論と呼び慣わされたK・マルクスの歴史理論もまた、ヘーゲル以来の弁証法にヒントを得た歴史の進歩・発展におもねる目的論的な資本主義批判であった(1)。

G・W・F・ヘーゲルは思考と存在の同一性を「概念(Idee)」と呼び、その自己展開をもって現前する世界に実在性を与える歴史を語らしめたが、これに対してマルクスは現実の社会関係そのものを先験的に自存する「質料（Materie）」と認める点で、質料主義すなわち唯物論であったといわれる。しかしながらマルクスもまた実在としての社会の内部になんらかの矛盾の契機を認め、これを動力として量から質への転化や対立物の相互浸透、そして否定の否定などという必然的発展法則を振りかざす限りにおいては、ダーウィンやヘーゲルに引けをとらない。その資本主義批判にはやはり、広義の社会ダーウィニズムないしは弁証法的歴史観が濃い影を落としているといえるかもしれない。じっさいマルクスの商品論における価値と使用価値の対立による貨幣の発生論や資本への転化論、あるいは生産力の歴史的発展段階に照応する生産関係としての資本主義という認識は、これを典型的に示すものといってよいだろう。

もちろんよく知られているように、K・マルクスにおける価値実体と価値形態、生産力と生産関係、あるいはF・エンゲルスにおける社会的生産と私的領有の矛盾などというジャーゴンについては、それらの概念の意味や相互の異同をめぐって予てより厖大な論争がある。しかし今さら、こうした教義学的解釈を蒸し返しても無意味であるし、たとえそれを敢行しても更なるマルクス離れを加速する以上の結果をもたらさないだろう。ここでの最大の問題は、マルクスの『資本論第一巻』が資本主義的蓄積による生産力の最終的発展のあとに歴史的必然性をもって「収奪者が収奪される」社会主義の到来を予測していたことである。それゆえこうした歴史理論による資本主義批判は、後代の経済理論家によって受け継がれ発展させられることとなった。

たとえばR・ヒルファディングの『金融資本論』は、『資本論』の再生産表式の直線的な延長上に競争による構成の高度化と利潤率の低落を導き出し、固定資本の増投から資本の集中集積さらには株式資本による結合と独占形成の必然性を説いた。そのうえで利潤率の低落を克服すべく、資本信用の大規模化と銀行のイニシアティヴによる産業への支配までをも展開することになる。そしてまたV・I・レーニンの『帝国主義論』は、生産力の発展による資本の集積が独占を生み出し、銀行資本と産業資本の融合によって金融寡頭制が誕生するという。そこでは資本の過剰によって資本そのものの輸出が不可避となり、資本家の国際的独占団体が形成され、その世界分割が帝国主義列強による地球の領土的支配すなわち帝国主義戦争にいたると予見されていた。

すなわち一九世紀末の帝国主義は、マルクスの発見した資本主義の基本的矛盾の直接的発展したがって継続であり、資本主義はその最高の発展段階において終末を迎え自らの内在的対立物つまり社会主義に転化するというわけである。

(2) 宇野学派による批判

もちろんこうした社会進歩論や弁証法にもとづく資本主義の発展・消滅の法則化に対しては、宇野弘蔵に代表される有力な批判があったのは夙に知られるところである。わが宇野学派の常識では、『資本論』はあたかも永遠に繰り返す循環の原理とみなされ、これと資本主義の歴史的発展を画する段階論とが明確に区別された。それゆえ宇野理論は資本自身の歴史によって資本主義の批判を語らしめる「歴史理論的批判」には該当しないといえるかもしれない。

しかしながらどうであろう。現在の時点から宇野理論の到達点を反省的に顧みれば、宇野学派もいまだ「歴史理論的批判」の尻尾を残していたのではなかろうか。
たとえば宇野の最良の成果といわれる価値形態論は、商品に内在する価値と使用価値の矛盾によって形態の弁証法的発展を説いたのではなかったか。また商品所有者の欲望の変容を動力とした価値形態の展開そのものが貨幣という対立物の分化・発生論だったのではないのか。一般に宇野原理論は、正統マルクス主義の論理＝歴史説を否定した純粋論理説であるといわれる。しかし運動の経過を論理に取り込まない弁証法などあり得るだろうか。そもそも弁証法とはアリストテレス以来の矛盾律を否定し、あくまでも事物の内的矛盾そのものから事物の変容・移行を導き出そうとする、いわば時間を理論化する方法論である。K・ポパーがいうように、弁証法論理は例えば宇野の「経済原則」に示されるような普遍妥当性をもつ固有性原理を否定せざるを得ず、その矛盾律の放棄は論理の完結性と合理性の放擲に帰着せざるをえない[2]。近年の宇野学派には、信用機構の限界とりわけ固定資本の制約から資本結合と資本市場、そして株式会社機構の発生までをも説こうとする時間的移行の理論化への誘惑がみられる。こうしたロジックは、やはり弁証法的発生・発展論の尻尾を残しているものとみるべきだろう。

　宇野原理論から移行の論理を排除し循環的構造の論理に徹しようとするならば、商品から貨幣や資本を生み出す生成論や価値の生産価格への転化論、株式資本の分化論、利潤率の低落化論などといった変容の論理は切り捨てて、あらためて原理論を資本循環論、利潤率均等化論、再生産表式論、景気循環論などに代表される反復の論理によってトータルに再構成する必要が生じてくるのではないだろうか。

さらに宇野学派の致命的欠陥はその段階論と呼ばれるロジックにある。たしかに宇野自身の『経済政策論』は歴史の理論化ではなく、商人資本・産業資本・金融資本という資本の蓄積タイプに即した資本主義の類型論として読めなくもない。しかしながら鈴木鴻一郎・岩田弘らの世界資本主義論は、資本主義の歴史を原理的論理に内面化することを標榜しているし、大内力のような純粋資本主義論者さえ、イギリスとドイツの相互作用を理論化することで資本主義の複線型発展過程を法則的に解明できるとしている。彼らにとっては、重商主義から自由主義をへて帝国主義にいたる世界史的な移行の必然性を解明することが「段階論」の課題だというわけである。

そしてまた宇野理論を最も正確に継承したと自負する降旗節雄においてさえ、段階論はひとつの躓きの石であった。降旗にとって段階論は、生産力の発展にもとづいて、基軸生産様式が羊毛工業から綿工業をへて鉄鋼業へと変化していく歴史過程とみなされ、農村共同体の解体によって無産労働者を形成する重商主義、労働力商品の一般的確保によって資本主義的生産様式を確立する自由主義、一層の生産力の増大にもとづく労働力の不断の過剰傾向としての帝国主義が継起的必然性論として展開される。そこでは、資本主義市場が労働力商品を中心に純化から不純化へと向かう傾向が的確に把握されているとはいえ、生産力の発展にもとづく資本主義の生成・発展・変容の歴史法則化というマルクス主義的ドグマから、なお十分に自由ではなかった(3)。

総じて宇野学派の段階論もまた、やはり「歴史理論による資本主義批判」のタイプに属するものといえよう。

(3) 現代資本主義論による批判

さて、以上のことが、現代資本主義論ないし現状分析に固有の終末論的バイアスをもたらすことになる。二〇世紀中葉に入ると、正統派も構造改革派も宇野学派もひとしく国家独占資本主義論を唱え、それぞれ国家と独占の癒着、生産力の社会化、金融資本を超えた国家による組織化などを主張することになる。そこでは全般的危機の評価や国家の階級的性格について大きな見解の相違があったにしても、ともかく、資本主義は帝国主義という最終段階を終え、もはや社会主義の入り口に差し掛かったという認識が共有された。すなわち国家権力による市場のコントロールと国民所得の再分配の実現をもって、資本主義の終末論が喧伝されたのである。

この意味で、国家独占資本主義論は、それを社会民主主義的ないしケインズ主義的な福祉国家と捉えようと、全般的危機を背景とする予防反革命体制と捉えようと、いずれにしても国家権力の奪取あるいは介入・利用にもとづいた社会主義への過渡期という理解がひろく「科学」的歴史認識として共有されたのである。

ところがどうだろう。二〇世紀末のソビエト連邦の崩壊とともに、国家独占資本主義論はおろか福祉国家論までもがあっという間に消え去り、今度はまったく逆に市場原理主義によるグローバリゼーション論の登場である。A・ネグリとM・ハートの「帝国」論議が文字どおりグローバルに論壇を席捲し、マルクス主義者は国家独占資本主義論の舌の根も乾かないうちに、かつての見解と正反対の歴史認識を打ち出すことになる。いわく、国独資は資本主義の発展法則に逆行するものであった。新自由主義的なグローバリゼーションによって国民国家の枠組みが溶解しつつある。これこそがマルクスのいう真の「資本の文明化作用」であり、グローバル資本主義はその内部に自由で民主的なマルチチュードを生み出す。こうして資本主義に対抗するものとしてNGOやNPO、トランスナショナルな市民のアソシエーションなるものが称揚され、そこに世界史的な社会主義の展望が求められる(4)。

こうした傾向は、大内国独資論の衰退後の宇野学派にも大きな影響を与えつつある。たとえば榎本正敏らは、二一世紀を社会主義化の時代として捉え、資本主義はソ連型社会主義を崩壊させたが、逆に資本主義世界の発展の中枢において、新たな社会主義化を準備し創出させる過渡期的な生産力の発展・変化が進行しているという。ここにおいて社会主義の根拠は、工業生産力を超えるより高度なソフト化・サービス化産業の発達と、パソコン・インターネットを生産手段とするネットワーク型協働社会という生産関係の形成に求められることになる(5)。これはもはや宇野派世界経済論というよりは、素朴で済し崩し的な生産力史観に則った終末論＝過渡期社会論というべきであろう。そこに見られるのは、資本主義の生産力的発展は必ず社会主義の形成にいたるというドグマ的信念の表出以外のなにものでもない。

こうして国家独占資本主義論とグローバリゼーション論は、まったく逆のスタンスからではあるが、資本主義の終焉から社会主義への移行を展望する必然性史観を全面開花させた。しかしながら現実を少し冷静にみれば、国独資が資本主義権力の官僚制的肥大化であり、グローバリゼーションが資本主義市場経済による全社会の包摂であることは明らかであろう。もともと資本主義は市場による経済の自己コントロール機能を備えているが、同時にその弊害に対しては国家権力による制度的な調整システムを保持している。たとえばイギリス重商主義は商人資本に対立する救貧法をもち、自由主義は産業資本に対立する工場法をもち、そしてドイツ帝国主義は金融資本に対抗する社会法を具備していた。資本主義は外的インパクトによって如何ようにも変化しうるアミーバ的な軟体構造であり、自らの内的矛盾により生成・発展・死滅を宿命づけられるほどヤワな存在ではない。

(4) スピノザ＝宇野弘蔵による批判

このような資本主義の強靭さを誰よりも熟知していたのは、宇野学派ではない宇野弘蔵その人ではなかったか。最近発見された資料では、宇野が原理論と段階論を切断し『経済政策論』を講ずるきっかけとなったのは、一般にいわれるカントでもヘーゲルでもなく、むしろスピノザの『エチカ』であったことが究明されている。(6) 周知のようにスピノザは、デカルト的な物質と精神の二元論を批判して神即自然の一元論を主張した。スピノザによれば、神は万物の内在的原因であり万物を自己の本性にしたがって必然的に存在せしめる。世界はすべて一にして全なる神の因果的必然性のもとにあり、人間はこれを永遠の相のもとに洞察する以外に自由はない。それは神の名による唯物論の宣言であった。

宇野は、こうしたスピノザの世界認識から多大な影響を受け、社会の内的矛盾による弁証法的発展論や目的論的な進歩史観を克服し、あたかも永遠に反復し続けるいわばフラクタルな構造として資本主義を捉える方法を編み出したと思われる。原理論において資本主義は決して内在的に発展し変容するような有機体ではありえない。それゆえその発展・変化の契機は、外部からの偶然的なインパクトを導入することによってのみ理解できる。こうして原理論から段階論が分かたれることになる。宇野理論とは事物の内的進化を否定し、外部を前提にして構造の変化を了解する、まさに弁証法なき唯物論なのである。

それゆえこうしたスピノザ的視点を介して宇野経済学を再検討するとき、われわれの資本主義に対する認識は完全に一変することになる。

たとえば資本主義の出発点に置かれた商品は、歴史社会のいかなる生産力の発展とも無関係であり、唯物史観をどのように展開しても社会の内在的発展から商品の必然性を導出することはできない。商品とは社会の外部にある、宇野流にいえば共同体と共同体をたまたま媒介するにすぎない関係概念である。また、マルクスは価値形態の展開によって商品から貨幣が発生するとしたが、宇野の価値形態論においては、じつは相対的価値形態の商品に対して外部的関係にたつ等価形態があらかじめ前提とされており、等価形態の商品が初めから貨幣として予定されているのである。それゆえ貨幣は商品自身から内在的に分化・発生するのではなく、カオス的商品世界の外部にあるままで一般的等価となるしかない。さらに貨幣の資本への転化と呼ばれる論理にも疑問がある。宇野においては複数の流通圏の差異性あるいは流通界の外部にある貨幣の存在が前提とされている。こうした世界貨幣ないし資金から始まるG—W—G′としての資本は、商品や貨幣と同時に初めから存在するというべきであろう。

そしてマルクスによれば、資本はその循環運動の内部に労働力という商品をもつことで、自らを資本主義という一社会として確立する。しかしながらこうした社会の確立にいかなる必然性があるだろうか。資本主義社会のカナメである労働力の商品化は、生産力の発展とも資本形式の展開ともまったく無関係であり、その成立は、社会にも資本にも外部的な本源的蓄積と呼ばれる歴史の偶然に根拠を求めるしかないのである。

では、ともかくもこうして確立した資本主義において、それが変容する契機はどこにあるのだろうか。ヘーゲル流の弁証法に則れば、産業資本の蓄積の進展自身が自らの運動を否定する独占や帝国主義を生み出すことになるかもしれない。しかしながらスピノザ的にいえば、資本主義はあたかも永遠の相において自己増殖的な循環運動を繰り返す。その変容の根拠は資本主義的生産力の外部に求めるしかないだろう。それゆえ宇野は、循環論としての原理論から帝国主義という段階論を明確に分離する。金融資本は決して産業資本の内的発展ではない。それは一九世紀末のイギリス綿業資本に対抗する後発資本主義国ドイツの鉄鋼業という特殊な国際関係、すなわち外的インパクトの所産であることになる。

さらにまた第一次大戦後の国家独占資本主義ないし福祉国家といわれる体制は、直接には大恐慌とそれにもとづく管理通貨制の採用によって画されるにしても、そうした変容の根拠は資本主義世界の外部にあったソ連圏社会主義という政治体制との対抗を抜きにして理解できないだろう。それゆえ宇野は現代資本主義を、資本の蓄積様式という経済的根拠から内在的に導出することを否定し、資本主義の発展段階そのものの外部にあるものとして「過渡期」といういささか物議をかもすレトリックを用いたのである。

宇野理論をこのように読み返せば、今日のグローバリゼーションについても、最近の宇野学派のように、それをIT革命に代表されるソフト化・サービス化産業の生産力的発展から説明しようとするのは、完全に筋違いであることが明瞭になるだろう。グローバル資本主義は、新たな社会主義化を準備するどころか、まったく逆に社会主義体制という外部的要因の崩壊の結果であり、貨幣市場や資本市場を脱国境化して全地球的規模にまで膨張させ普遍化させたのである。

なるほどグローバリゼーションは国家権力を変容または弛緩させるかもしれないが、国民国家(nation-state)そのものを消滅させるわけではない。むしろ一方で、国家(state)は無機的でシステム合理的なブロック型権力へと範囲を拡げ、他方で、国家と分離した民族(nation)は宗教や文化を基盤にした多様な共同体として再編されていく。もちろんこのことは、アメリカ型グローバル資本主義への収斂説に「五つないし七つの資本主義」などという制度的多様性説(7)を対置して事足れりとする、最近の進化ゲーム学派やレギュラシオン派の論調に与することを意味しない。まったく逆である。グローバリゼーションは、いまや確実に資本主義世界にたいする経済的外部を消失させつつあるといえる。しかし民族・宗教・伝統などの共同体に根ざした文明史的な外部は、かえって近代合理主義的な資本主義文明への反撥を強め、テロやゲリラを含む先鋭的な脅威を増幅させているのである。

資本主義は、こうした外部的インパクトによってさらに大きな変貌を余儀なくされるであろう。われわれは、もういいかげんに「現在」を常に資本主義の最終段階とみなし、人類の前史から本史への過渡期を思い描く千年王国論を克服すべきである。それはすなわち、資本主義の内在的発展の延長に将来の社会を見いだそうとする社会進歩史観やヘーゲル＝マルクス型の弁証法史観による「資本主義の歴史理論的批判」への訣別となるはずである。

三　正義理論による資本主義批判

（1）リベラリズムによる批判

さて、資本主義の法則的ないし必然的終末を予見できないとするならば、では、それ以外にいかなる資本主義批判の方法があるだろうか。第二の批判のタイプは、公正の倫理すなわち正義理論によって資本主義の不正を告発し批判するものである。

こうした正義の観念からする資本一般に対する批判は、古くは古代ギリシャのピュタゴラス学派による応報としての公正論に端を発する。それは、アリストテレスからトマス・アクィナスにいたる交換的正義と配分的正義の理論に受け継がれ、中世ヨーロッパにおける商人資本や金貸資本に対する道徳的非難としての意味をもつようになる。これに対し、本格的な資本主義社会に対する正義理論の観点からする批判は、近代自然法思想とともに開始されたといってよいだろう。

周知のように近代自然法思想は、一七世紀の重商主義期における中世的共同体の解体にもとづく社会的アノミーを表現するTh・ホッブズの「万人に対する万人の闘争」論として始まる。だがそれは、本源的蓄積が終わり資本主義的市場システムが完成するにつれて、しだいに、国家的・政治的諸制度を捨象した安定した自然状態を想定するものへと変わっていった。たとえばJ・ロックは、人間はその自然状態においてあらかじめ自分自身の生命と身体を自己所有（self-ownership）しており、相互に支配・服従の関係に立つことのない自由で理性的存在であるという。したがって個々人は生まれながらに、自己の労働の投下がもたらす財産を所有する自然法的権利をもつのであり、各自の「生命・自由・財産」を十全に保証するために、人間は他者と平等な社会契約を結んで社会状態に入ることになる。ロックの社会契約説は、国家権力を制限し個々人の権利と自由および平等を最大限に尊重する近代リベラリズムにたつ正義理論の樹立であった。

しかしながらロックはまた、所有権の肯定からさらに、財産の内的価値を維持し消耗や腐敗を防ぐ手段として「長持ちする小さな黄金の金属片」すなわち貨幣との交換を発見する。こうした貨幣の所有に対する人々の暗黙の同意によって、社会の外でひたすら金銀に意義を見いだす「財産の不平等」が始まる。それは資本主義的な私有財産制度を人間の尊厳の基礎として最大限に評価しつつ、同時にその結果としての人間の不平等に疑問を呈する、近代リベラリズムにもとづく資本主義批判でもあった。

このようにリベラリズムは思想的アンビヴァレンスを抱えている。それゆえそれは、現代という時代において両極的な資本主義批判を生じさせることになる。

一方の代表格はJ・ロールズの正義論であろう。ロールズは、功利主義による個の自由の侵害を批判し、近代自然法思想を人間の原初状態の想定であると再評価する。ロールズのいう原初状態とは、個々人が自己の地位や職務について「無知のヴェール」で蔽われているという仮定であり、そうした私的動機と無縁な個人の合意によってつくられる社会こそが正義の原理に適うことになる。それは第一に、各人に最大限の政治的・思想的自由を保証する社会であり、第二に、社会的・経済的な不平等について最も不遇な人々の利益を優先し、財に接近する機会をあらゆる人々の地位や職務に均等に付随するように配備し直す社会である。それは平等主義的リベラルの立場から市場の自由を批判し、資本主義の福祉国家的修正をもって公正的正義とするものであった。

またR・ドゥオーキンはこうした資本主義批判をより徹底し、人間はあらかじめ「平等な配慮と尊敬への権利」をもつという観点から社会制度を再点検する。ドゥオーキンによれば、社会には、各人の権利を同一の基準で評価する「福祉の平等」とともに、さらに、資源に恵まれない者がより多くの補填を受けるように、各人の能力の差異に応じて積極的にアクセスの機会に差異を設ける「資源の平等」が必要である。同様にA・センは、年齢や性別、遺伝的特質、環境の差異などの個人差を自由の前提条件と捉え、自然法的な「基本的潜在能力の平等」を主張する。衣食住のための資力や身体活動および社会参加の能力は、たんに個人の選択の自由としてではなく、選択された結果がどのように達成されたかという「社会的コミットメントの自由」の観点から評価されねばならない。それらは、先進国の障害者や社会的弱者、地球の南の貧困層の視点に立った資本主義市場の不公正批判であった。

他方、現代リベラリズムには、これらとまったく逆の視点からする資本主義批判がある。

たとえばR・ノージックに代表されるリバタリアニズムは、社会制度に先行して人間の自然状態を想定するロックの自然法思想を高く評価し、個人の生命と身体は生まれながらに自分のものであるという「自己所有権」を絶対的な正義の原理であると主張する。それゆえ人間は生命と身体活動の所産である自己の労働を所有し、したがって労働の結果である財とその交換についても絶対的な権利を有する。ノージックは、ロールズらリベラルが交換の過程から独立に配分的正義を説いている点を捉えて、そうした社会契約は個人の自由の侵害に帰結すると非難する。それが福祉国家型資本主義に対する全面的な批判であることは言うまでもないだろう。

さらに現代リバタリアニズムからは、M・ロスバードやD・フリードマンのように国家権力そのものの廃絶を主張するアナルコ・リバタリアンが登場する。彼らは、個人の選択の自由を何よりも重視し、あらゆる市場の交換は、それが自由な合意によるものであるかぎり人間の倫理を含む多様な目的を最も効率的に実現する手段であるという。国家は個々人の合意を無視して合法化された強制の体系にすぎず、それが市場より効率的に財の供給をできる保証はない。個人は財やサービスの供給について国家と市場とを比較衡量し、より自由で効率的な方法を選択する権利がある。それは最終的に、学校・警察・道路・裁判所を含む政府の完全な廃止に向かわざるを得ない。すなわち市場原理主義の徹底による資本主義国家そのものに対する正義理論的批判である。(8)

(2) リベラリズムへの批判

このように現代リベラリズムは、リベラルとリバタリアンに分裂し、その双方から資本主義とりわけ現代資本主義を批判している。これらはいっけん正反対のスタンスに立っているように見える。だがこれらに共通しているのは、独立した自由な個人をア・プリオリな前提とし、その合意ないし契約として社会制度を理解する自然法思想を基盤とする点であった。果たして社会契約説によって、本当に資本主義を批判できるであろうか。

およそ資本主義とは、商品経済が生産と再生産の過程まで覆い尽くし、市場そのものが人間行動の主導原理となる社会システムである。そこでは、たんに商品と貨幣が置き換えられるだけでなく、商品の需給の変化が価格変動を引き起こし、それに応じて労働力と資本の投下場所そのものが絶えず移動する。それゆえその担い手としての人間は、商品の人格化として常に代替可能となり匿名的で均質的・中性的なアトム的個人となる。リベラリズムの社会契約論は、こうしてつくられた自由な「個人」を普遍的前提に置いて、そこから現実の社会関係を理想主義的に再構成しようとする逆立ちした主張にほかならない。

なるほど二〇世紀中葉のケインズ的福祉国家は、国家が社会に介入することによって中央集権的官僚制を肥大化させ、互酬と相互扶助に支えられた伝統的共同体を解体していった。その差別の禁止と同権化の政策は、地域的に固有性をもつ多様で濃密な人間関係を破壊し、個人の平等の名のもとに国家による無機的で形式合理的な統合を組織していった。このかぎりでノージックらリバタリアンによる資本主義批判は、福祉国家の負の側面を的確に抉り出しているともいえる。だが現代資本主義には、もうひとつの側面がある。

すなわち二〇世紀末以降、グローバルに拡大した現代資本主義は、個人の自由意思の名のもとに旧来の国家的統合そのものをも解体していった。国際金融市場では、実体経済を離れた電子マネーが瞬時に地球を回り、ヴァーチャルな電脳空間が現実世界を覆い尽くす。そこでは、あたかも全世界が自由で無機的な契約関係に収斂していくようにみえる。その結果、競争原理が世界を支配し人間関係は希薄で敵対的で格差的にならざるを得ない。ロールズに始まる平等主義リベラルは、こうした現代資本主義のもう一方の現実、すなわち市場原理主義的なグローバリゼーションに対する批判として、今なお有効かもしれない。

しかしながらこうした現代資本主義の両側面は、本当に対立的であろうか。じっさい家族に代表される人間の最終的紐帯は、国家と市場の挟撃によって決定的に侵蝕されていった。市場と国家は社会からあらゆる非合理な負荷やタブーを剥ぎ取り、無知のヴェールで覆われた自由で孤独なアトム的個人が「現実」のものとなり、あらゆる人間関係は「社会契約」へと際限なく近づいていった。大衆意識において現代資本主義の現実はリベラリズムの理念に追いつき、それにリアリティを与えてしまったのである。こうしてもはやリベラルもリバタリアンも、資本主義に対する批判者であることを放棄した。あらゆるリベラリズムは、いまや現代資本主義の追認理論に成り果てたといってよいだろう。

（3）労働価値説による批判

では、マルクス主義はどうか。マルクスの資本主義に対する正義理論的批判は、初期の疎外論いらい様々のかたちで登場するが、最も重要なものは何といっても労働価値説を根拠にした資本家的搾取に対する批判であろう。周知のようにマルクスは『資本論』の冒頭で、商品から蒸留法によって使用価値を捨象し、価値の実体としての労働を取り出してみせた。それは経済学的にも価値形態や生産価格とのやっかいな論理的齟齬をもたらしたが、ここで強調しておきたいのは、この労働価値説がマルクスの資本主義批判をリベラリズムと同一水準の「正義理論」にとどめてしまったことである。

元来「価値」とはプラトンのイデア以来「対象（客体）それ自身で存在する正義」を意味する規範的概念であったが、一七世紀の近代自然法思想は、このような客体の価値の根拠を人間主体の絶対的な尊厳性によって基礎づけようとした。先にみたロックの「自己所有権」論がその典型であるが、古典派経済学の価値論もまたこうした自然法的正義論を受け継いでいる。たとえばA・スミスは神学・倫理学・法学・経済学から成る道徳哲学の中心に価値論を置き、それを、初期未開社会における交換的正義の根拠とした。なぜなら、そこでは商品の価値は人格に内属する労働の投下によって決まり、この投下労働の価値と、交換によって所有する他人が他の商品に投下した労働すなわち支配労働の価値は等しいとされるからである。スミスの労働価値説は、その後D・リカードウによって継承され、資本主義社会においても貫徹する三階級の所得の源泉理論として経済学的に純化されていく。

こうした労働価値説に刻印された近代自然法イデオロギーは、マルクスの理論にも同様に残存していると言わざるをえない。もちろんマルクス自身はリカードウの用いた価値と使用価値の概念を労働力という商品に適用し、労働力の価値とその使用価値である労働の生み出す価値との差に注目して剰余価値の概念を導出した。それは科学的経済学の手続きであり、資本家による剰余価値の搾取に対して何ら正義理論的な非難を加えているわけではないという弁護もできよう。しかしながらやはりその理論の出発点において、商品の価値の根拠をア・プリオリに人間の労働に求める主張は、社会関係に先立ってあらかじめ生命と身体を自己所有する主体としての人間を肯定し、その内属的労働が凝固した価値通りの商品交換をもって正義とする社会契約説そのものである。

それゆえマルクスは、経済学的価値論を労働に還元して所有問題を論じる段になると、あからさまに近代リベラリズム流の「正義」が顔を出すことになる。たとえば『資本論』第一巻の交換過程や蓄積過程がその典型であろう。マルクスによれば、初め商品の所有権は自己の労働にもとづく等価物どうしの交換の結果として現われる。しかし労働力と交換される資本部分は等価なしで獲得された他人労働の一部分であり、蓄積の反復は、他人労働による他人労働の無償の領有に帰着する。すなわち「自己の労働にもとづく所有は……他人の不払い労働またはその生産物を領有する権利に転回する」(9)。そこに弁証法的反転のレトリックが使用されているとはいえ、資本家による剰余価値の所有を「他人の不払い労働の領有」として非難するスタンスは、明らかに労働者自身による労働生産物の所有を「正義」とみなして資本主義の不公正を批判するリベラリズムの主張にほかならない。

じっさい労働価値説を根拠にして資本家的搾取を最も精力的に批判したのは、P・J・プルードンやA・メンガー、そしてリカードウ派社会主義者と呼ばれる人たちであった。たとえばプルードンは資本家の私的所有は盗みであると断じ、メンガーは労働者による労働の全収権を自然法であると説いた。そしてリカードウ派のTh・ホジスキンは、資本主義の抑圧の根拠を労働と分配の不一致に求め、生産者が労働の全収益を所有する協同組合をつくろうとした。またJ・グレイやJ・F・ブレイは銀行の発行する金貨幣に代えて労働証書の発行を提唱し、生産手段の共有による利潤分配制度を考案したのである。[10]

マルクスもまた『資本論第一巻』の結論部分では、将来社会への展望として「自己の労働にもとづく所有」を起点に置き、「否定の否定」の論理を用いつつ「生産手段の共同占有を基礎にした（自己の労働にもとづく）個人的所有の再建」を説いている。これが法曹社会主義やリカードウ派の労働価値説を根拠にした労働全収益権論、遡ってロック的自己所有権論とどれほど隔たったものであろうか。そして最近、社会主義理論の有力な潮流となりつつある「個人的所有者のアソシエーション」論こそはまさに、こうした自然法的主体を前提とする社会契約説を、マルクスの社会主義像にそのまま投影させた結果に他ならない。実際、分析的マルクス主義者のG・A・コーエンなどは、マルクスの搾取論には、人間は生活や自由、身体の行使についてあらかじめ自己所有権を持っているという自然法的正義論が暗黙の前提にあることを認めている。[11] この意味でマルクス主義による資本家的搾取批判は、皮肉にもノージックによる福祉国家批判、すなわち所得の再配分は自己所有権の侵害であり国家による搾取であるというリバタリアニズムの左翼バージョンにすぎないといえよう。

マルクス主義的な「所有の公正」による資本主義批判の破綻は明らかである。

(4) 支配・従属説による批判

さて、こうした労働価値説を離れても、なお資本主義に対する正義理論的な批判は可能であるかもしれない。

たしかに、市場経済的な流通ないし商品交換こそが自由で平等な個人の存立を可能にすることは、近代リベラリズムのみならず多くのマルクス主義者も承認するだろう。その意味で、市場経済が社会の全関係を包摂する資本主義こそが自然法的な天賦の人権のほんとうのユートピアである。しかしながら資本主義は流通過程だけで成り立っているわけではない。いうまでもなく資本主義は、その内部に労働＝生産過程をもつことで初めて一社会体制として完成する。この資本の生産過程こそは自由・平等とまったく対極的な別の原理、すなわち支配・従属の関係によって編成されている。生産過程の内部では分業による協業が目的意識的に組織され、資本家あるいはその代理人である経営者による指揮・監督の管理行為が生じ、労働者は時間単位で身体を拘束され従属労働を強いられる。リベラリズムやマルクス主義の正義理論は、こうした生産過程に代表される資本主義の不自由・不平等を批判するのに有効ではないかという議論が成り立つかもしれない。

一見すると、生産過程における従属労働は、労働力が商品化される資本主義の必然的帰結であるようにみえる。なるほど近代労働者は、身分的な拘束からも生産手段の所有からも「二重の意味で自由」であるがゆえに、その所有する唯一の商品である労働力を資本家の購買にゆだねる。しかも労働力という商品は売り手の身体と不可分であるため、みずから時間単位の賃金奴隷となる以外に生活の術がない。一般にこうした生産過程における支配・従属の認識は、階級社会としての資本主義批判の常識のように思われるかもしれない。

しかしながら労働＝生産過程の編成それ自体は、しばしばオーケストラの合奏にアナロジーされるように「社会形態いかんにかかわらない」（マルクス）「一般的にあらゆる社会に共通な」（宇野）性格[12]をもっている点に留意すべきだろう。あらゆる比較的大規模の直接に社会的または協同的な労働は、多かれ少なかれ一つの指図を必要とするのであり、この指図によってのみ個別的諸活動の調和が媒介され、生産体の各器官の運動とは異なった生産体全体の運動から生じる一般的諸機能が達成される[13]のである。

この意味ではT・パーソンズの社会システム論が説くように、生産過程の分業・協業による編成は、外的環境に対する関係の維持と内的な機能要素の統合、および組織の要求充足への志向と目的を実現する手段の確保にもとづいて、適応（adaptation）／目標達成（goal-attainment）／統合（integration）／潜在性（latency）の四機能に分化し、かつその下位システムもまた同様にフラクタルな機能分化をせざるをえない。またM・ヴェーバーがいうように、こうした複雑で規模の大きい労働＝生産組織を維持するには、フォーマルに制定された規則の体系、権威と権限のヒエラルヒー、地位と役割の非人格性、専門的な指揮・統率と職務命令への服属といった特徴をもつ官僚制（bureaucracy）と呼ばれるシステムの編成が不可欠となる[14]のである。

もちろん生産過程のＡＧＩＬ図式や官僚制による機能合理的な組織化は、組織目的を達成する手段にすぎない制度が自己目的と化してしまう点や、職務上の義務が個々の労働者を「生命のある歯車」にしてしまうといった「人間疎外」の問題を不可避的に生じさせるかもしれない。じじつG・ルカーチやH・マルクーゼは、これらの問題の根拠をマルクスの「疎外された労働」論に求め、資本主義批判の中軸に据えた。しかしながらその後のM・シーマンやR・ブラウナーの社会心理学は、生産過程において生じる労働者の無力（powerless）・無意味（meaningless）・無規範（normless）・隔離（isolate）・自己離反（self-estrange）などの感覚が、商品経済社会としての資本主義の必然的属性というよりも、むしろ大規模な人為的集団が共通にもつ「組織と個人の軋轢」一般の問題であることを明らかにした。[15] このことは、こうした疎外現象が資本主義諸国と同じく、あるいはそれ以上に、旧ソ連の設計主義的計画経済において顕著であったことからも実証されている。

むしろ逆に資本主義的市場経済は、諸資本の競争をつうじて賃金とともに労働者の労働条件を絶えず変化させる。市場メカニズムは労働者を企業間において移動させるとともに、各企業の生産ヒエラルヒーの内部でもその役割を代替可能にする。この意味において、生産過程における階級編成や分業の固定論は、組織社会一般の批判にはなり得ても、資本主義そのものに対する批判としては当を得ていないと言うべきであろう。

付け加えておけば、一九世紀末以降における株式会社企業の発展は、企業所有者としての資本家と企業経営者を分離させる傾向を徹底させた。さらに二〇世紀の中葉以後は、大企業において株式の法人所有や利潤の社内留保を増大させ、生産手段を所有する自然人資本家の役割をほとんど消滅させたといってよい。生産ヒエラルヒーにおいて頂点に立つ経営者は単なる専門職労働者にすぎず、その支配権も一般労働者の社内昇進や前任者からの禅譲にもとづくものであり、「支配の正統性」は他ならぬ労働者自身によって担保されている。それゆえ生産過程に代表される支配・従属関係は、資本主義に固有の階級支配とはいえず、むしろ社会集団の内部関係が地位(status)と役割(role)によって組織されるところでは多かれ少なかれ生じる、職務決定権(leadership)の設定とその段階的な権限委譲にもとづく職位の階層的編制(positional-stratum)の例証を意味するにすぎないといえよう。

この意味において、資本主義を階級社会一般に解消し、その支配・従属関係を不自由・不平等としてステレオ・タイプに批判する正義理論が、論拠を欠いているのは明白である。

四　資本主義「批判」のスタンスの転換

われわれはこれまでの資本主義批判が、歴史理論としてはヘーゲル的な目的論史観であり、正義理論としてはリベラリズムの契約的社会観をほとんど超えていないことを明らかにした。やや挑発的にいえば、資本主義の生成・発展・衰滅の過程の科学的論証や、社会の不平等や不公正をことさら資本主義に結びつける非難はいまや意味をなさない。では資本主義に対する批判は不可能で、もはや放棄されるべきか。資本主義は無条件に肯定されるべきか。否、そうではない。むしろ、いま行なったような資本主義「批判」のメタ批判をつうじて、ありうるべき資本主義批判の可能性がくっきりと浮かび上がってくるはずである。

最後に、われわれに残された「可能なる資本主義批判」について論及しておきたい。

われわれの批判の中心は、資本主義を、歴史上きわめて特異な一社会として認識するという一点に集約される。資本主義とは、がんらい社会にとって外部的な形式にすぎない市場という関係が共同体を分解し、代わって社会それ自身の内部的な編成原理となってしまったものである。その結果、あらゆる人間の属性である労働が特殊に商品経済的な価値を生むという奇怪な社会が誕生した。これはあくまでも異常な現象である。

元々いかなる社会においても個々人の労働の成果には規範的にも経済的にも「価値」などなく、それゆえ、労働者がそれを我が物とすることに何の正当性もありはしない。個々人は常にその必要労働部分を消費して労働力を再生産し、剰余労働部分は拡大再生産のための予備ファンドや社会的に共同利用されるインフラ、さらに何より老人・子供・障害者など非生産的人口の扶助に充てられる。諸個人はこうした社会の再生産連関に規定され、共同体的レーゾンデートルをもつ人間としてのみ自己の倫理的アイデンティティを確保できる。人間が社会を設計するのではない。逆に人間は社会的諸関係のアンサンブルとしてのみ存在するのである。しかるに資本主義は、生産と再生産が市場経済という物象的依存関係によって編成されるために、イデオロギー的には常に、まず自立した個人が先在し、しかるのちにその自由な意思によって社会がつくられるものと観念される。

したがって、資本主義批判は決して経済学のみでは完結しないことを銘記すべきだろう。資本主義批判は文字どおり「科学としての経済学」それ自体の批判である。それは「自由・平等・所有・ベンサム」な近代的個人というイデオロギーへの批判と不可分のものとしてである。こんにち新古典派や新制度派の経済学者はもちろん、リベラリズムに連なる社会科学者とりわけ分析的マルクス主義者やアソシエーション論者、さらには行動論的アプローチを唱える宇野学派の理論家までもが、ア・プリオリな個人の行為から社会モデルを構成する方法論的個人主義を採用している。それだけに、こうした認識の転倒性は厳しく指摘しておかねばならない。それらは資本主義経済の分析ですらなく、資本主義イデオロギーへの追従そのものだからである。

かつてM・サンデルは近代的個人を「負荷なき自我」と喝破し、A・マッキンタイアは財の配分原理を、公正としての正義と区別される共同体ごとに異なる「善の営み」に求めた。またK・ポランニーは現代資本主義を形式的経済に対する実在的経済の抵抗の視点から批判し、M・ウォルツァーは市場領域から社会的再生産の領域を切り離す「分離の技法」を提案した。そして宇野弘蔵は価値の形態と実体すなわち流通と生産を徹底的に峻別し、その両者の偶発的な合体に資本主義の倒錯合理性＝物神性を見いだした。これらは等しく、歴史の進歩や普遍的正義（right）に依拠した「批判」ではなく、多様な共同体の善（common-good）にもとづく資本主義の特異性に対するラディカルな批判である。

リベラリズムもマルクス主義も批判理論としての意義を喪失した今、われわれになお資本主義批判が可能であるとすれば、それは彼らに倣って、市場によって一切の絆を奪われたアトム的個人を、もう一度多様で多層的な社会の協同連関のなかに着床させることではなかろうか。そこには市場による自由経済とも国家による計画経済とも異なる公共空間への渇望がある。われわれはこうした共同体への展望を、すでに耐用年数の過ぎたコミュニズムという言葉と区別して、あえてコミュニタリアニズムと呼びたいと思う。(16)

[注]

(1) コントやスペンサーの社会ダーウィニズムと、ヘーゲルやマルクスの弁証法的社会発展論が、等しくテュルゴとコンドルセに始まる西欧啓蒙主義の「進歩の観念」に基づいている点について、市井三郎『歴史の進歩とは何か』岩波書店、一九七一年を参照。

(2) ポパーによるマルクス主義の歴史の法則化に対する批判として、H.Albert, Der kritische Rationalismus Karl Poppers, *Archiv für Rechts-und Sozialphilosophie*,46, 1960.（碧海純一訳「カール・ポパーの批判的合理主義」『批判的合理主義』ダイヤモンド社、一九七四年。）

(3) 大内力の複線型段階移行論について『大内力経済学大系 第一巻 経済学方法論』東京大学出版会、一九八〇年、二九〇～三〇二頁を参照。また降旗節雄の生産力史観的な段階論について、『降旗節雄著作集 第二巻 宇野経済学の論理体系』社会評論社、二〇〇二年、Ⅱの第二章、Ⅲの第三章を参照。なお近年、降旗は唯物史観的発展段階に代えて「共同体史観」を提起しているが、未だそれが「歴史理論による資本主義批判」であることに変わりはない。

(4) M.Hardt and A.Negri, *Empire*, 2000.（『帝国』水嶋一憲他訳、以文社、二〇〇三年）以降、帝国とマルチチュードに関する文献は無数にある。ここでは「進化論的唯物史観」なる観点から、国家独占資本主義や福祉国家を批判し、グローバリゼーションと新自由主義を歴史の進歩として評価する典型として、松尾匡『近代の復権―マルクスの近代観から見た現代資本主義とアソシエーション』晃洋書房、二〇〇一年、第六章 を挙げておく。
(5) 榎本正敏編『二一世紀 社会主義化の時代―過渡期としての現代』社会評論社、二〇〇六年 参照。なお、こうした経済のサービス・情報化に社会主義の展望を見いだす進歩史観は、岡本磐男『新しい社会経済システムを求めて―情報社会主義を構想する』世界書院、二〇〇五年 などにもみられる。
(6) マルクスとスピノザの歴史認識の共通性について、的場昭弘『ポスト現代のマルクス』御茶の水書房、二〇〇一年、第六・七章 の研究があるが、私見ではスピノザの方法はマルクスやネグリよりもむしろ宇野理論により適合的であると思われる。宇野『経済政策論』がスピノザ『エチカ』の編別構成に倣ったことを示す資料として、宇野弘蔵「経済政策の起源および性質について」『東北帝国大学経済学会会報(研究年報経済学第二号付録)』一九三六年 がある。なお、この資料の解説として降旗節雄『降旗著作集 第三巻 帝国主義論の系譜と論理構造』社会評論社、二〇〇三年 所収の「解題」を参照されたい。
(7) 近年、グローバリゼーションへの収斂説に対して資本主義の制度的多様性を主張する論者は多い。たとえば、レギュラシオン派の B.Amable, *The Diversity of Modern Capitalism*.2003.(『五つの資本主義―グローバリズム時代における社会経済システムの多様性』山田鋭夫他訳、藤原書店、二〇〇五年)は、アメリカ的市場ベース型にアジア型、大陸欧州型、社会民主主義型、地中海型を対置しているし、C.Hampden-Turner and A.Trompenaars, *Seven Cultures of Capitalism*, 1993.(『七つの資本主義』上原一男他訳、日本経済新聞社、一九九七年)は、比較制度分析の視点から現代資本主義を七タイプに分類している。山口重克『類型論の諸問題』御茶ノ水書房 二〇〇六年 は、こうした諸類系を段階論に代わる中間理論として評価しているが、分類の基準を社会学的な文化や慣習の違いに求めるなら、無数の類型化が可能であり、それがなんらグローバル資本主義への批判や対抗理念たりえないのは明白である。
(8) ロールズ、ドゥオーキン、センら平等主義リベラルと、ノージック、ロスバード、フリードマンらリバタリアンの論争に関しては厖大な著書および研究書があり、枚挙に暇がない。ここでは、両者の論争を中心に功利主義、マルクス主義、コミュニタリアニズム、シティズンシップ論、多文化主義、フェミニズムとの関係を見通し良く整理した著作として、W.Kimlicka, *Contemporary Political Philosophy: An Introduction*, Second Edition, 2002,（『新版現代政治理論』千葉眞他訳、日本経済評論社、二〇〇五年）を挙げておく。

（9）K.Marx, *Das Kapital I*, *MEW*, Bd.23,SS.609-610.（『マルクス＝エンゲルス全集』大月書店、第二三巻七六〇頁。）

（10）蛯原良一『所有論の歴史』世界書院、一九八六年。同『リカード派社会主義の研究』同、一九九四年 等を参照。

（11）G.A.Cohen, *Self-Ownership, Freedom, and Equality*, 1995,chap.6.（『自己所有権・自由・平等』松井暁・中村宗之訳、青木書店、二〇〇五年、第六章。）

（12）K.Marx, *a.a.O.*,S.192.（『全集』二三巻二三三頁。）宇野弘蔵『経済原論上巻』岩波書店、一九五〇年、八九頁。

（13）K.Marx, *a.a.O.*,S.350.（『全集』二三巻四三四頁。）

（14）T.Parsons and N.J.Smelser, *Economy and Society*,1956.（『経済と社会ⅠⅡ』富永健一訳、岩波書店、一九五八年、五九年。）M.Weber, Soziologie der Herrschaft, *Wirtschaft und Gesellschaft*, 1921.（『支配の社会学Ⅰ』世良晃志郎訳、創文社、一九六〇年。）

（15）M.Seeman, On the Meaning of Alienation, *American Sociological Review*,*23*, pp.783-791, 1959. 疎外の意味について―疎外の実証的研究』馬場明男他訳、大学教育社、一九七七年。）R.Blauner, *Alienation and Freedom*,1964.（『労働における疎外と自由』佐藤慶幸監訳、新泉社、一九七一年）等を参照。

(16) 筆者は、欧米におけるリベラルとコミュニタリアンの論争を踏まえ、マルクスと宇野弘蔵の経済学をコミュニタリアニズムの社会哲学として読み替える試みを、拙著『コミュニタリアニズムへ――家族・私的所有・国家の社会哲学』社会評論社、二〇〇二年で行なっている。本稿と併せて参照をお願いする次第である。

あとがき

本書は、北海道大学、筑波大学、帝京大学を歴任して教鞭を取られ、この春、帝京大学教授を定年退職された降旗節雄先生への、その多年の学恩に対する感謝の微意を表明するために発案された記念論文集です。では何ゆえにその降旗先生までもが執筆に参加されているのかと申しますと、実は、この論文集は通常のこうした企画とは違い、降旗先生の退いた大学の後進ではなく、降旗先生主催の民間の研究会メンバーが中心となった、現在も進行中の研究報告書でもあるからです。

降旗先生といえば、マルクス経済学、宇野理論第一の継承発展者として、その著作集全五巻に大いなる業績をまとめられましたが、先生のお仕事は、そうしたアカデミズムの枠内だけに留まるものではありません。経済学を研究室から市民の場へ……、九〇年代に市場経済が世界を席巻するなか、オルタナティブな社会像の再構築を掲げた運動体であるフォーラム90'Sその活動の一環として行われた市民講座で、降旗先生は我々受講生の眼前に資本主義の実相、その歴史性と限界（＝必ずしも崩壊を意味するわけでは無い）を鮮やかに浮かび上がらせてくださいました。難解とされるマルクス経済学を、その難解さゆえに奉じるのではなく、たとえマルクスといえどもその理論的齟齬に関しては論理的修正を加え、マルクスの『資本論』を資本主義社会の原理論として再構築した経済学博士、宇野弘蔵の方法を引き継ぎ、宇野の資本主義段階論から、宇野がやり残したとされる現代資本主義論に至るまで、資本主義社会の実相を明快に且つ分かりやすく説き明かした経済学者は、降旗先生をおいて他にありません。

二一世紀を目前にしてのフォーラム解散後、こうした先生の学知を慕って、在野の研究者から大学の若手学者、金融実務者、会社役員、そしてフォーラムの元受講生等多彩な面々が集まり、激動の現代社会にあって、われわれはどこに位置し、どこへ向かおうとするのか、それぞれの研究課題をぶつけ合う場としての「ポスト資本主義研究会」が、降旗先生を中心に、一九九九年に発足します。以来七年、当研究会で常に課題となって来た、現代資本主義の実態と行く末、そして商品経済が全世界を覆い尽くそうとするなかでも潰え去ることのなかった共同体。その今日的意味と意義を解き明かすことが、ポスト資本主義時代への急務であろうという意見が、われわれ研究会のなかで回を重ねるごとに強くなってきました。今回の論文集は、降旗先生より提示され、先生ご自身も現在も追求されている、こうした問題意識のもとに書き進められたものです。

また、会員外にもかかわらず今回の企画に賛同いただき、執筆いただいた青木孝平氏、田中史郎氏、半田正樹氏には、ご多忙のなか大変ありがとうございました。そして、本書の出版に際しては、今回の企画を伝えた時点で快諾して頂いた社会評論社の松田健二氏、ポスト資本主義研究会の発起人の一人であり、体調を崩されて後、リハビリの途上にあって本書の編集を手掛けていただいた上原雅雪氏にも、厚くお礼申し上げる次第です。


（ポスト資本主義研究会 事務局　大越正法）

＊

この本が出版される経緯とこの研究会が設立されたいきさつについては、研究会の事務局を担当しこの本の編集にも携わっている大越氏の前期のとおりである。

ポスト資本主義というテーマを、それぞれの会員が自分のモチーフとの接点を大切にしながら、月に一度の研究会を楽しんできた。研究発表の興味に加えて、終わった後、会場のオーナーに作って頂く手料理を肴に、酒盛りで盛り上がる議論、情報交換がまた楽しい。（研究会のメンバーは、ある程度固定した会員と流動会員で構成されている）。

諸作品を読んでもらうとお分かり頂けると思うが、研究会の会員は大学関係者、元官僚、地方自治体の職員、有機農業関係者、銀行・証券マン、国際協力NGO関係者、工学博士など多士済済である。研究者の理論とフィールドワーカーの体験とが互いに補完しあいながら各自が現代の市場経済の今後について模索し、自己昇華を試みた成果がこの本である。

私がネパールで国際協力NGO活動を始めて一六年になる。貧しい山村共同体の生活に先進国にない相互・互助の「豊かな」人間関係を見聞した時の驚きと感動は、タイムスリップを現実に経験した感じであった。その時まで、私にとって幸せとは、ものの豊かさと、便利さであった。ところが、そのまったく正反対の、物がない不便な暮らしが意外と快適なのである。

市場経済至上主義になれば、馬車馬のように働き、金を蓄えないと暮らしは成り立たず、個人主義の徹底からくる孤独は免れない。共同体至上主義になれば、出る杭は打たれる式の個性の尊重ができなくなり、煩わしさと自由の制限は免れない。多くの人間はどちらか一方に偏って生きることはできず、その合間を調節しながら生きている。ソ連崩壊を機に行き過ぎた共同体が破綻した。一方、個人の利益追求の自由も行き過ぎて、二極分解社会を助長した市場経済も破綻し始めている。自由と平等のバランスを求めて、新たな歴史段階の共同体社会を世界が模索している。共同体と市場経済の関係は、相克というか人類のアンビバレンツなのか、それとも緊張感の伴った統一的な相関関係にあるのか。ややもすると、このテーマは二者択一的な議論になりがちで、閉塞的な傾向にあった。

降旗節雄氏の論文は、そのような実りの少ない議論を払拭する。降旗氏の共同体と市場経済の関係についての見解は、私にとっては斬新で、分かりやすく、新しい方向性を示した含蓄のある論文であった。エンゲルスは『家族、私有財産および国家の起源』で、共同体の内部での私有財産と交換、富の差別等の成立を説いているが、マルクスにとっての市場（経済）は共同体と共同体の間に発生するのであって、共同体の内部からは発生しないという考えであった。その見解はマルクスにとっては終生不変の歴史観であったという。

降旗節雄氏は「人類は、結局共同体を形成することなしには存立しえない。前近代には共同体によって直接経済過程を包摂し、近代社会では、国家と家族という二つの共同体に条件付けられつつ経済過程を市場に委譲するというかたちで歴史を展開してきた」という歴史認識に立つ。その結果、長年支配的であったエンゲルス的階級的唯物史観に代えて、初期マルクスの「共同体的唯物史観」に立ち返ることが必要であるという。「実際、市場経済の行き詰まりの中から孵化しつつある新たな社会関係とその形態……NPO、国家を超えた地域共同体の強化、……しかし、いずれをとっても、まだ資本の支配を完全に突き崩して経済過程を全面的に組織化するには程遠い状況にある」、「グローバル資本主義に対抗しうるためには、新たな共同体自身グローバルな組織たらざるをえないであろう。新しい共同体形成という課題を解決するための物質的条件はまだ生成の過程にある……」と、慎重である。

しかし、降旗節雄氏はさらに一歩踏み出し、エンゲルス的社会主義ソ連、東欧、中国など「私有財産と市場経済の廃止を前提とした国家による全面的な計画経済」が崩壊したことを確認し、新たな共同体（コミュニズム）を提唱している。これからの「社会主義社会成立の条件とは、私有財産の廃止……計画経済の実現などにあるのではなく、新たな共同体・つまりコンミューンの形成以外にない……」と述べる。

降旗節雄氏は、長年の研究成果の結論として、人類史の進むであろう方向性を示唆している。私有財産を認め、市場経済と共同体の共存というのは、現実的でよい。今後、北欧福祉国家との共通点、相違点を明らかにしつつ、一日も早く次の段階の具体的な政策論の提起を期待したいところである。それは降旗節雄氏並びに研究会に課せられている課題である。

共同体の規模に関するイメージなど若干の詰めを要するところがなくはないが、大筋で納得である。理論と現場の更なる創造的弁証が必要である。

降旗先生は以前中国で講演を行ったときに、プロフィールに老荘マルキストと書いたという。本場中国人が目を丸くして、老荘・マルキストという学派があるのですかと、質問されたと言って愉快そうに話しておられた。欧米の研究に追随する風潮の中にあって、大国中国にも臆することなく煙に巻くような「老荘マルキスト」と言って憚らない研究者としての自立的な姿勢が痛快である。

十人の執筆者が、それぞれの専門分野からポスト資本主義の観点から市場経済、共同体、そのほかに関する論文を書いている。この共著は会員各自の問題意識の一部に過ぎない。さらなる議論を重ね、次回は、一歩踏み込んだ論文集をまた会で出版できればと思う。

（清沢　洋）

清沢　洋（きよさわ・ふかし）
ネパールNGOネットワーク代表。1948年生まれ。法政大学大学院修士課程修了。著書に『夢への旅路ボランティア』（白順社）『世間学への招待』（共著、青弓社）などがある。

田中史郎（たなか・しろう）
宮城学院女子大学学芸学部教授。1951年新潟県に生まれる。新潟大学理学部卒業、信州大学人文学部卒業、東京経済大学大学院経済学研究科博士課程 修了。経済学博士。現在、著書に『商品と貨幣の論理』（白順社）『世間学への招待』（共著、青弓社）などがある。

武田　登（たけだ・のぼる）
自治体職員。1949年生まれ。早稲田大学卒業。

半田正樹（はんだ・まさき）
東北学院大学経済学部教授。1947年生まれ。東北大学大学院経済学研究科博士課程単位取得退学。著書に『情報資本主義の現在』（批評社）『転換する資本主義：現状と構想』（共編著、御茶の水書房）などがある。

本間　裕（ほんま・ゆたか）
投資顧問会社顧問。1954年生まれ。ロチェスター大学経営大学院修士課程修了。著書に『マネーの精神！』（社会評論社）『マネーの逆襲』（白順社）などがある。

【著者略歴】

降旗節雄（ふりはた・せつお）
筑波大学名誉教授。北海道大学経済学部教授、筑波大学社会科学系教授を経て、2006年3月、帝京大学経済学部教授を定年退職。
1930年生まれ。東京大学大学院社会科学研究科博士課程終了。著書に『降旗節雄著作集』（全5巻、社会評論社）などがある。

青木孝平（あおき・こうへい）
鈴鹿医療科学大学教授。1953年生まれ。早稲田大学大学院法学研究科博士課程終了。著書に『ポスト・マルクスの所有理論』（社会評論社）『コミュニタリアニズムへ』（同）などがある。

大越正法（おおごし・まさのり）
有限会社かい代表。1962年生まれ。千葉県立千葉高等学校卒業。

大野和美（おおの・かずみ）
西武文理大学サービス経営学部教授。1936年生まれ。東京教育大学大学院博士課程修了。著書に『現代世界経済』（共著、東京大学出版会）『現代世界経済の研究』（編著、学文社）などがある。

片桐幸雄（かたぎり・さちお）
建設関係法人厚生年金基金事務局監査役。1948年生まれ。横浜国立大学経済学部卒業。著書に『国際通貨問題の課題』（批評社）『現代の資本主義を読む』（共著、批評社）などがある。

市場経済と共同体――ポスト資本主義をめぐって――

2006年6月30日　　初版第1刷発行

編　者――降旗節雄
装　丁――桑谷速人
発行人――松田健二
発行所――株式会社 社会評論社
東京都文京区本郷2－3－10
03(3814)3861　FAX.03(3818)2808
http://www.shahyo.com
印　刷――互恵印刷＋東光印刷
製　本――東和製本